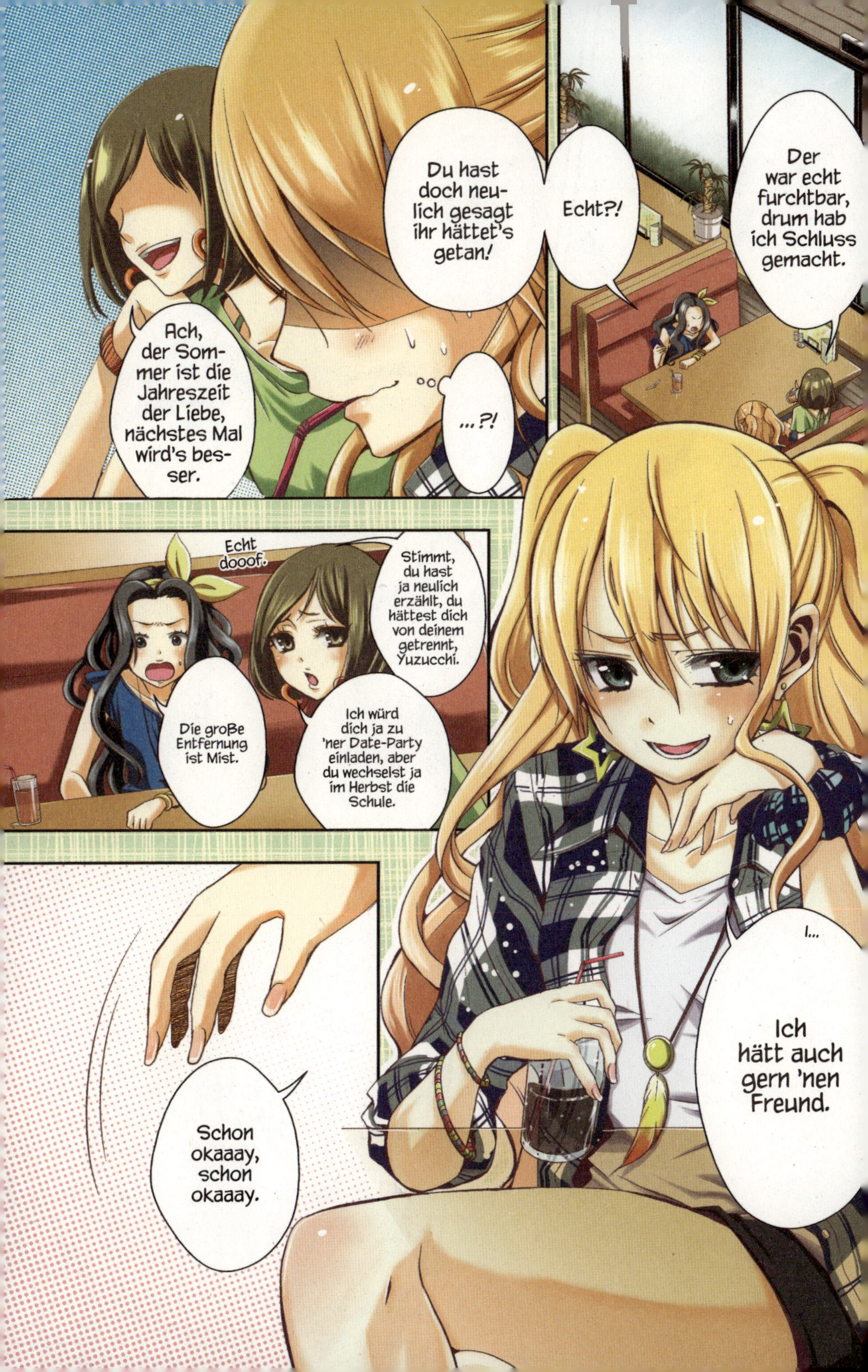
Der war echt furchtbar, drum hab ich Schluss gemacht.
Echt?!
Du hast doch neulich gesagt ihr hättet's getan!
...?!
Ach, der Sommer ist die Jahreszeit der Liebe, nächstes Mal wird's besser.
Stimmt, du hast ja neulich erzählt, du hättest dich von deinem getrennt, Yuzucchi.
Echt dooof.
Ich würd dich ja zu 'ner Date-Party einladen, aber du wechselst ja im Herbst die Schule.
Die große Entfernung ist Mist.
I...
Ich hätt auch gern 'nen Freund.
Schon okaaay, schon okaaay.

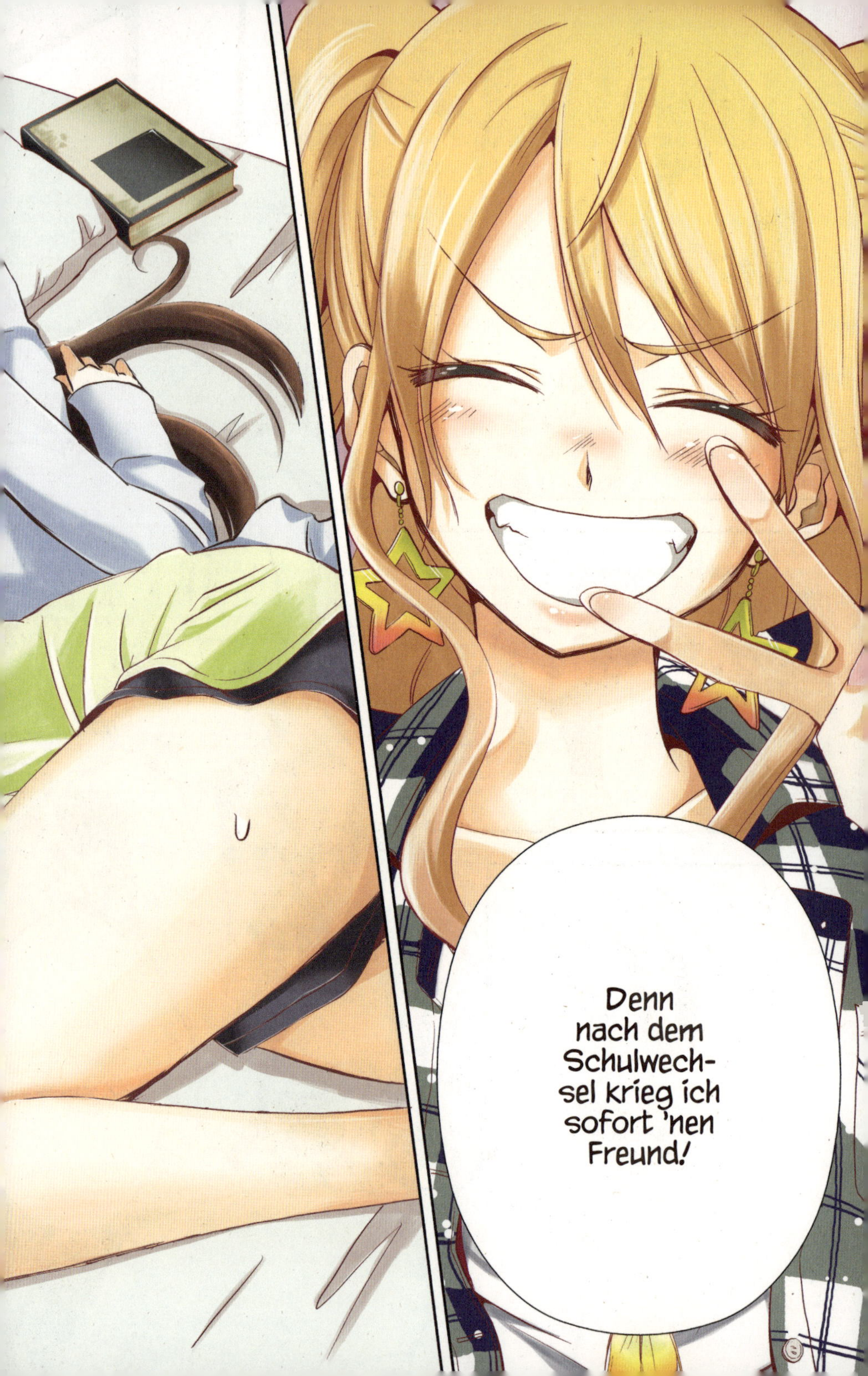
Denn nach dem Schulwech-sel krieg ich sofort 'nen Freund!

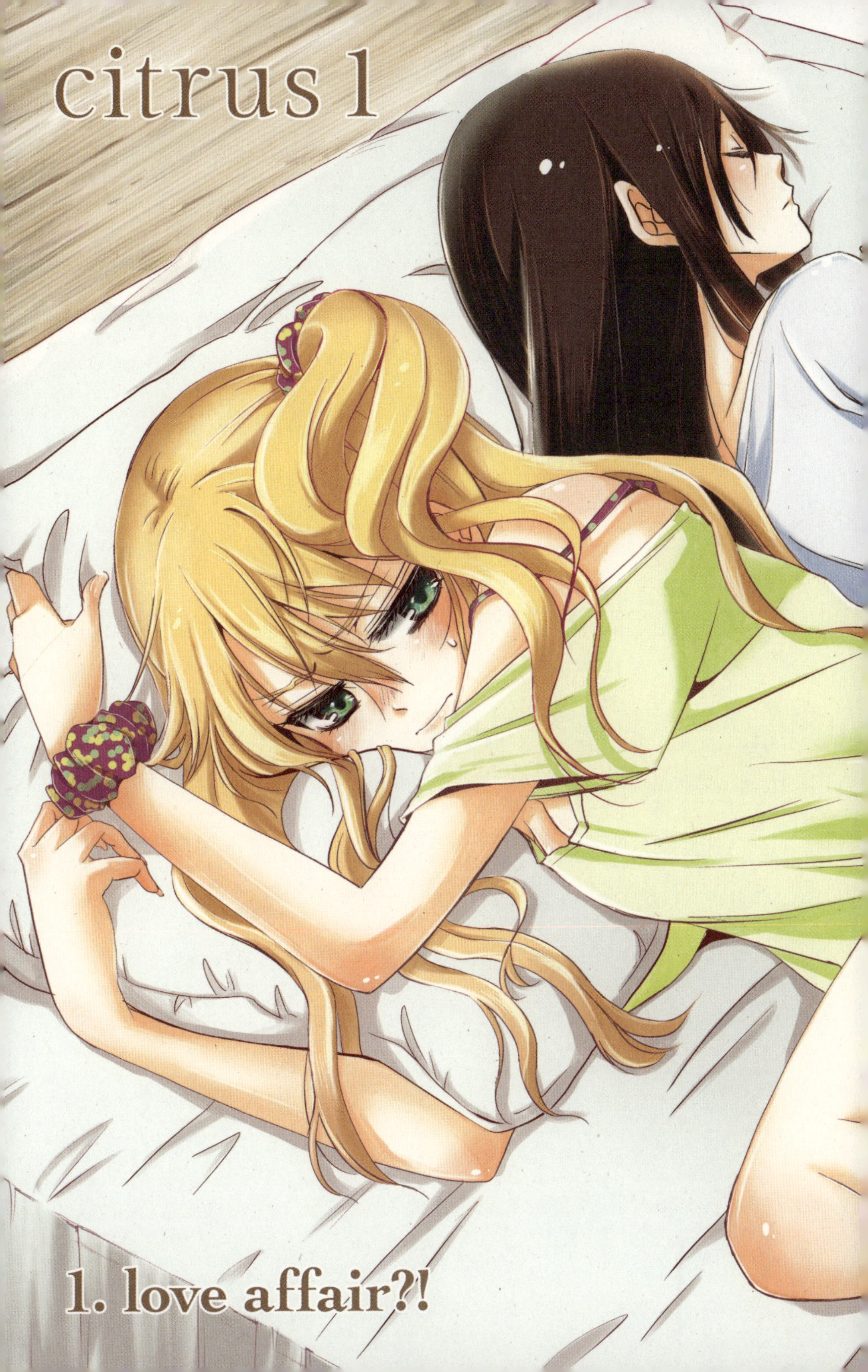
citrus 1
1. love affair?!

citrus

INHALTSVERZEICHNIS

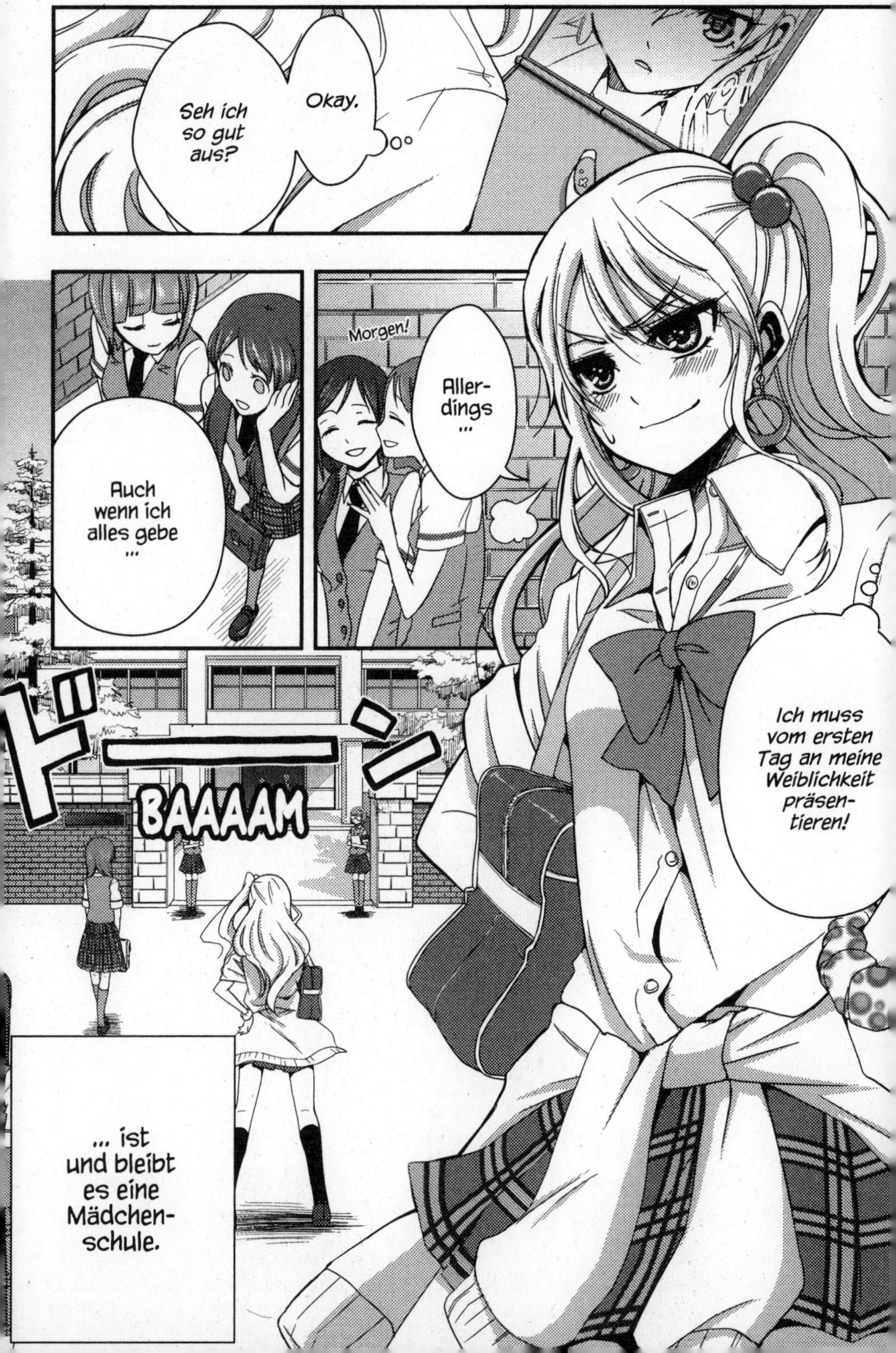
Okay.
Seh ich so gut aus?
Ich muss vom ersten Tag an meine Weiblichkeit präsentieren!
Morgen!
Allerdings ...
Auch wenn ich alles gebe ...
BAAAAM
... ist und bleibt es eine Mädchenschule.

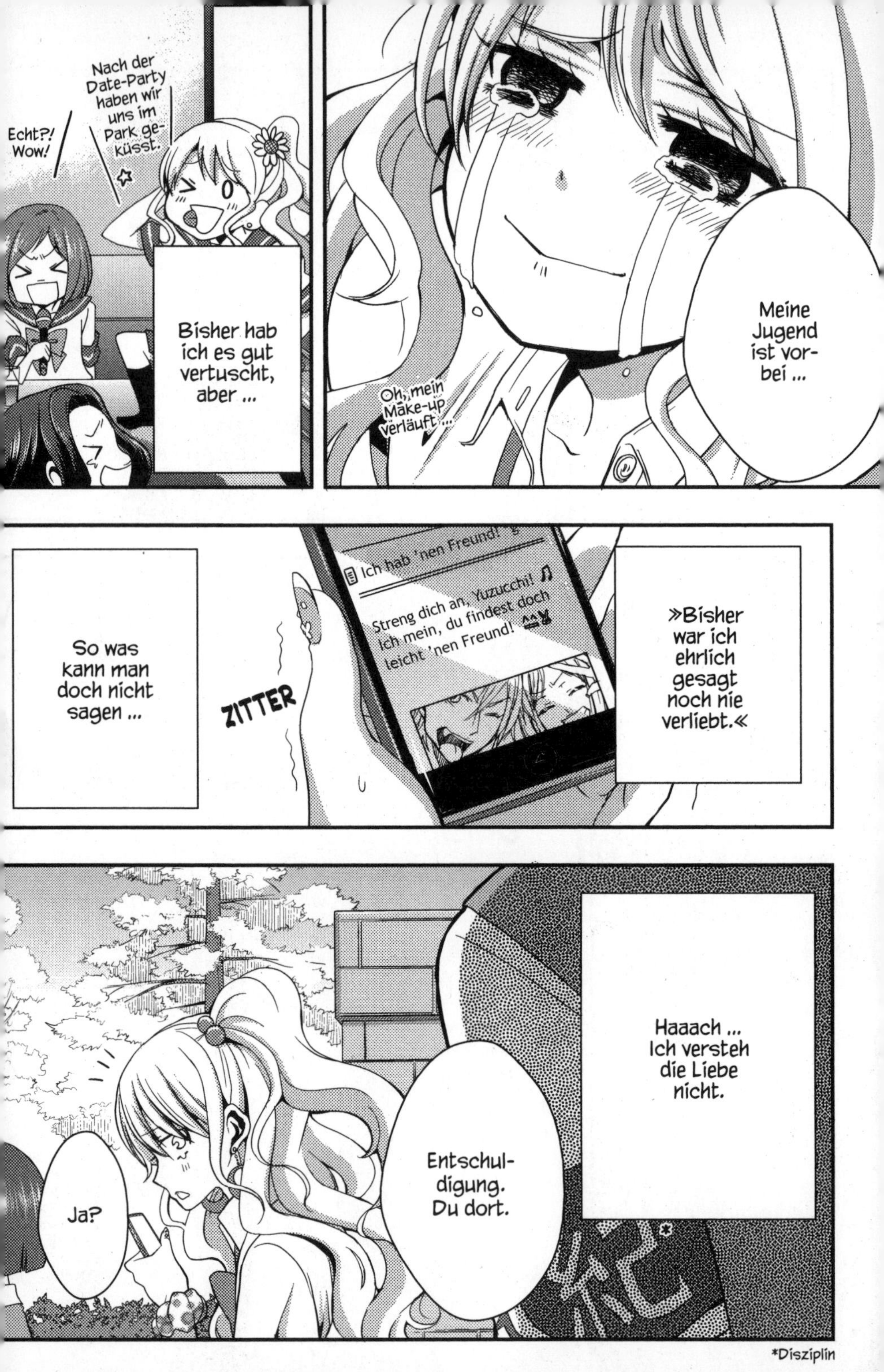

Meine Jugend ist vorbei ...
Oh, mein Make-up verläuft ...
Nach der Date-Party haben wir uns im Park geküsst.
Echt?! Wow!
Bisher hab ich es gut vertuscht, aber ...
»Bisher war ich ehrlich gesagt noch nie verliebt.«
Ich hab 'nen Freund!
Streng dich an, Yuzucchi! Ich mein, du findest doch leicht 'nen Freund!
ZITTER
So was kann man doch nicht sagen ...
Haaach ... Ich versteh die Liebe nicht.
Entschul-digung. Du dort.
Ja?

*Disziplin

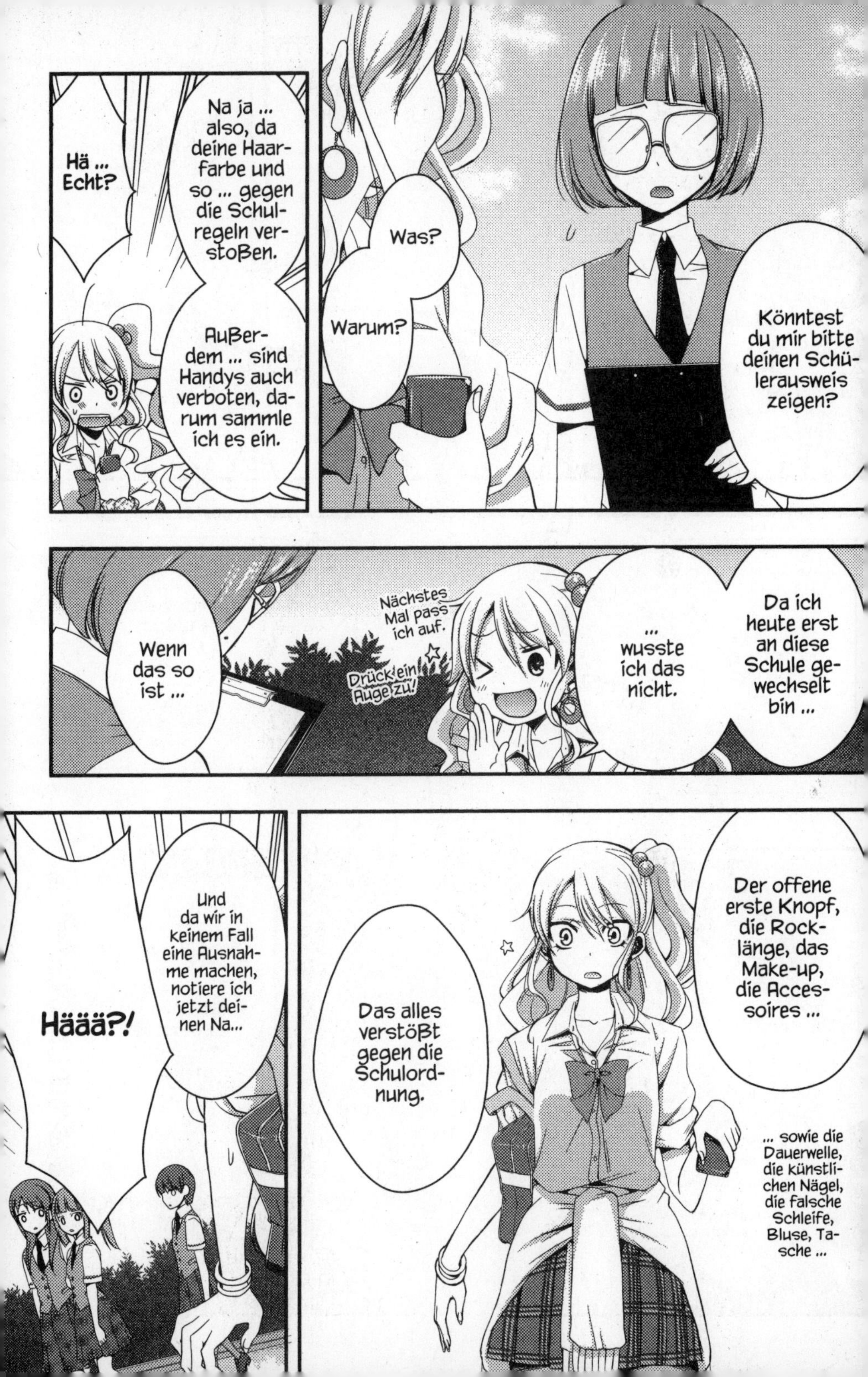

Könntest du mir bitte deinen Schülerausweis zeigen?
Was?
Warum?
Na ja ... also, da deine Haarfarbe und so ... gegen die Schulregeln verstoßen.
Außerdem ... sind Handys auch verboten, darum sammle ich es ein.
Hä ... Echt?
Da ich heute erst an diese Schule gewechselt bin ...
... wusste ich das nicht.
Nächstes Mal pass ich auf.
Drück ein Auge zu!
Wenn das so ist ...
Der offene erste Knopf, die Rocklänge, das Make-up, die Accessoires ...
... sowie die Dauerwelle, die künstlichen Nägel, die falsche Schleife, Bluse, Tasche ...
Das alles verstößt gegen die Schulordnung.
Und da wir in keinem Fall eine Ausnahme machen, notiere ich jetzt deinen Na...
Häää?!

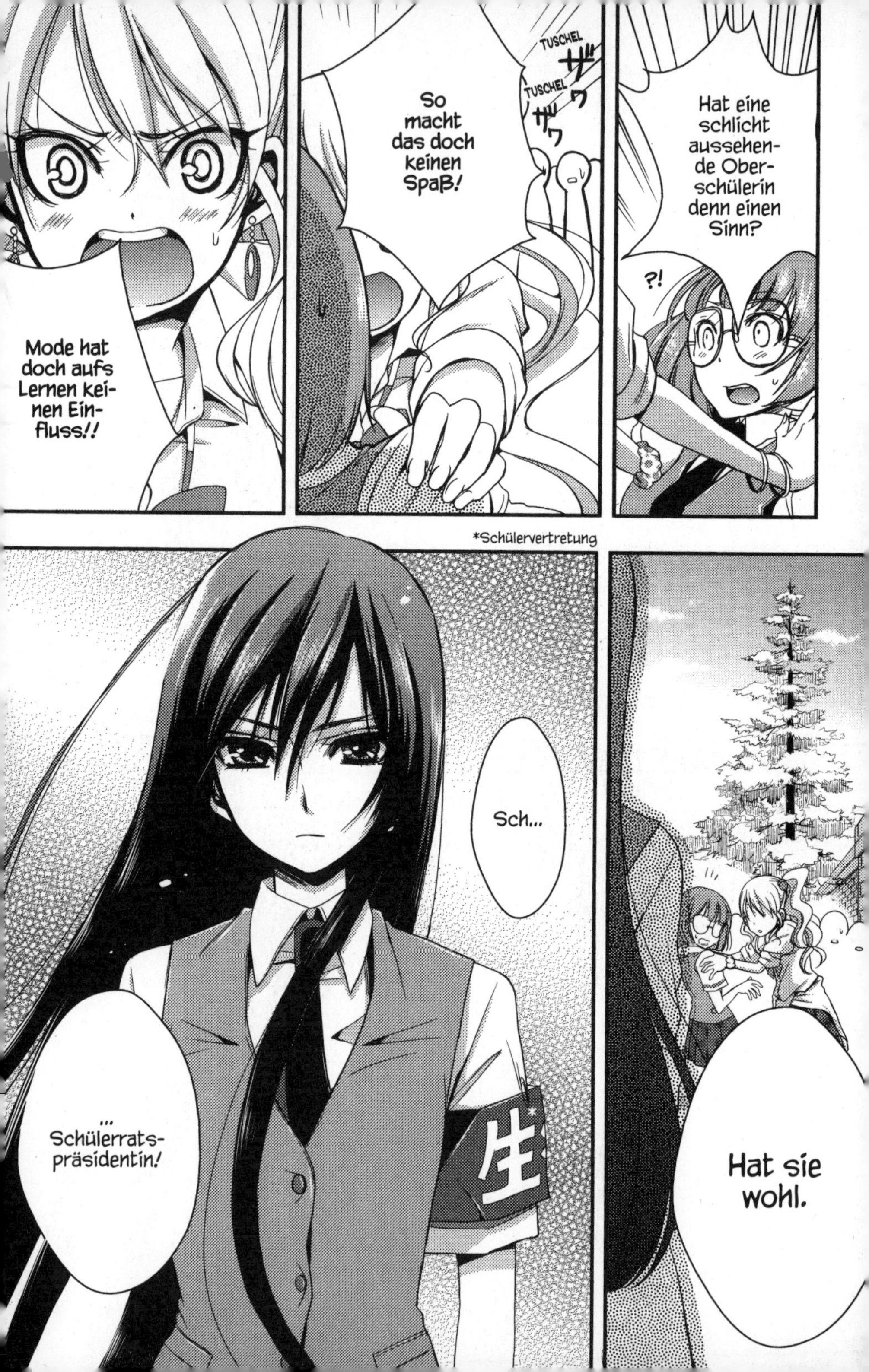

Hat eine schlicht aussehende Oberschülerin denn einen Sinn?
?!
TUSCHEL ザワ
TUSCHEL ザワ
So macht das doch keinen Spaß!
Mode hat doch aufs Lernen keinen Einfluss!!
Hat sie wohl.
Sch...
... Schülerrats-präsidentin!
生*
*Schülervertretung

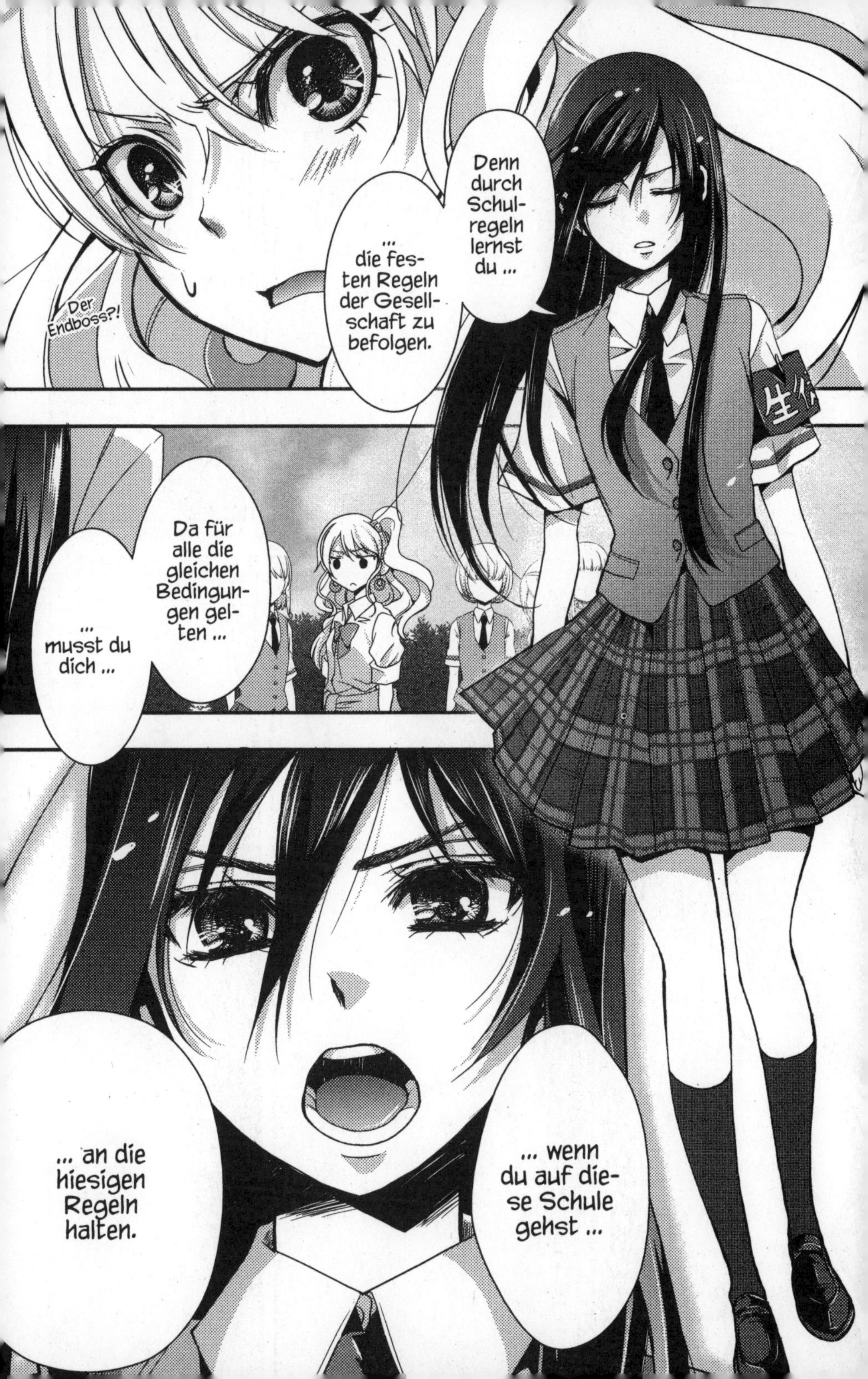

Denn durch Schulregeln lernst du ...
... die festen Regeln der Gesellschaft zu befolgen.
Der Endboss?!
Da für alle die gleichen Bedingungen gelten ...
... musst du dich ...
... wenn du auf diese Schule gehst ...
... an die hiesigen Regeln halten.

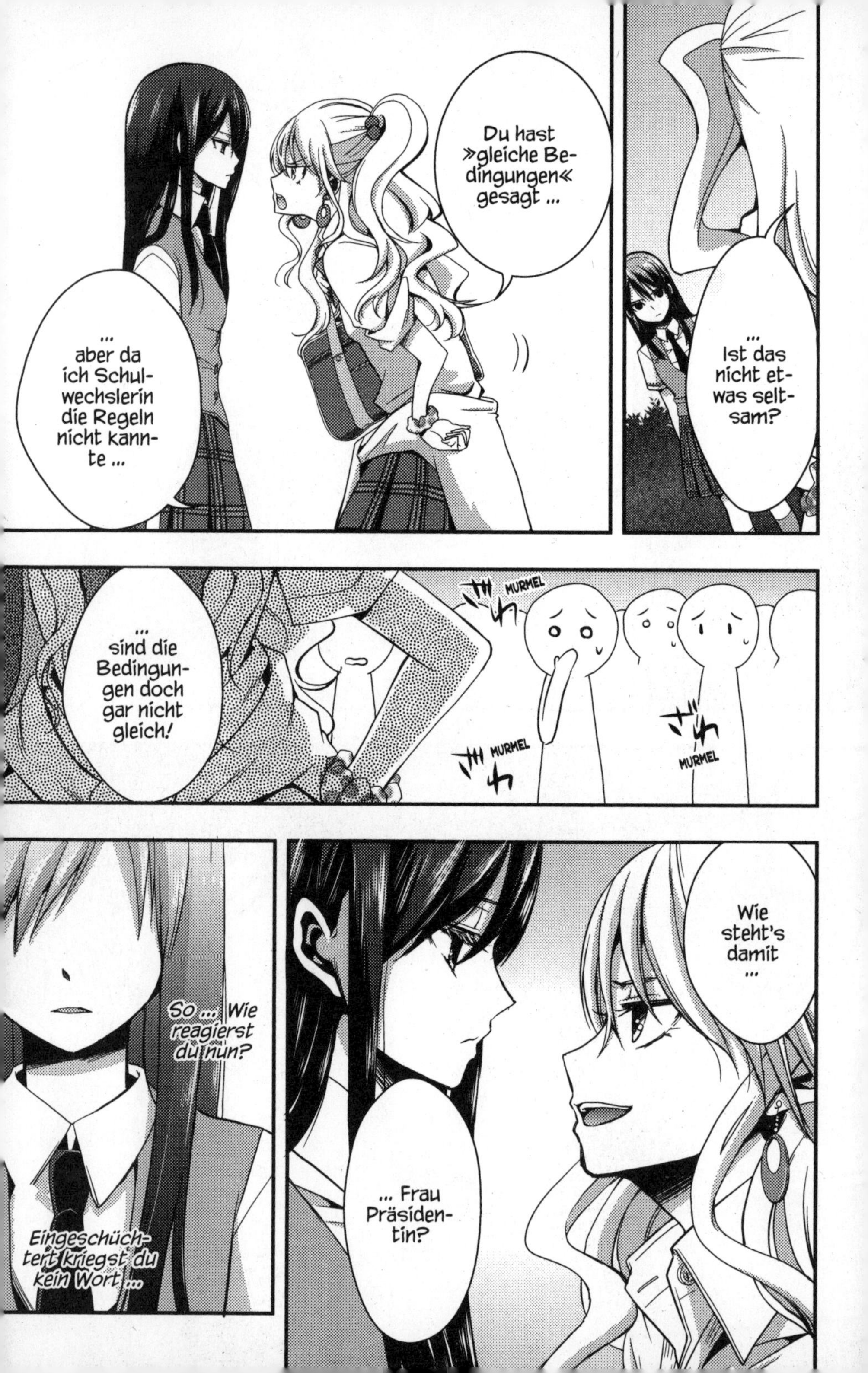

... Ist das nicht etwas seltsam?
Du hast »gleiche Bedingungen« gesagt ...
... aber da ich Schulwechslerin die Regeln nicht kannte ...
... sind die Bedingungen doch gar nicht gleich!
MURMEL
MURMEL
MURMEL
Wie steht's damit ...
... Frau Präsidentin?
So ... Wie reagierst du nun?
Eingeschüchtert kriegst du kein Wort ...

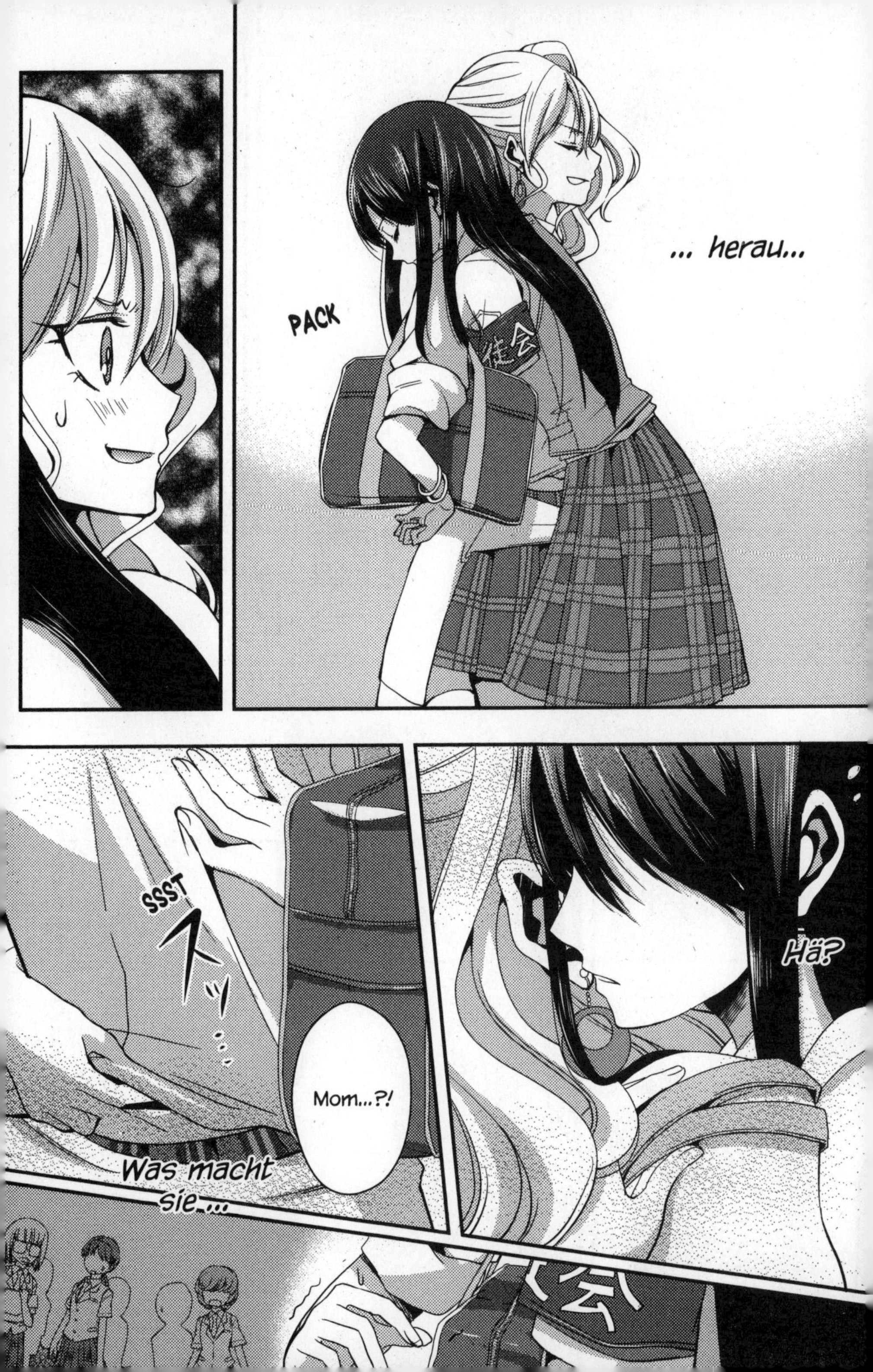
... herau...
PACK
Hä?
SSST
Mom...?!
Was macht sie ...

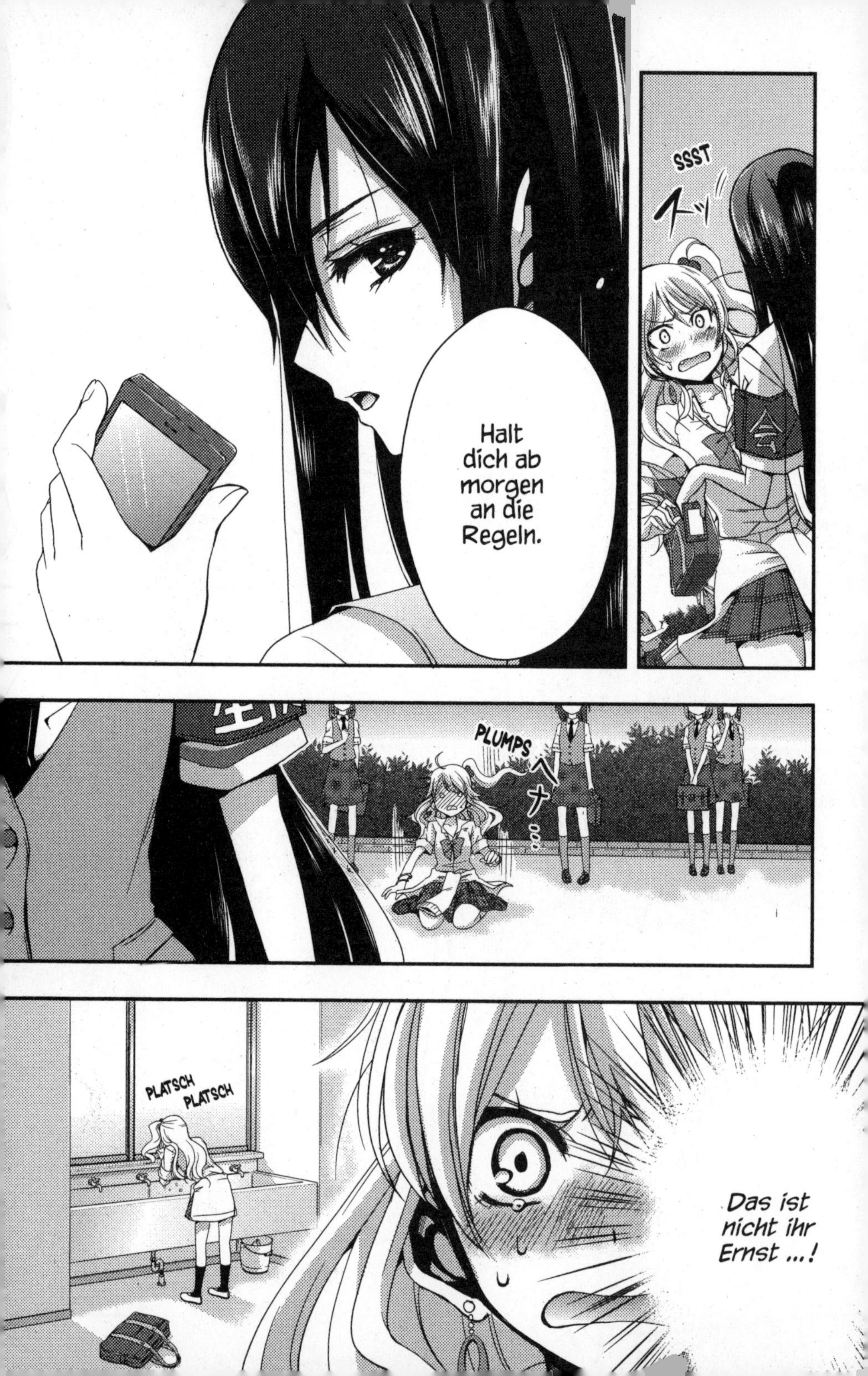
SSST
スッ
Halt dich ab morgen an die Regeln.
PLUMPS
ヘナ…
PLATSCH PLATSCH
Das ist nicht ihr Ernst ...!

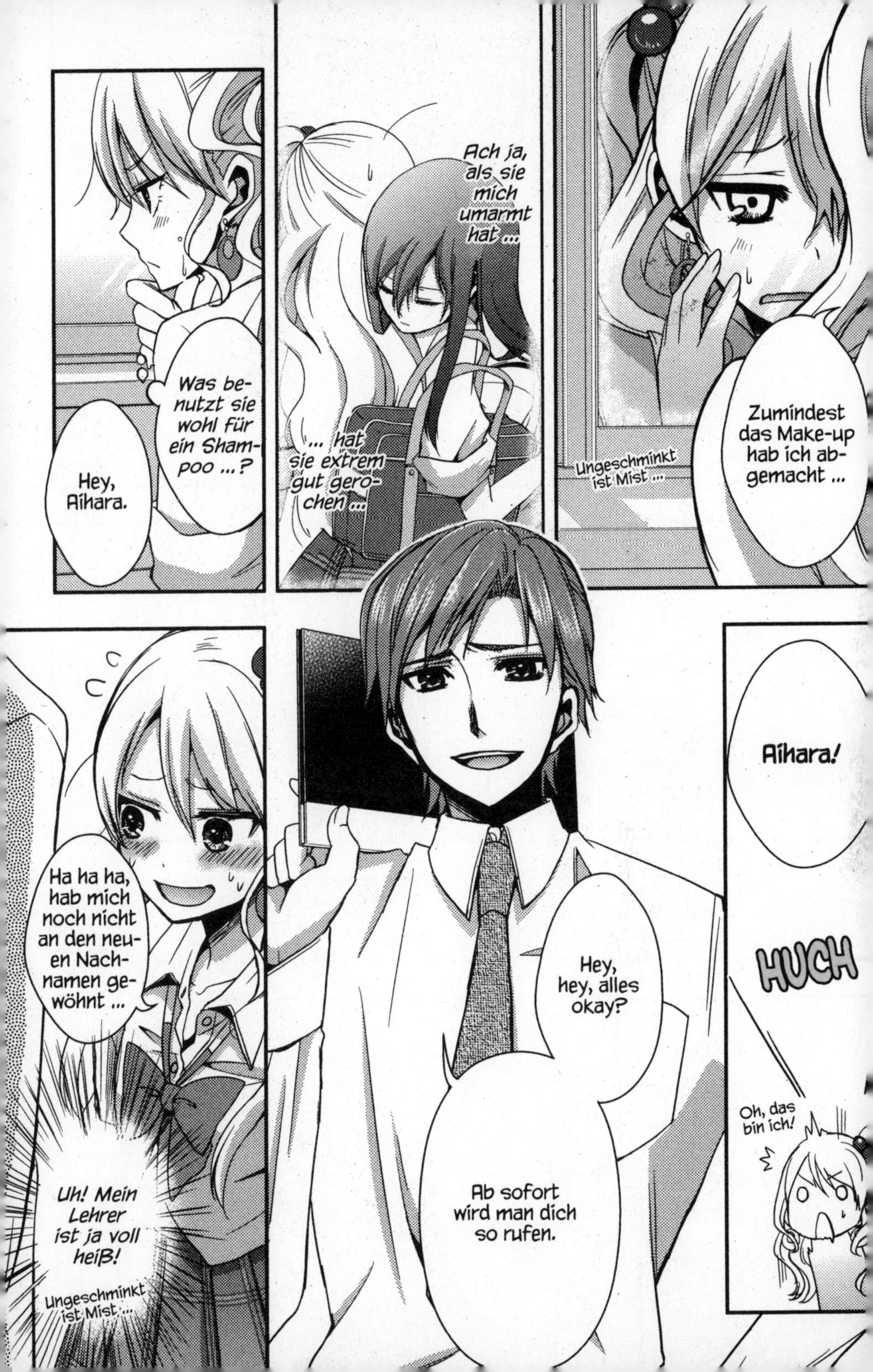
Zumindest das Make-up hab ich abgemacht ...
Ungeschminkt ist Mist ...
Ach ja, als sie mich umarmt hat ...
... hat sie extrem gut gerochen ...
Was benutzt sie wohl für ein Shampoo ...?
Hey, Aihara.
Aihara!
HUCH
Oh, das bin ich!
Hey, hey, alles okay?
Ab sofort wird man dich so rufen.
Ha ha ha, hab mich noch nicht an den neuen Nachnamen gewöhnt ...
Uh! Mein Lehrer ist ja voll heiß!
Ungeschminkt ist Mist ...

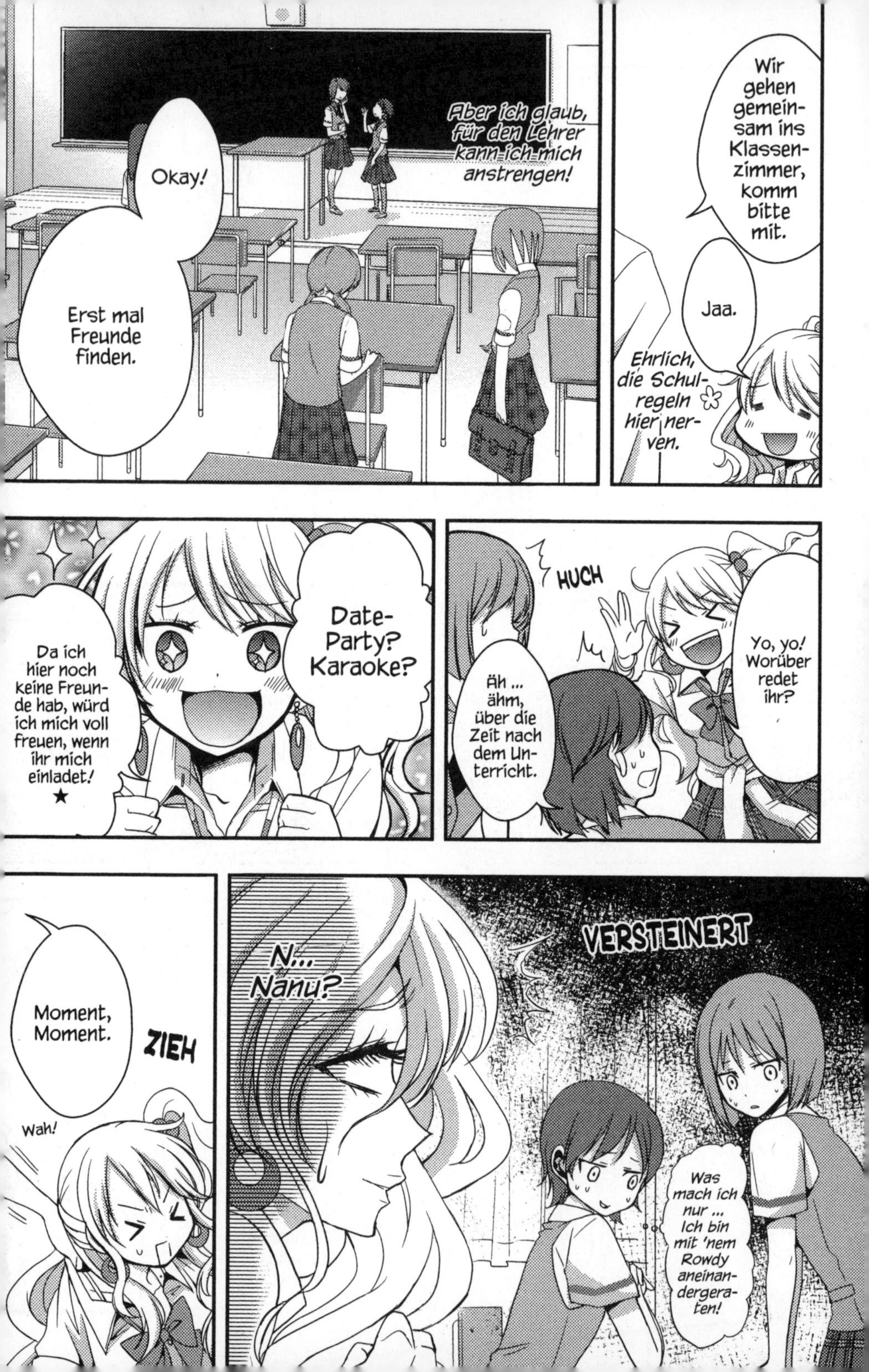
Wir gehen gemeinsam ins Klassenzimmer, komm bitte mit.
Jaa.
Ehrlich, die Schulregeln hier nerven.
Aber ich glaub, für den Lehrer kann ich mich anstrengen!
Okay!
Erst mal Freunde finden.
HUCH
Yo, yo! Worüber redet ihr?
Äh ... ähm, über die Zeit nach dem Unterricht.
Date-Party? Karaoke?
Da ich hier noch keine Freunde hab, würd ich mich voll freuen, wenn ihr mich einladet! ★
VERSTEINERT
N... Nanu?
Was mach ich nur ... Ich bin mit 'nem Rowdy aneinandergeraten!
Moment, Moment.
ZIEH
Wah!

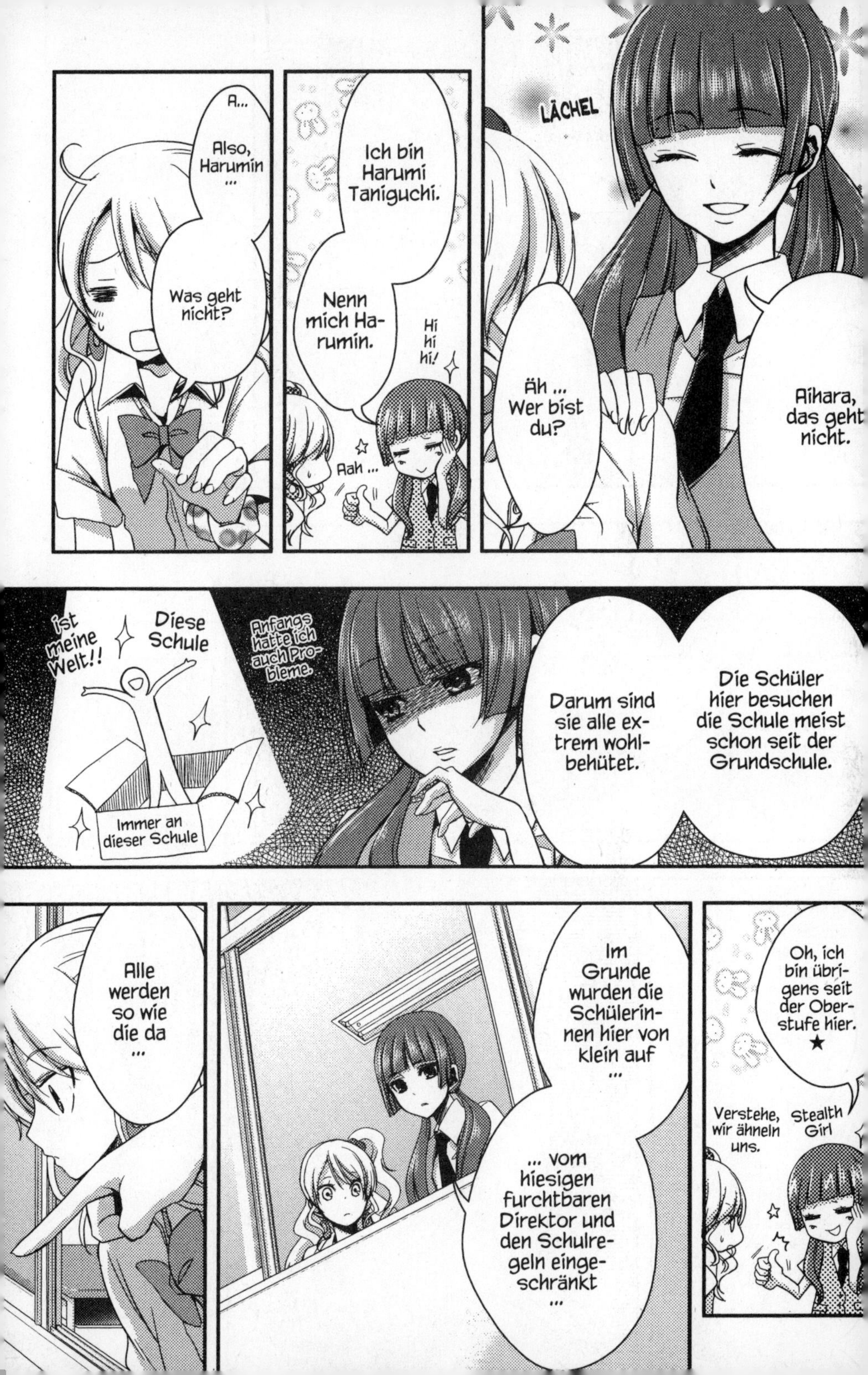

LÄCHEL
Aihara, das geht nicht.
Äh ... Wer bist du?
Ich bin Harumi Taniguchi.
Nenn mich Harumin.
Hi hi hi!
Aah ...
A...
Also, Harumin ...
Was geht nicht?
Die Schüler hier besuchen die Schule meist schon seit der Grundschule.
Darum sind sie alle extrem wohlbehütet.
Anfangs hatte ich auch Probleme.
Diese Schule ist meine Welt!!
Immer an dieser Schule
Oh, ich bin übrigens seit der Oberstufe hier. ★
Stealth Girl
Verstehe, wir ähneln uns.
Im Grunde wurden die Schülerinnen hier von klein auf ...
... vom hiesigen furchtbaren Direktor und den Schulregeln eingeschränkt ...
Alle werden so wie die da ...

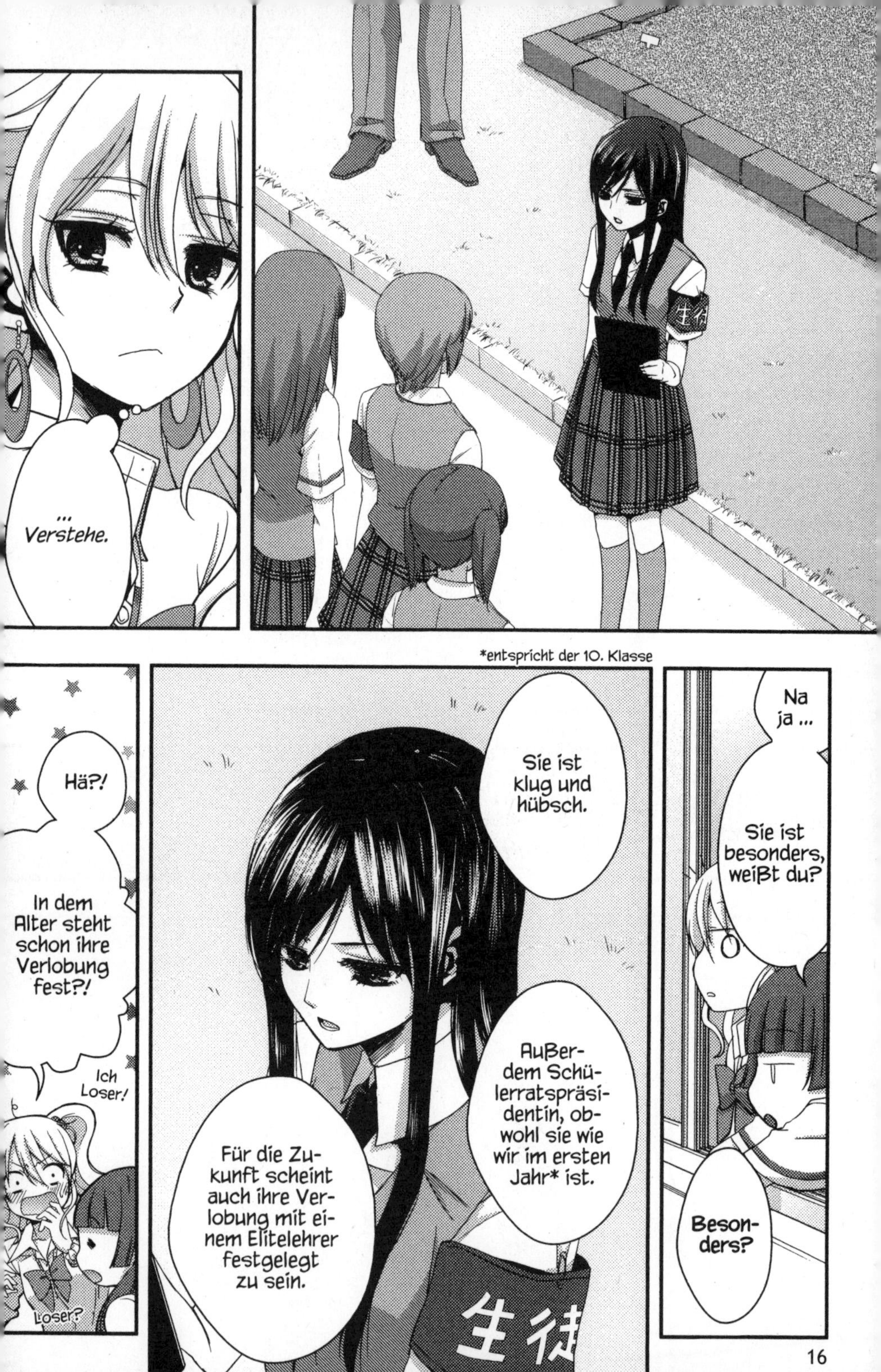

*entspricht der 10. Klasse

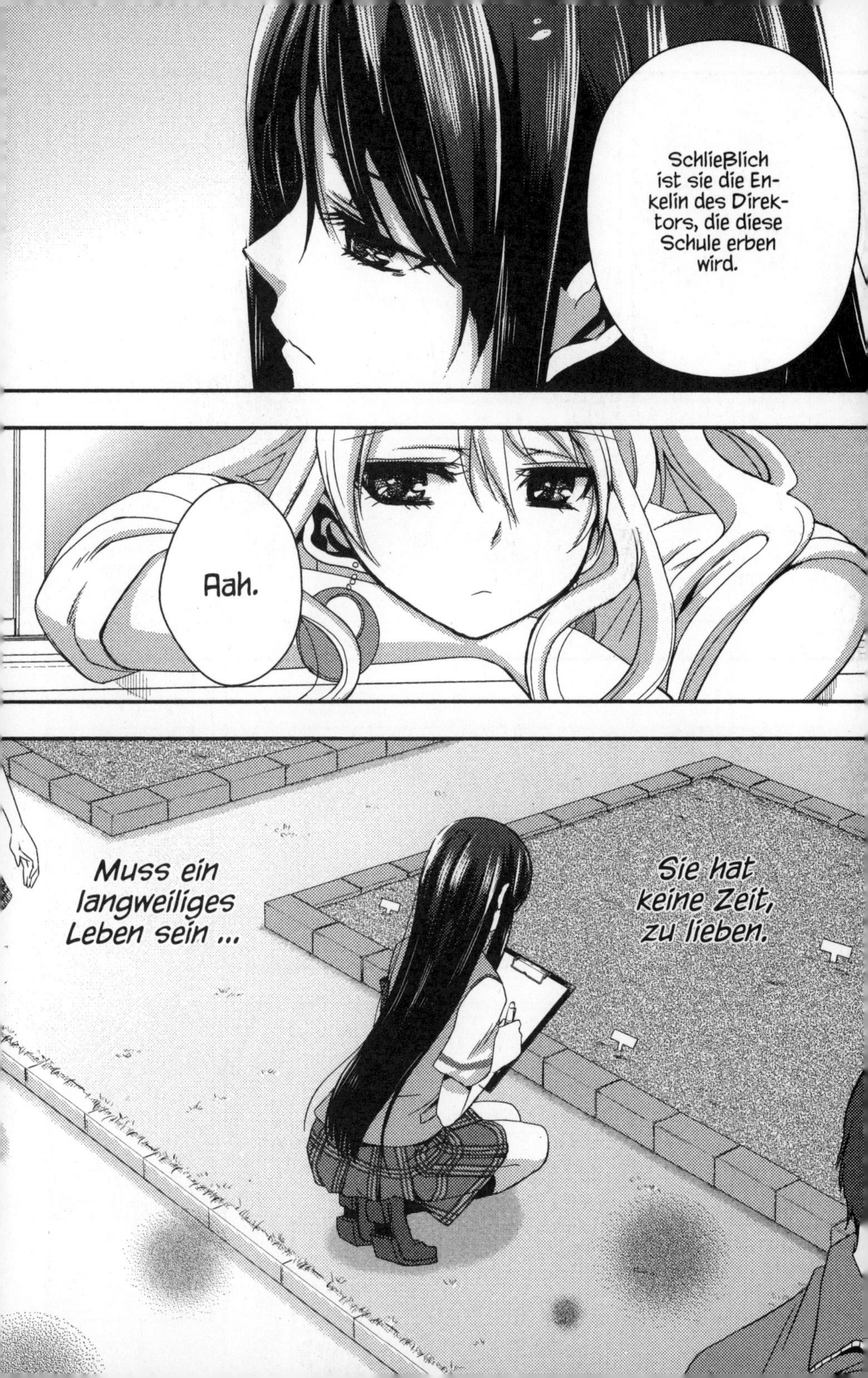
Schließlich ist sie die Enkelin des Direktors, die diese Schule erben wird.
Aah.
Sie hat keine Zeit, zu lieben.
Muss ein langweiliges Leben sein ...

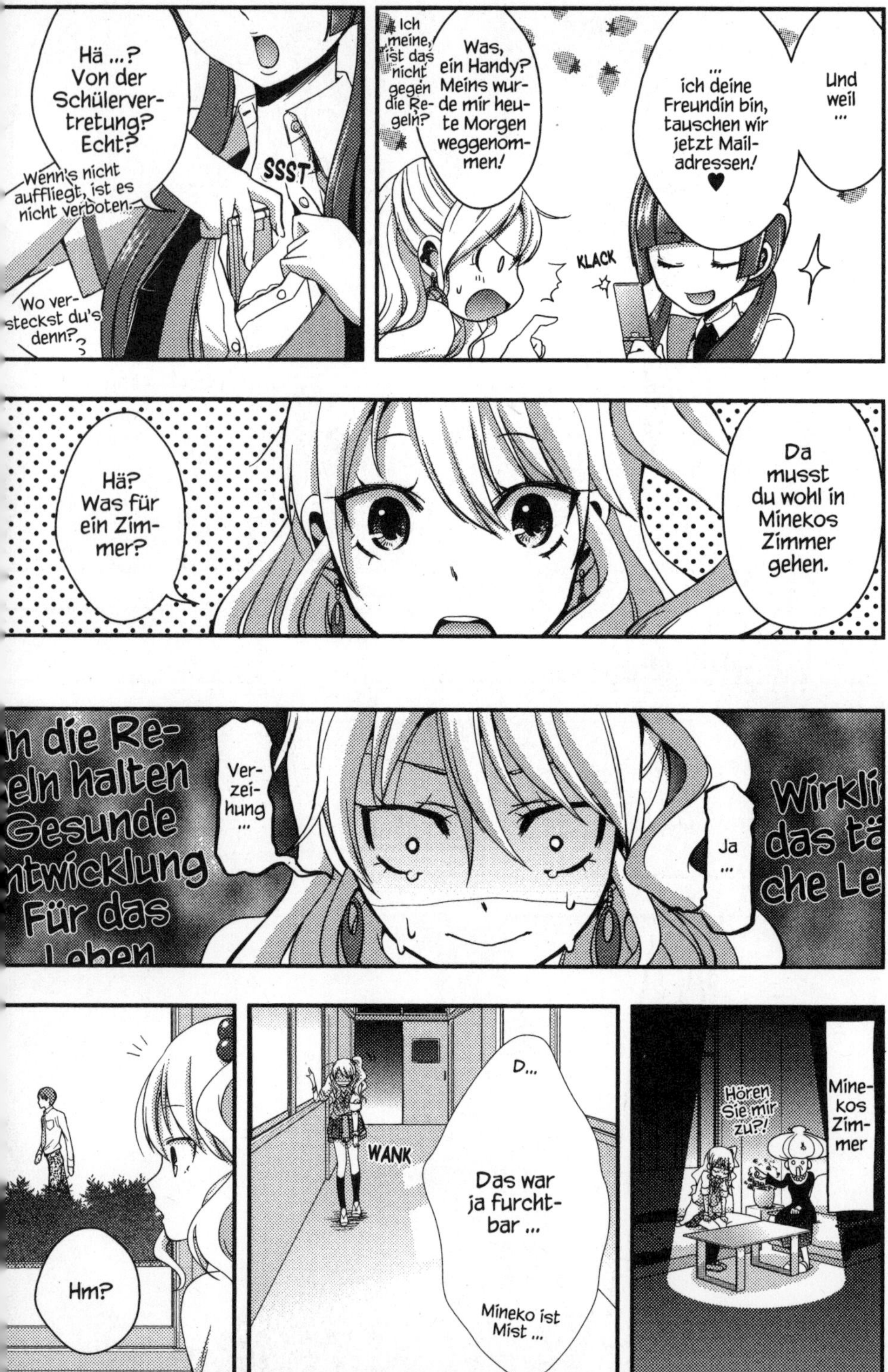

Und weil ...
... ich deine Freundin bin, tauschen wir jetzt Mail-adressen! ♥
KLACK
Was, ein Handy? Meins wur-de mir heu-te Morgen weggenom-men!
Ich meine, ist das nicht gegen die Re-geln?
Hä ...? Von der Schülerver-tretung? Echt?
SSST
Wenn's nicht auffliegt, ist es nicht verboten.
Wo ver-steckst du's denn?
Da musst du wohl in Minekos Zimmer gehen.
Hä? Was für ein Zim-mer?
Wirkli
das tä
che Le
Ja ...
Verzei-hung ...
n die Re-
eln halten
Gesunde
ntwicklung
Für das
Mine-kos Zim-mer
Hören Sie mir zu?!
D...
Das war ja furcht-bar ...
Mineko ist Mist ...
WANK
Hm?

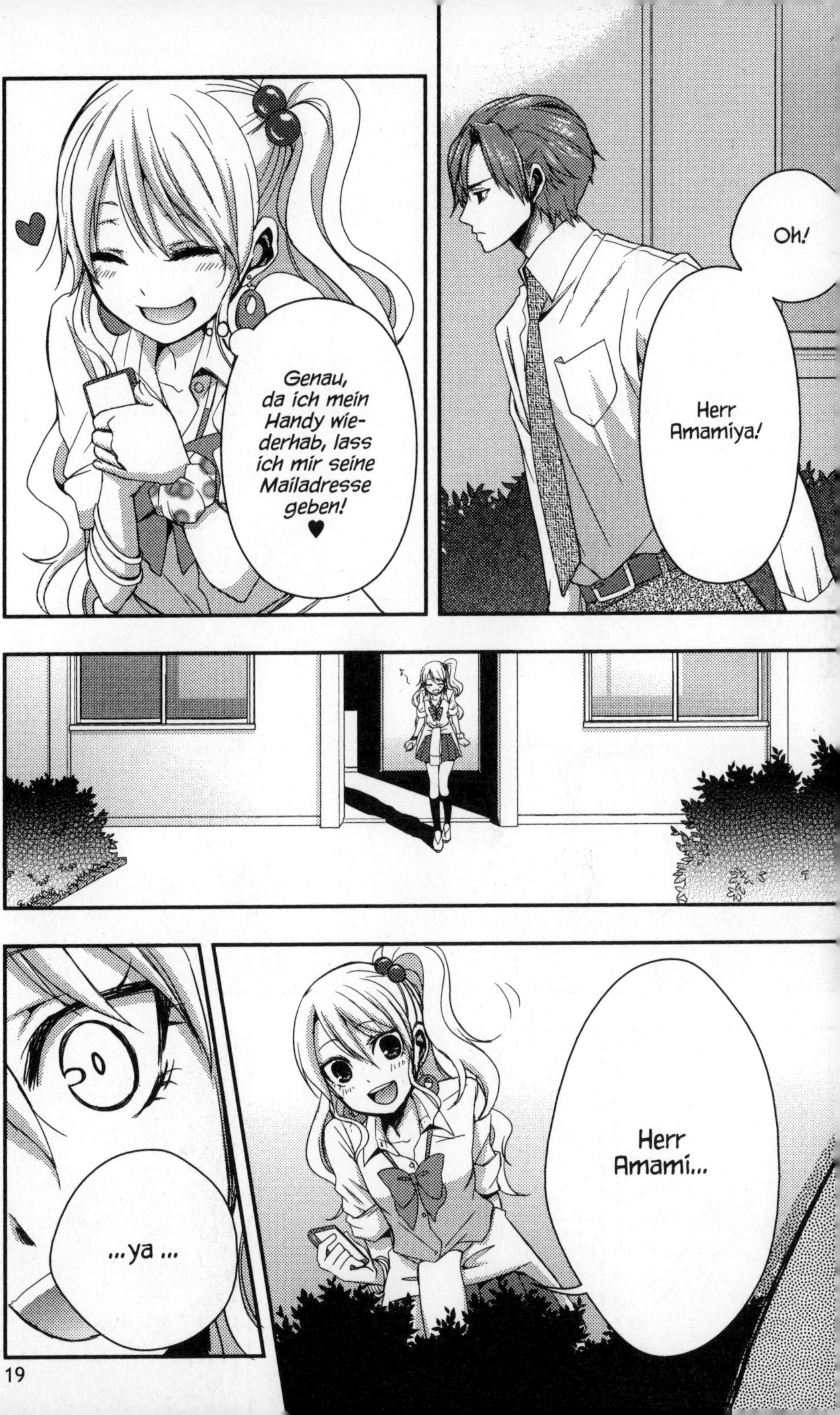
Oh!
Herr Amamiya!
Genau, da ich mein Handy wiederhab, lass ich mir seine Mailadresse geben! ♥
Herr Amami...
...ya ...

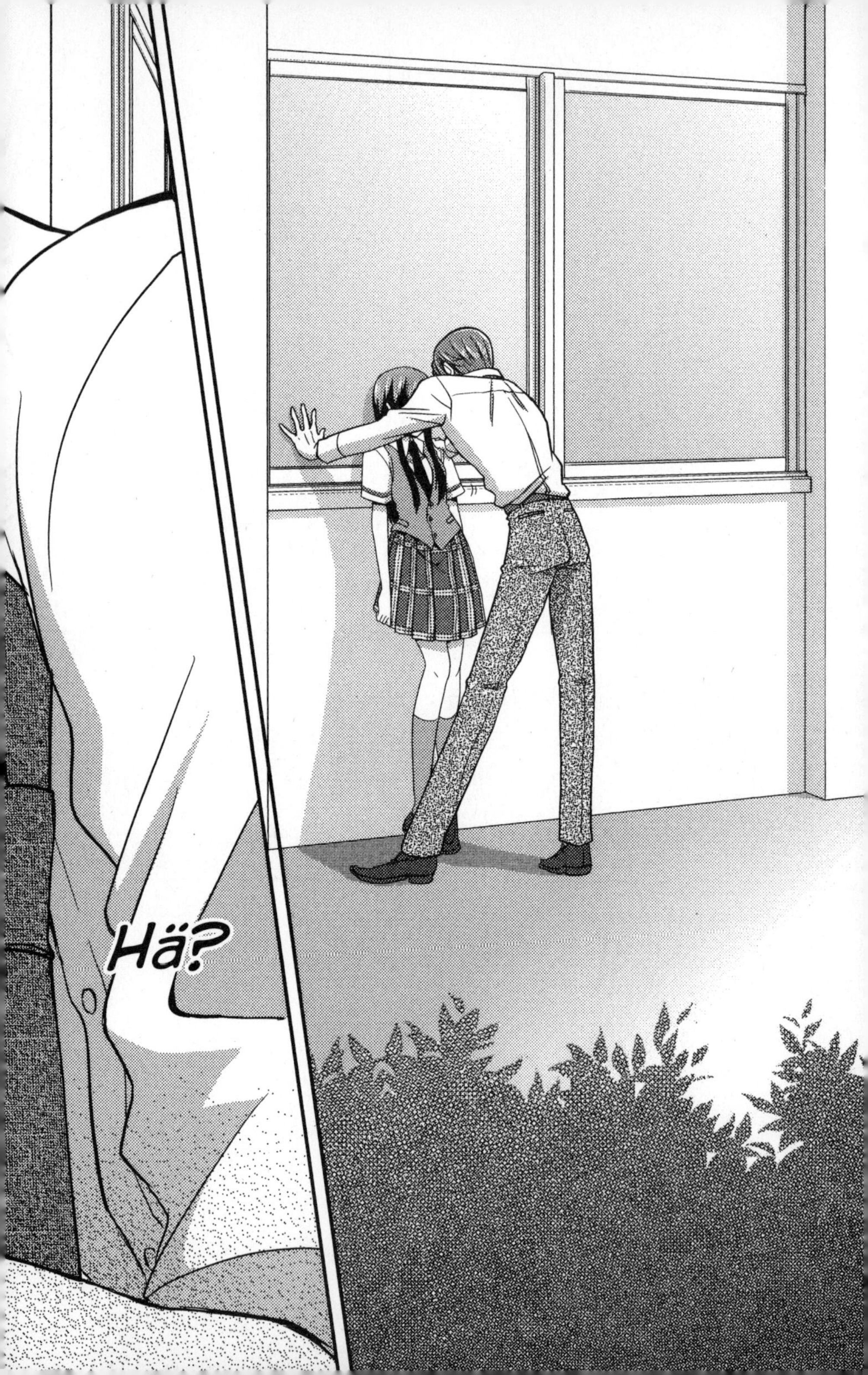
Hä?

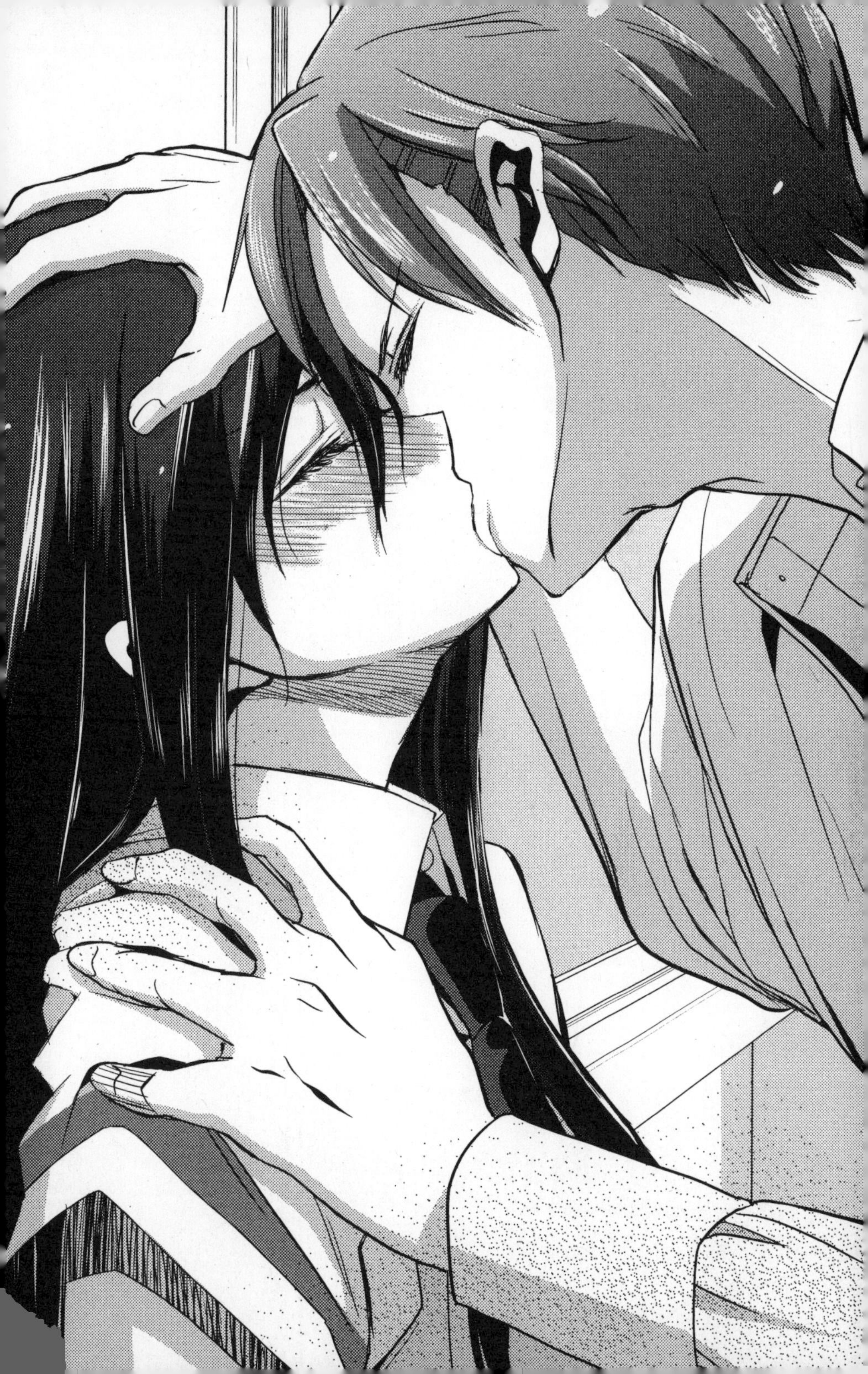

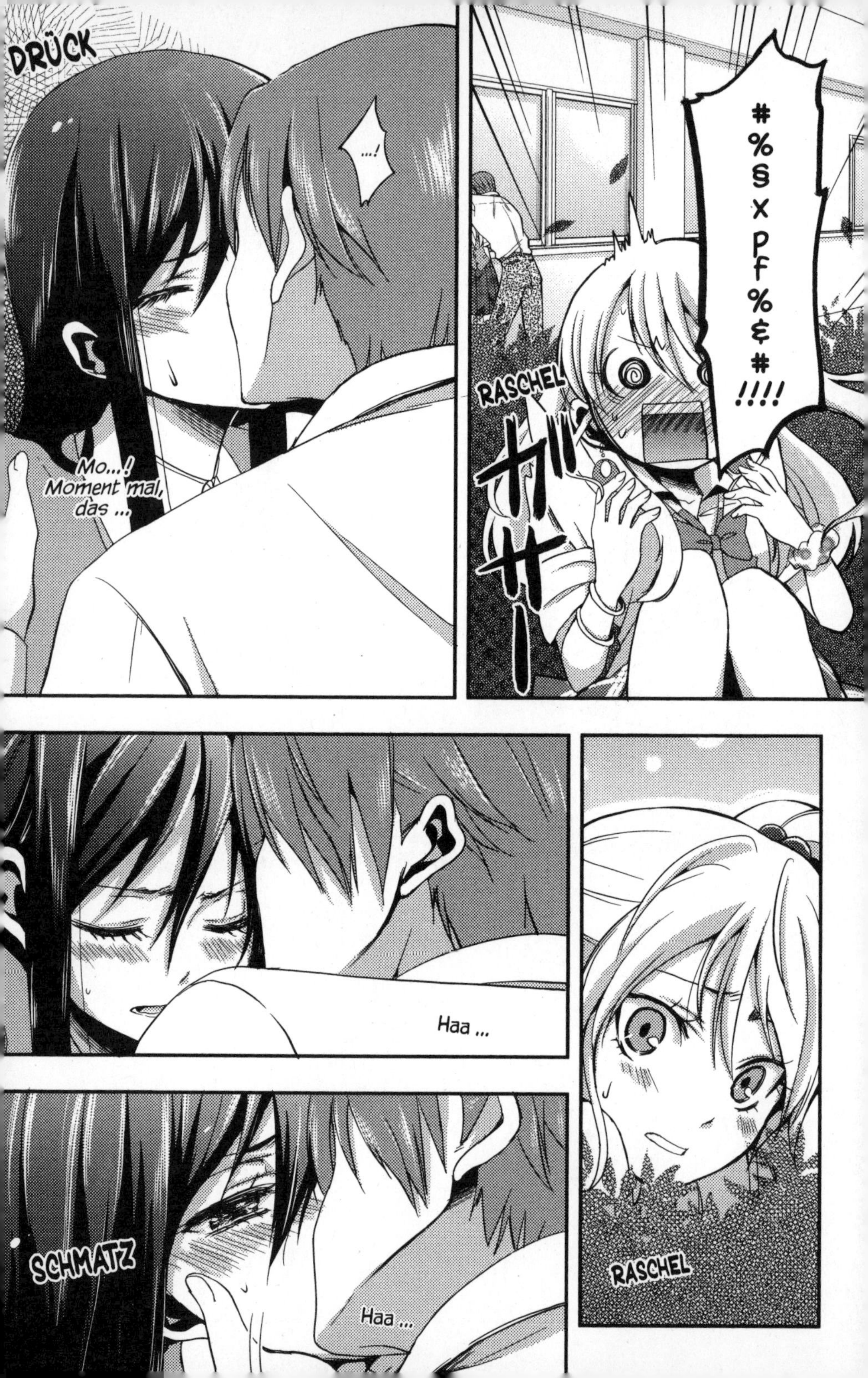

#%§xpf%&#!!!!
RASCHEL
DRÜCK
...!
Mo...! Moment mal, das ...
RASCHEL
Haa ...
SCHMATZ
Haa ...

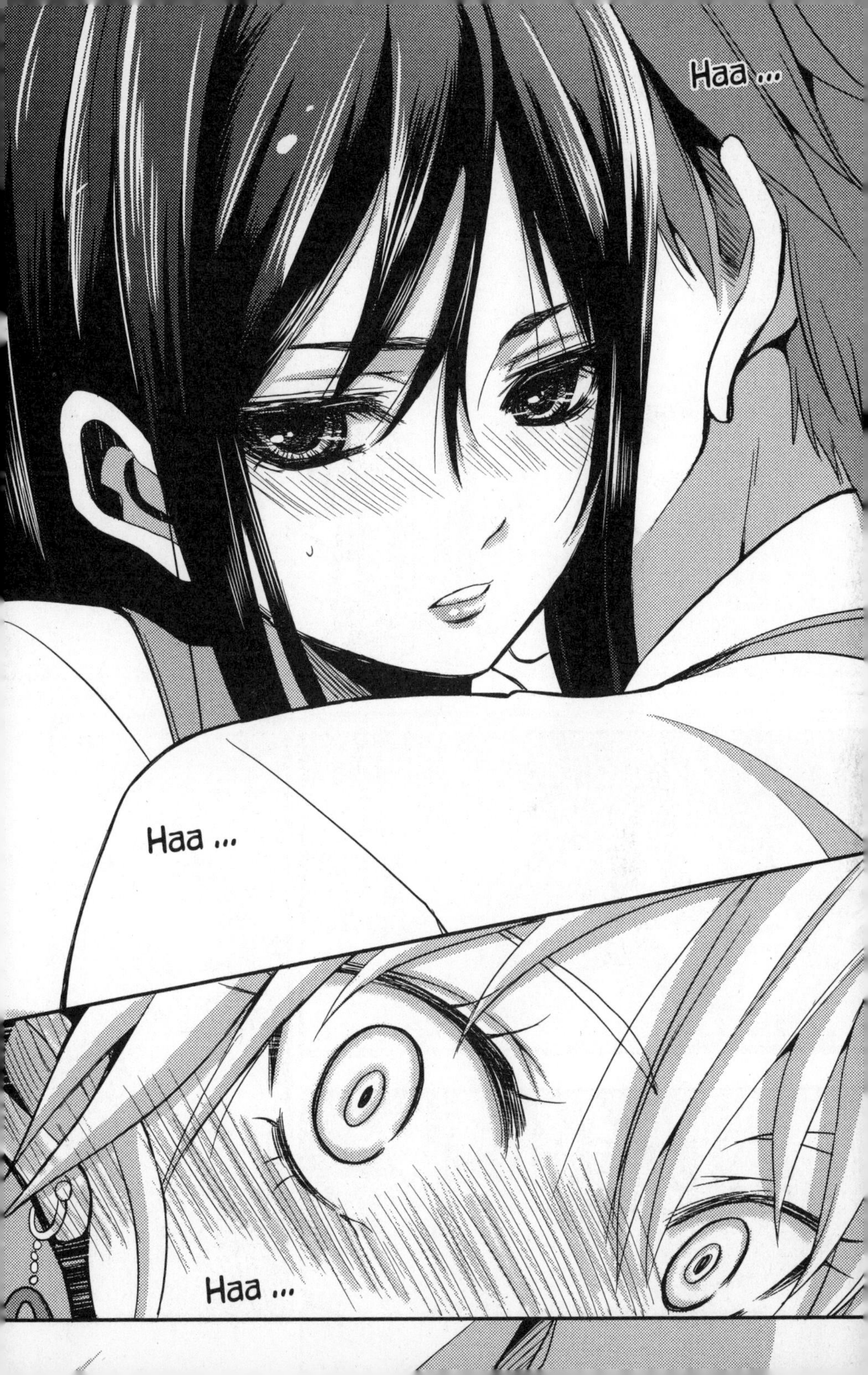
Haa ...
Haa ...
Haa ...

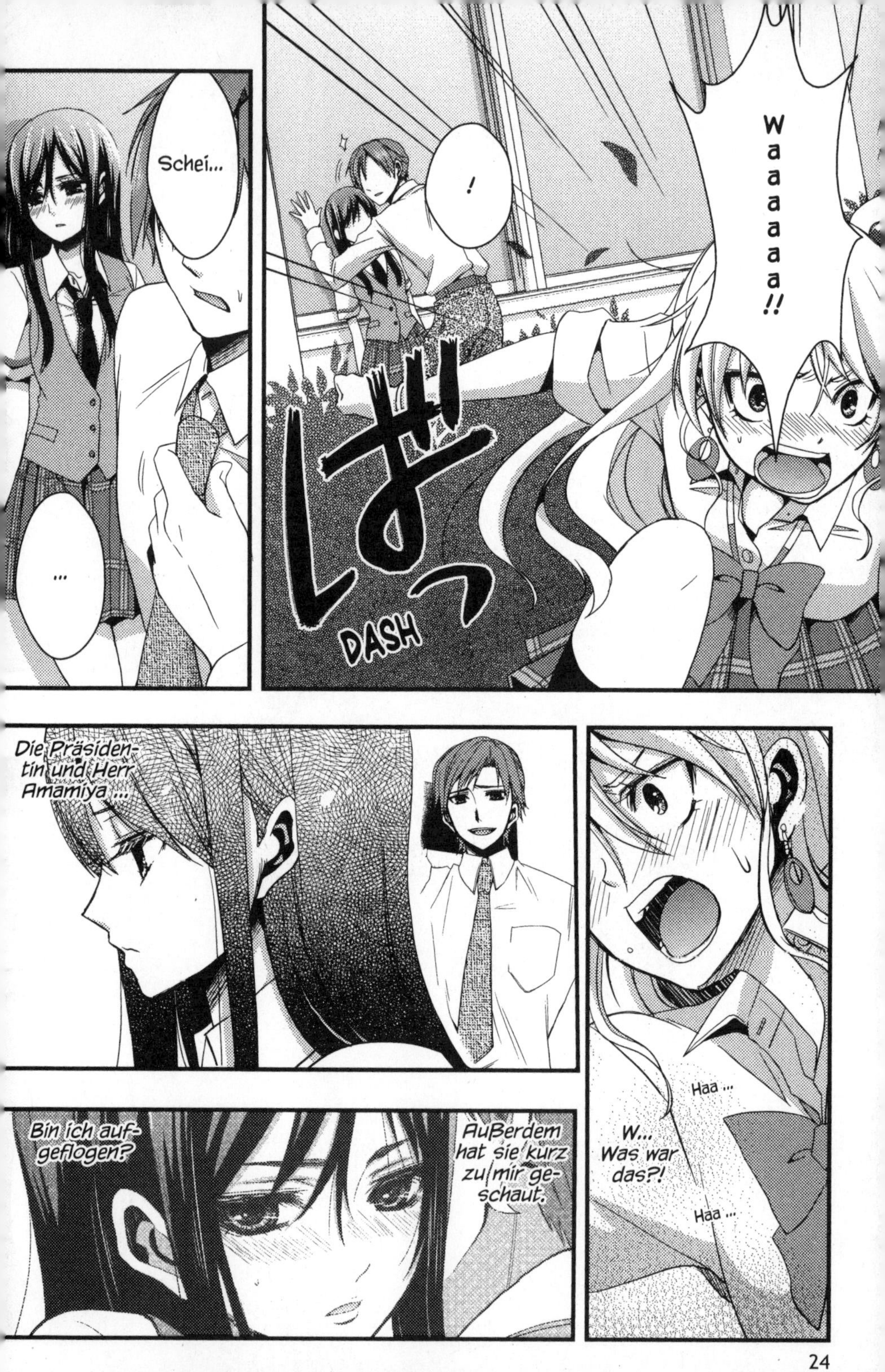
Waaaaaaa!!
!
DASH
Schei...
...
W... Was war das?!
Haa ...
Haa ...
Die Präsidentin und Herr Amamiya ...
Außerdem hat sie kurz zu mir geschaut.
Bin ich aufgeflogen?

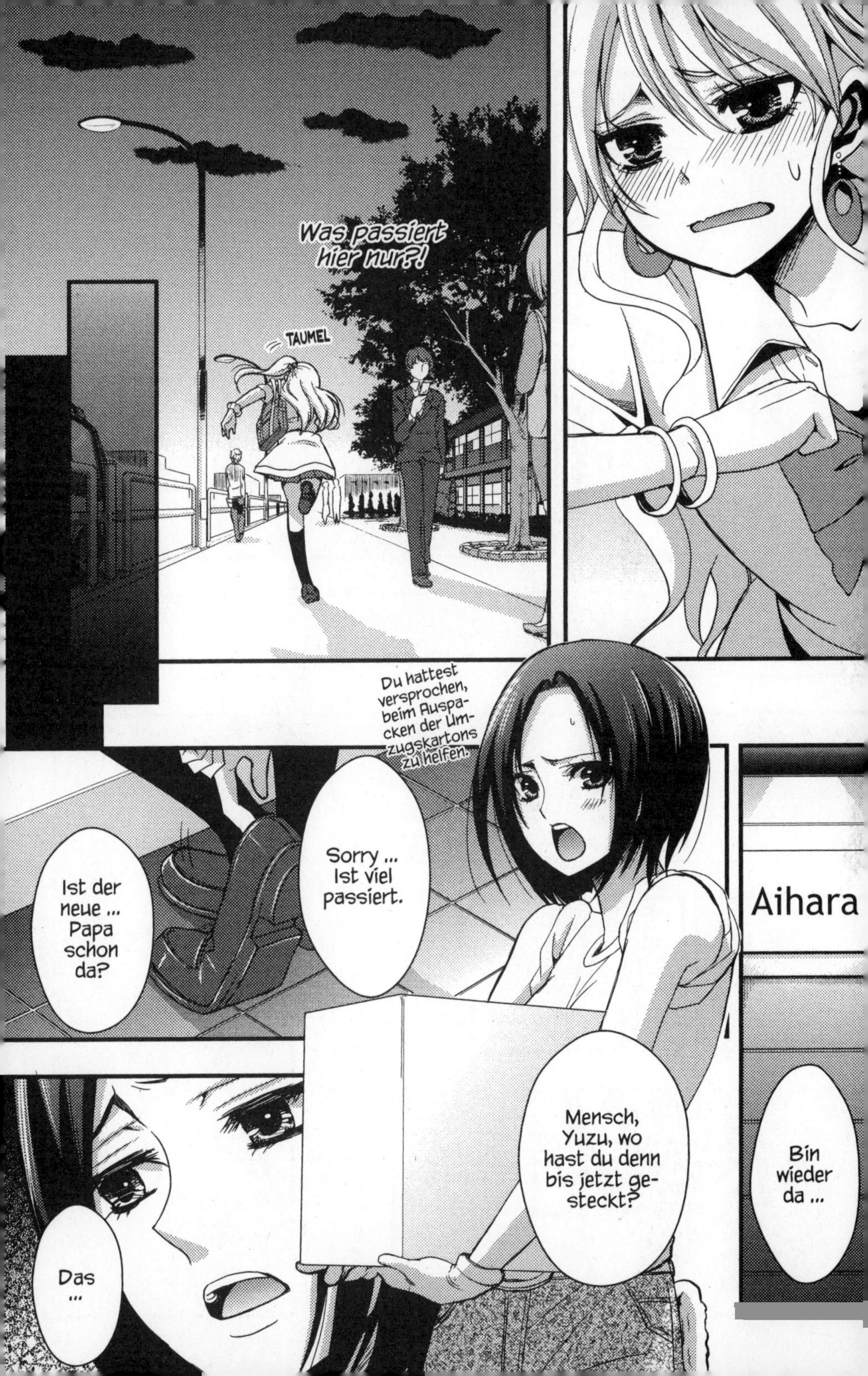
Was passiert hier nur?!
TAUMEL
Du hattest versprochen, beim Auspacken der Umzugskartons zu helfen.
Sorry ... Ist viel passiert.
Ist der neue ... Papa schon da?
Aihara
Bin wieder da ...
Mensch, Yuzu, wo hast du denn bis jetzt gesteckt?
Das ...

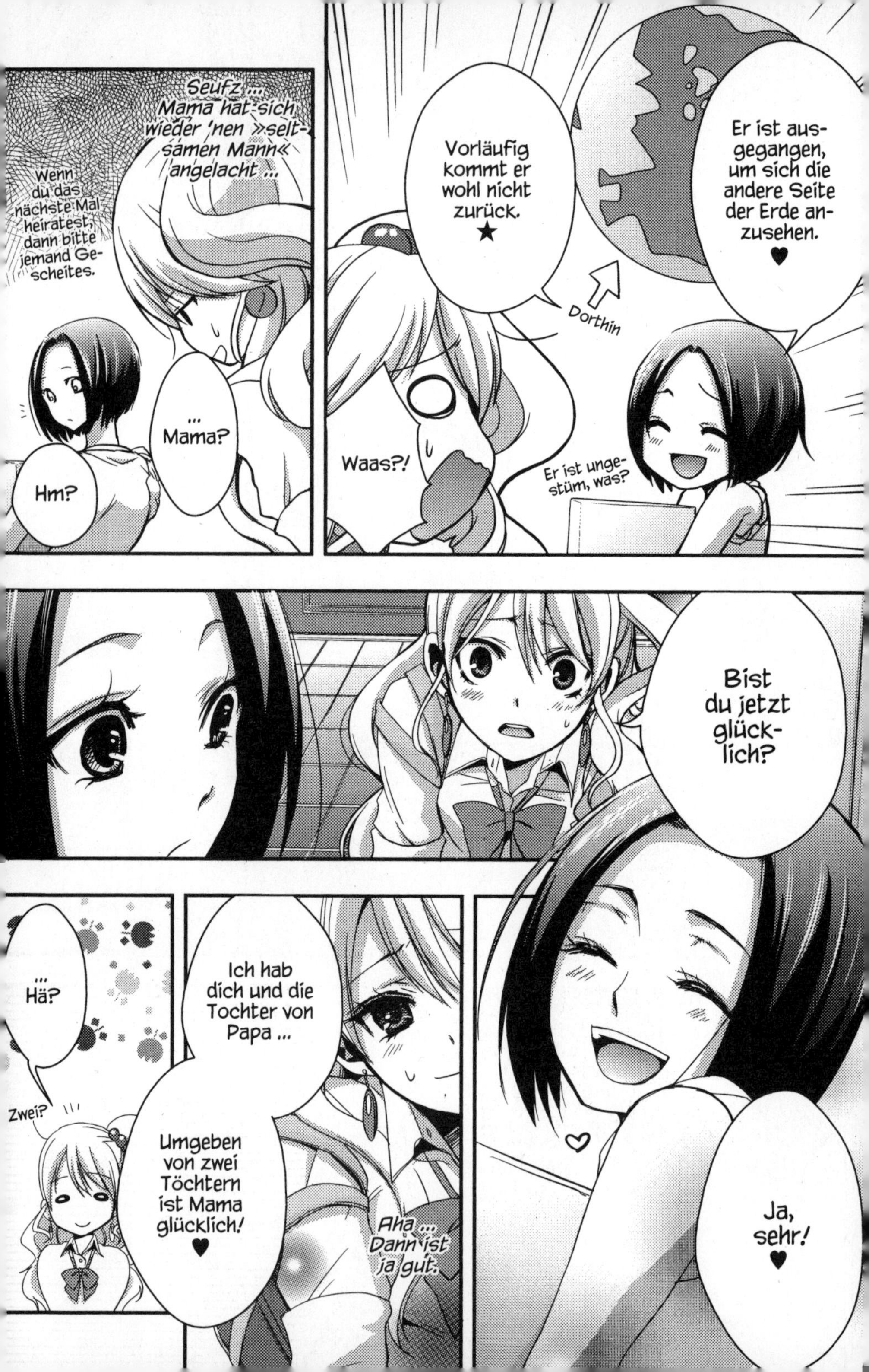
Er ist ausgegangen, um sich die andere Seite der Erde anzusehen. ♥
Er ist ungestüm, was?
Dorthin
Vorläufig kommt er wohl nicht zurück. ★
Waas?!
Seufz ... Mama hat sich wieder 'nen »seltsamen Mann« angelacht ...
Wenn du das nächste Mal heiratest, dann bitte jemand Gescheites.
... Mama?
Hm?
Bist du jetzt glücklich?
Ja, sehr! ♥
Ich hab dich und die Tochter von Papa ...
Umgeben von zwei Töchtern ist Mama glücklich! ♥
Aha ... Dann ist ja gut.
... Hä?
Zwei?

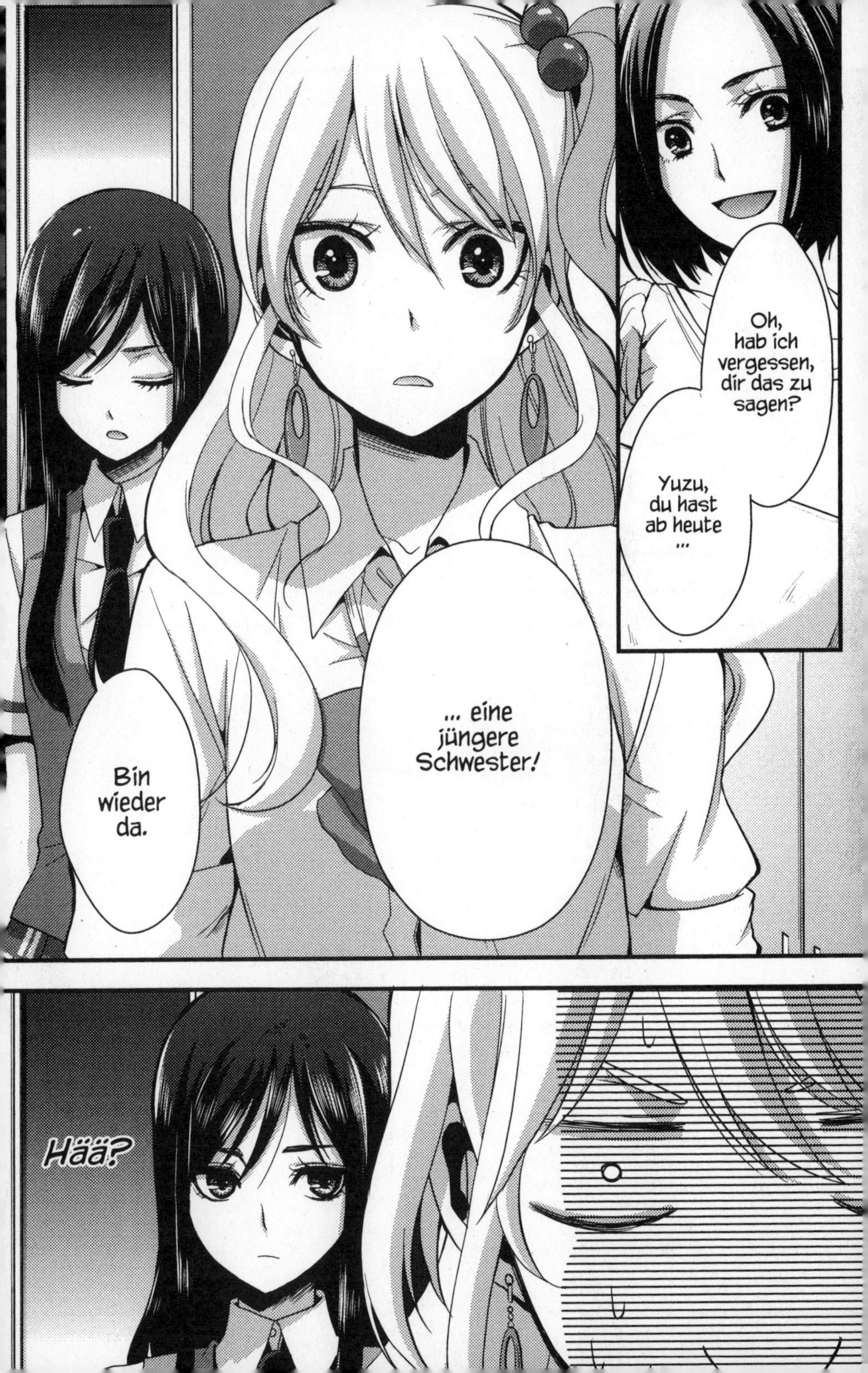
Oh, hab ich vergessen, dir das zu sagen?
Yuzu, du hast ab heute ...
... eine jüngere Schwester!
Bin wieder da.
Hää?

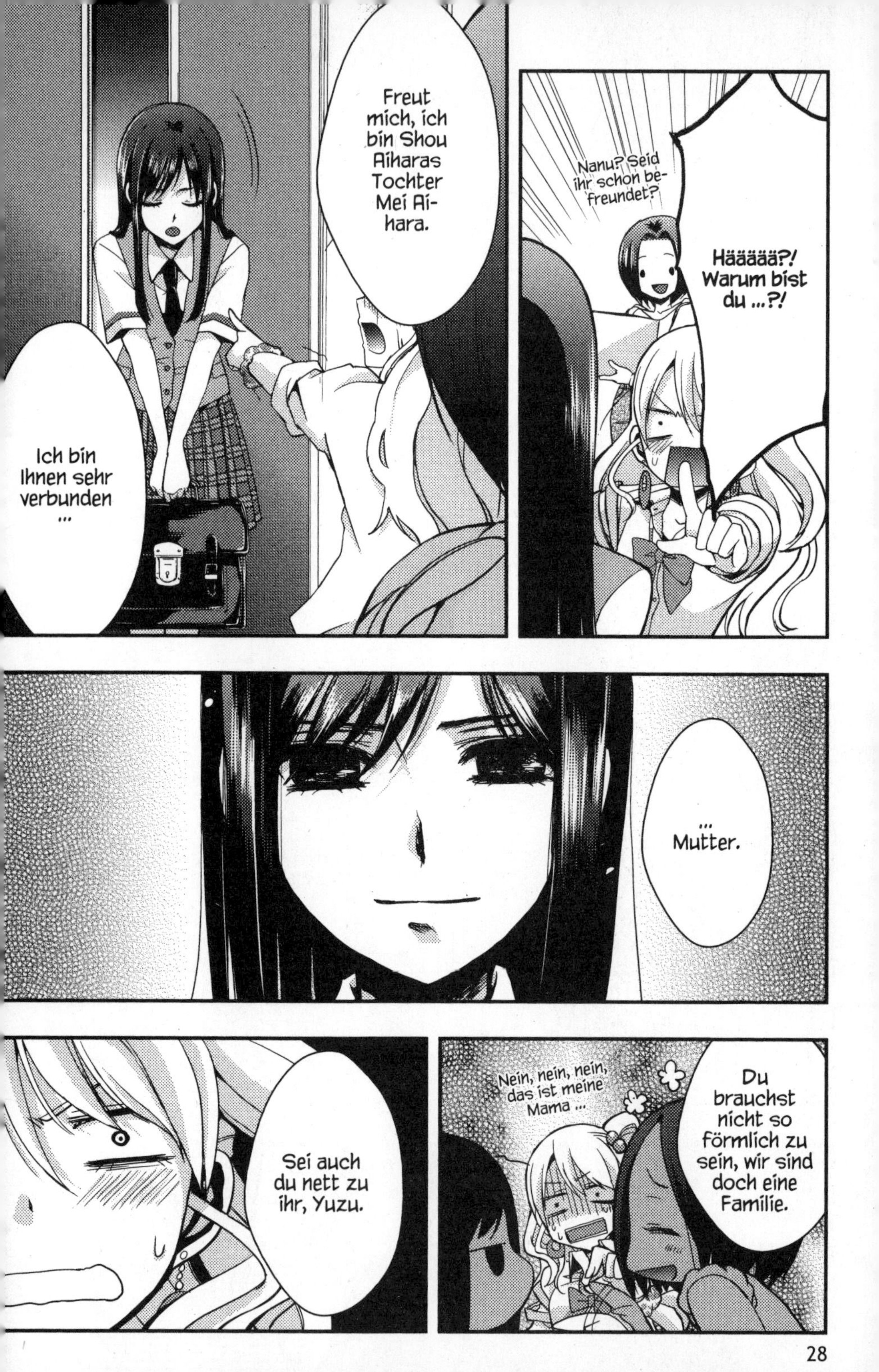
Freut mich, ich bin Shou Aiharas Tochter Mei Aihara.
Ich bin Ihnen sehr verbunden ...
Nanu? Seid ihr schon befreundet?
Häääää?! Warum bist du ...?!
... Mutter.
Du brauchst nicht so förmlich zu sein, wir sind doch eine Familie.
Nein, nein, nein, das ist meine Mama ...
Sei auch du nett zu ihr, Yuzu.

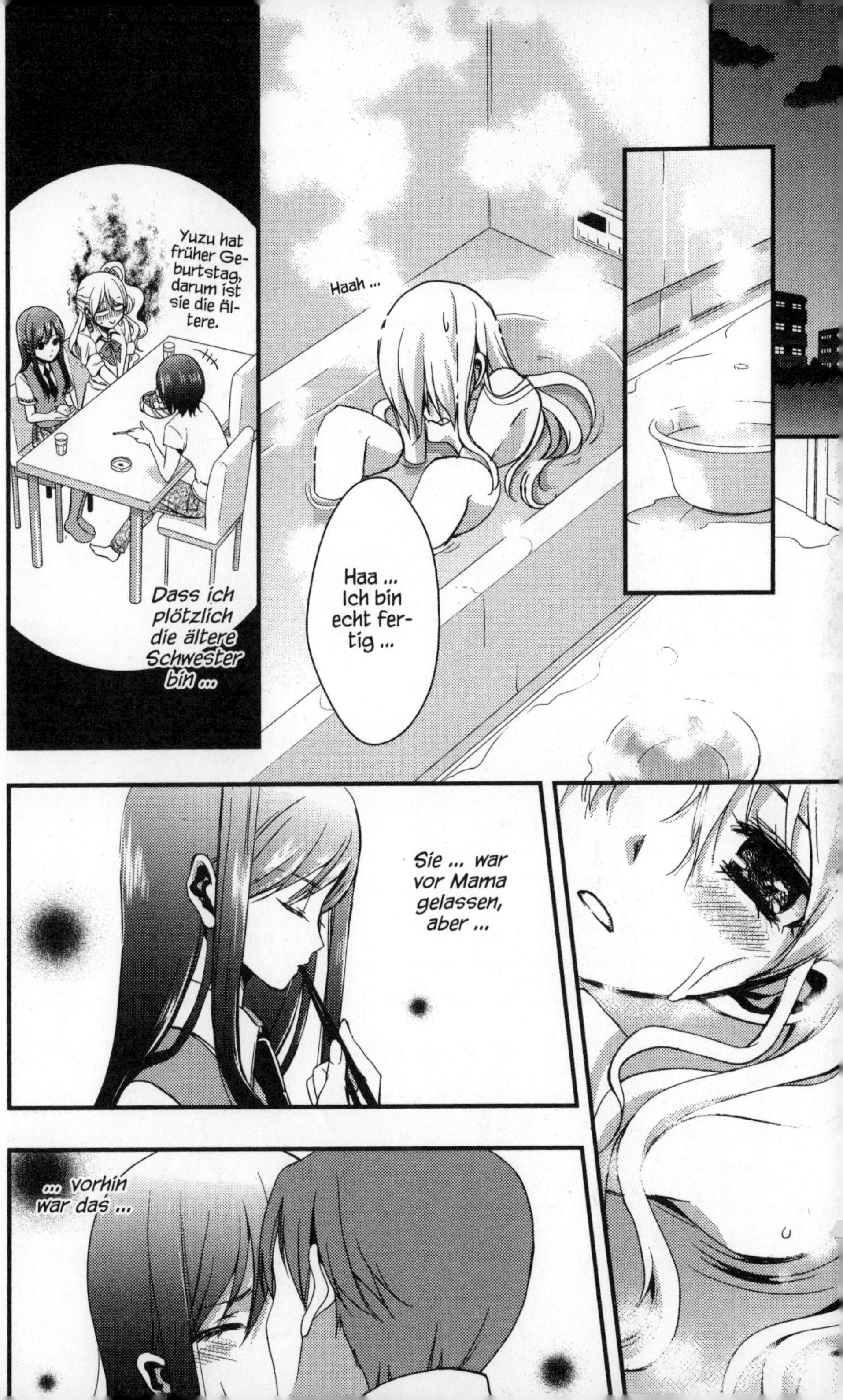
Haah ...
Haa ... Ich bin echt fer- tig ...
Yuzu hat früher Ge- burtstag, darum ist sie die Äl- tere.
Dass ich plötzlich die ältere Schwester bin ...
Sie ... war vor Mama gelassen, aber ...
... vorhin war das ...

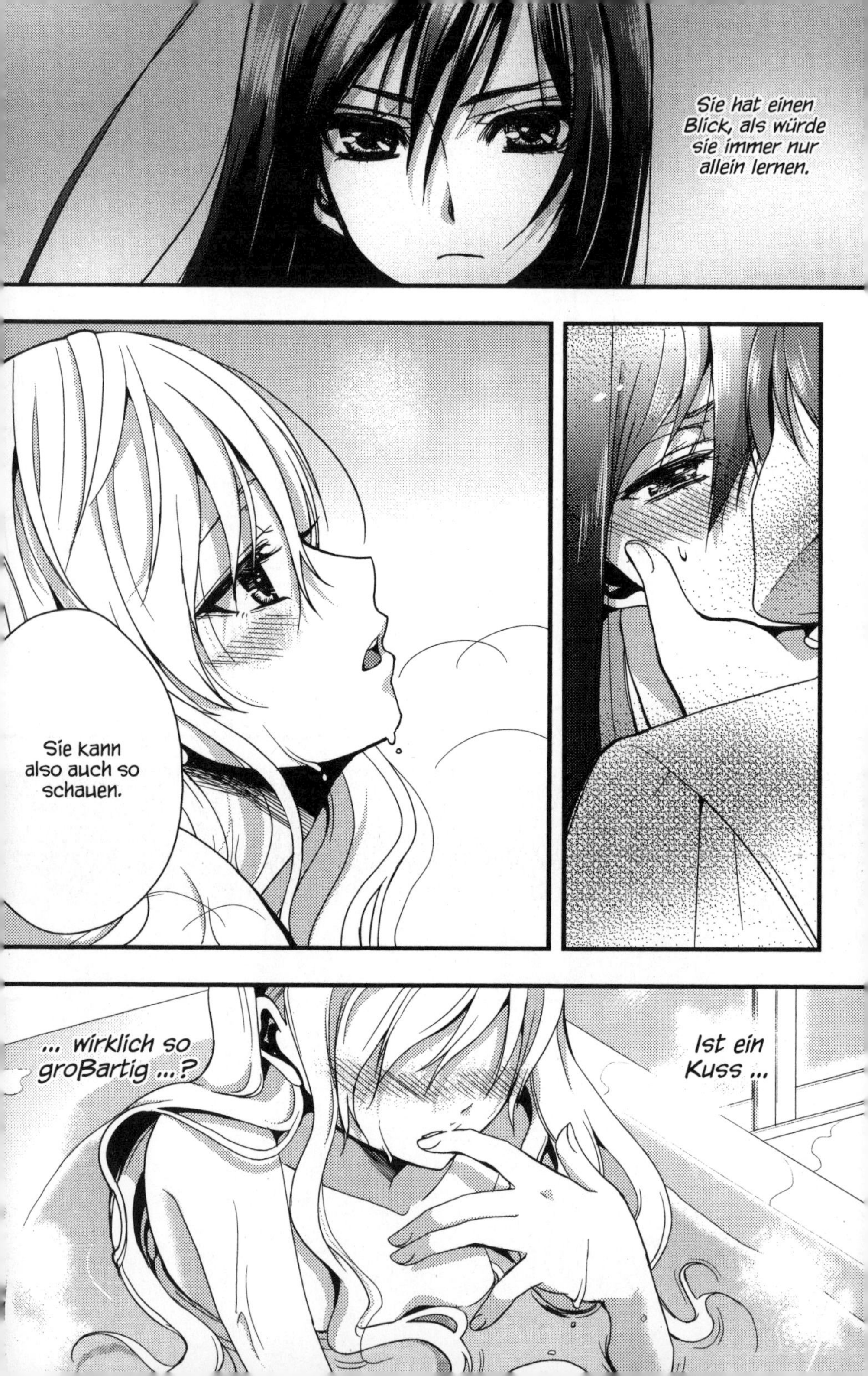
Sie hat einen Blick, als würde sie immer nur allein lernen.
Sie kann also auch so schauen.
Ist ein Kuss ...
... wirklich so großartig ...?

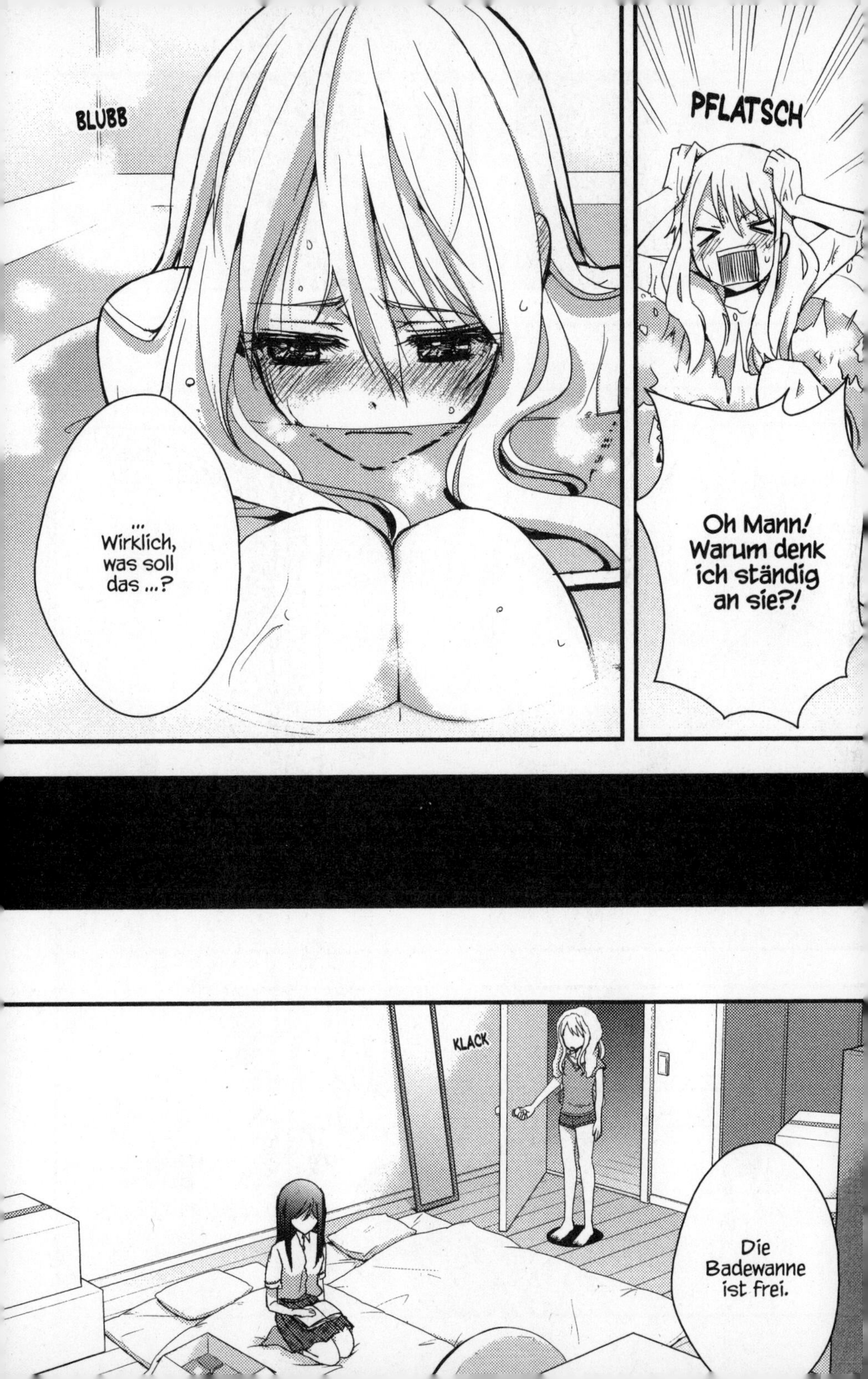
PFLATSCH
Oh Mann! Warum denk ich ständig an sie?!
BLUBB
... Wirklich, was soll das ...?
KLACK
Die Badewanne ist frei.

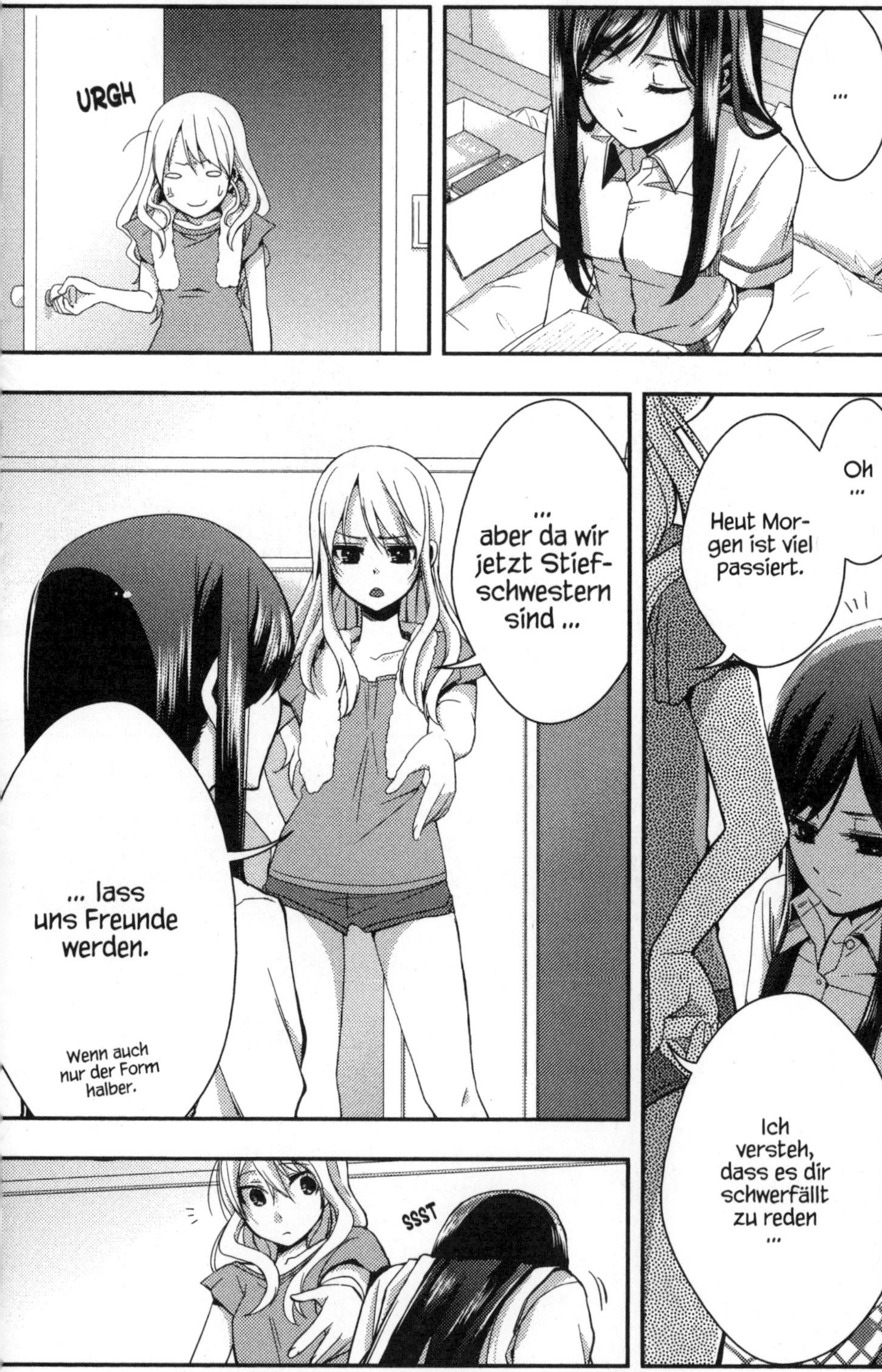
...
URGH
Oh ...
Heut Mor-
gen ist viel
passiert.
Ich versteh, dass es dir schwerfällt zu reden ...
... aber da wir jetzt Stief-
schwestern sind ...
... lass uns Freunde werden.
Wenn auch nur der Form halber.
SSST

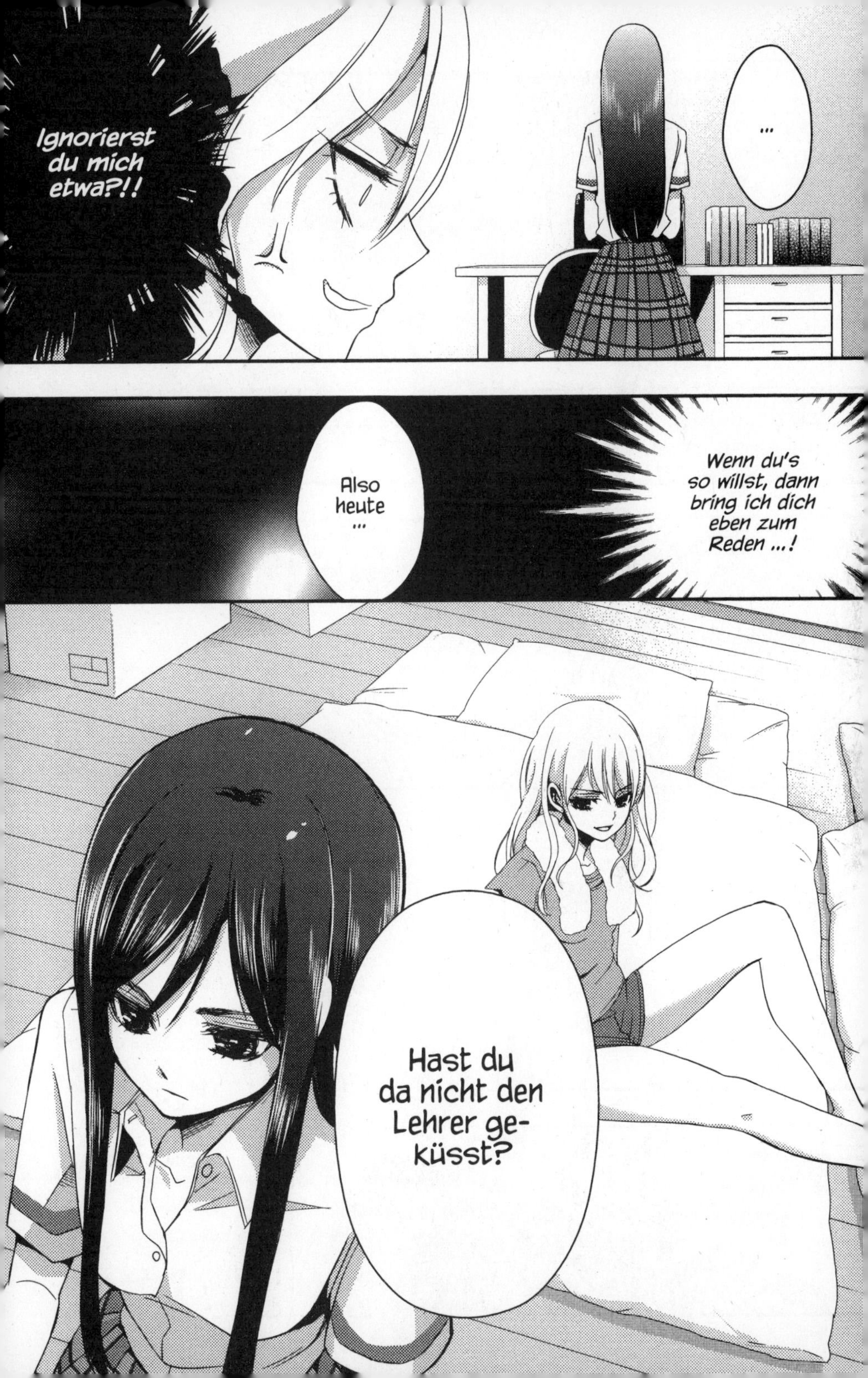

...
Ignorierst du mich etwa?!!
Wenn du's so willst, dann bring ich dich eben zum Reden ...!
Also heute ...
Hast du da nicht den Lehrer geküsst?

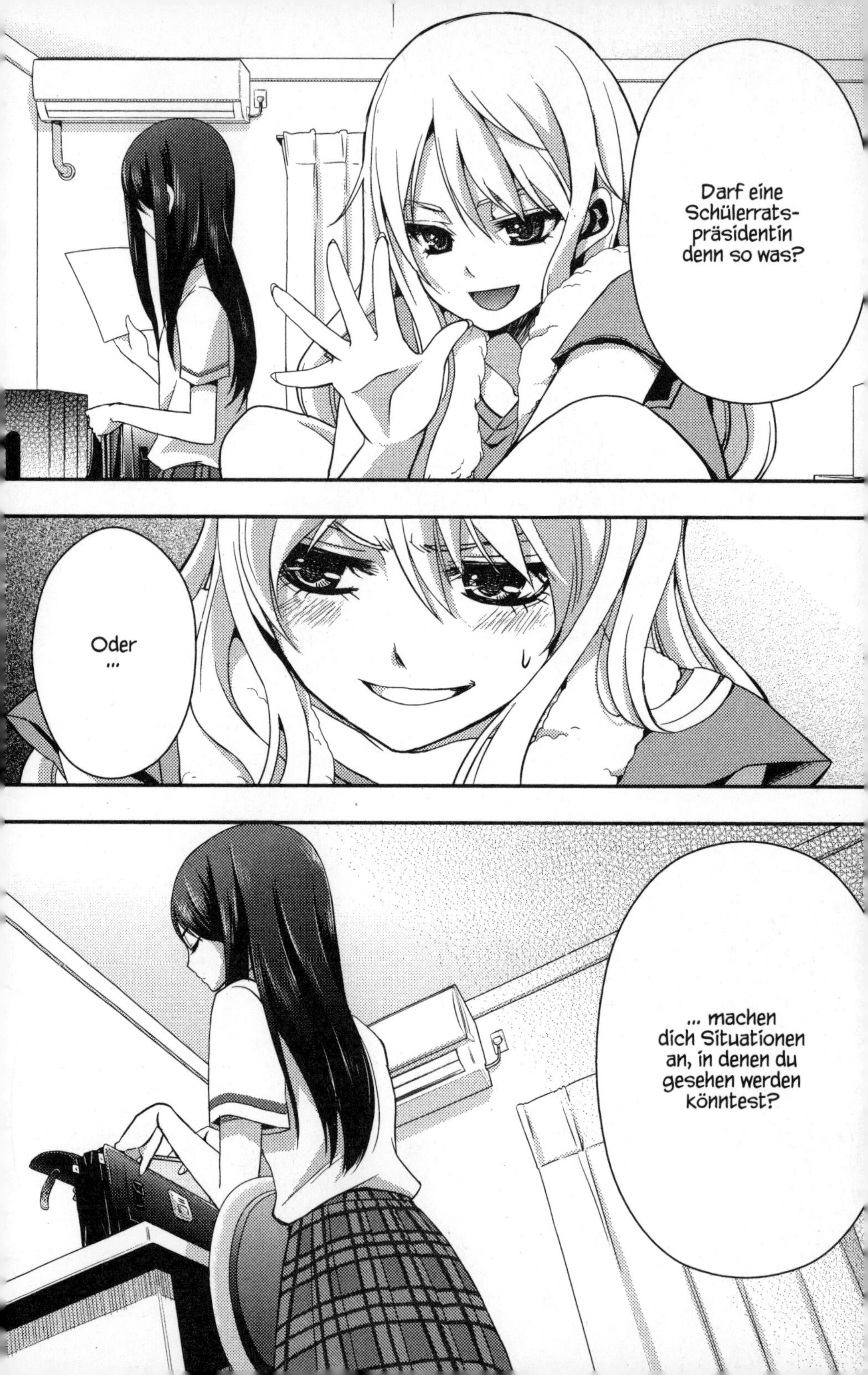

Darf eine Schülerrats-präsidentin denn so was?
Oder ...
... machen dich Situationen an, in denen du gesehen werden könntest?

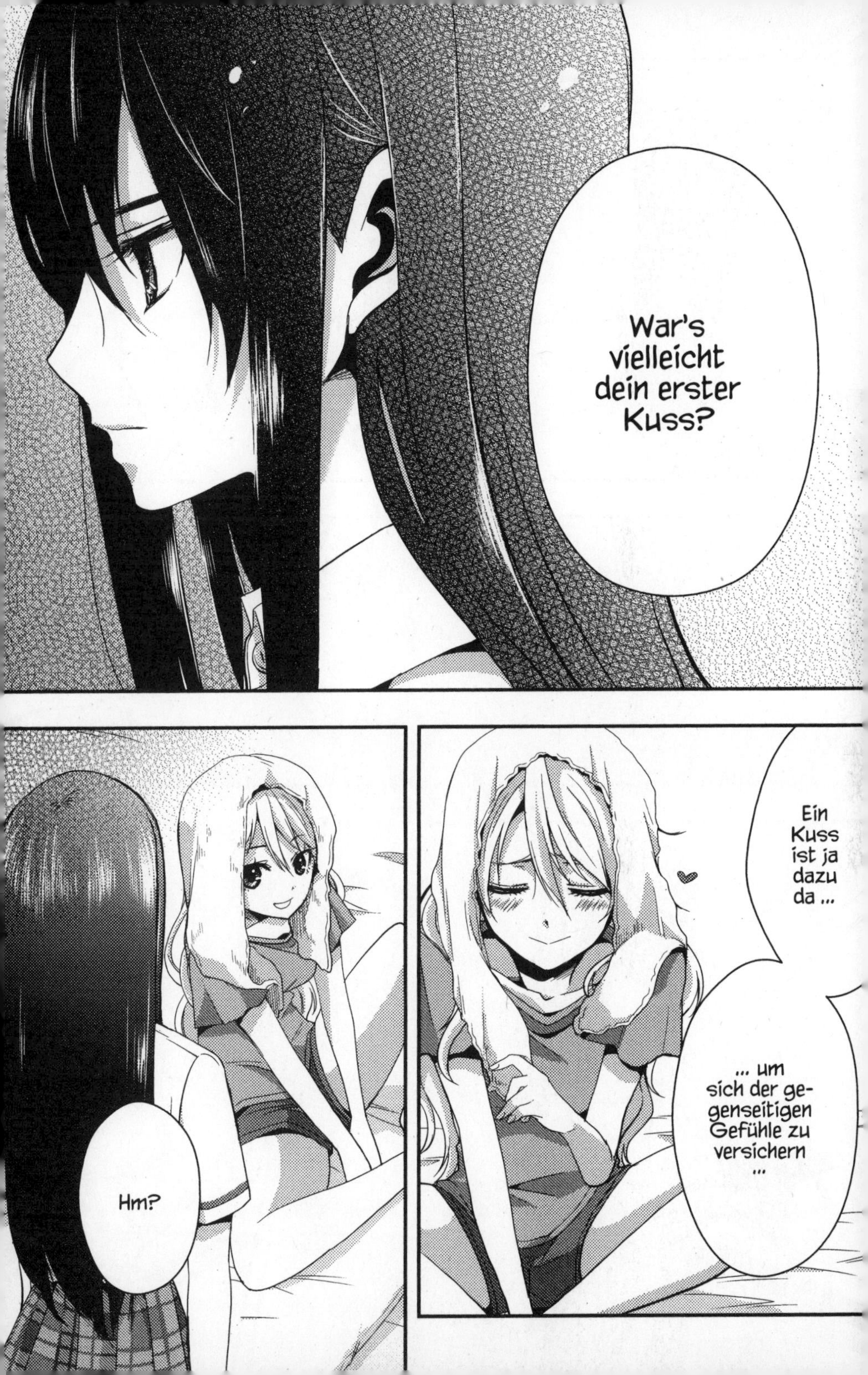
War's vielleicht dein erster Kuss?
Ein Kuss ist ja dazu da ...
... um sich der gegenseitigen Gefühle zu versichern ...
Hm?

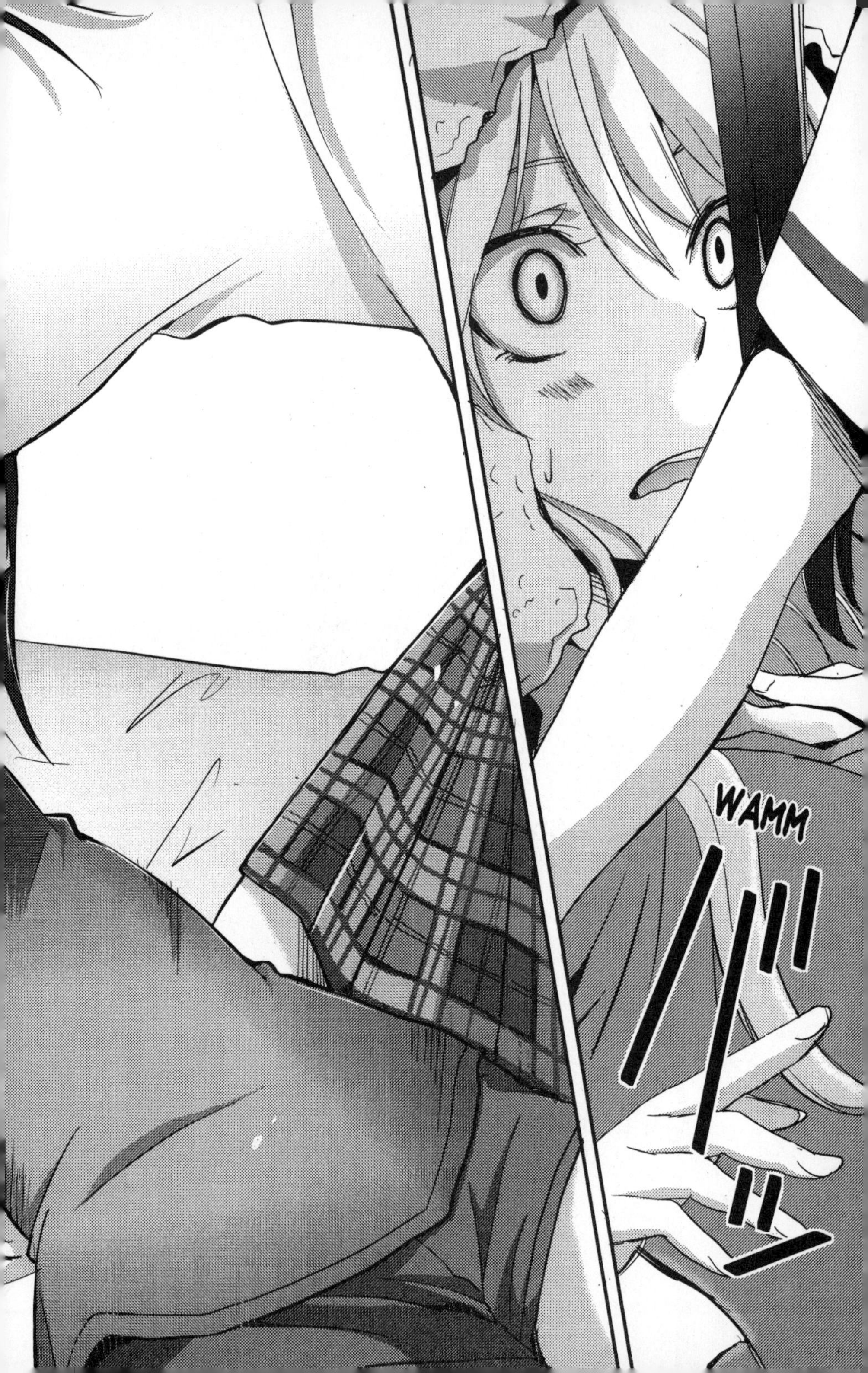
WAMM

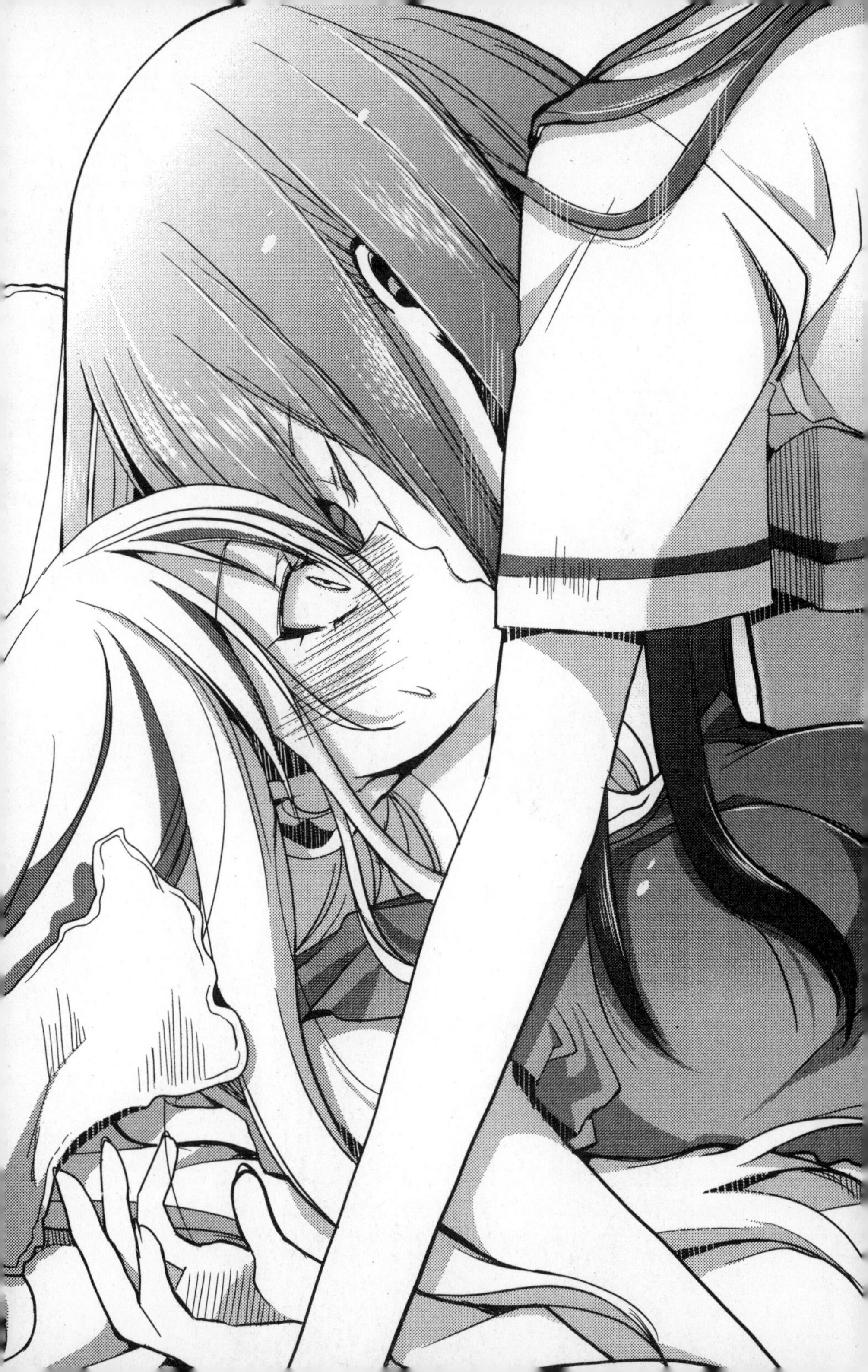

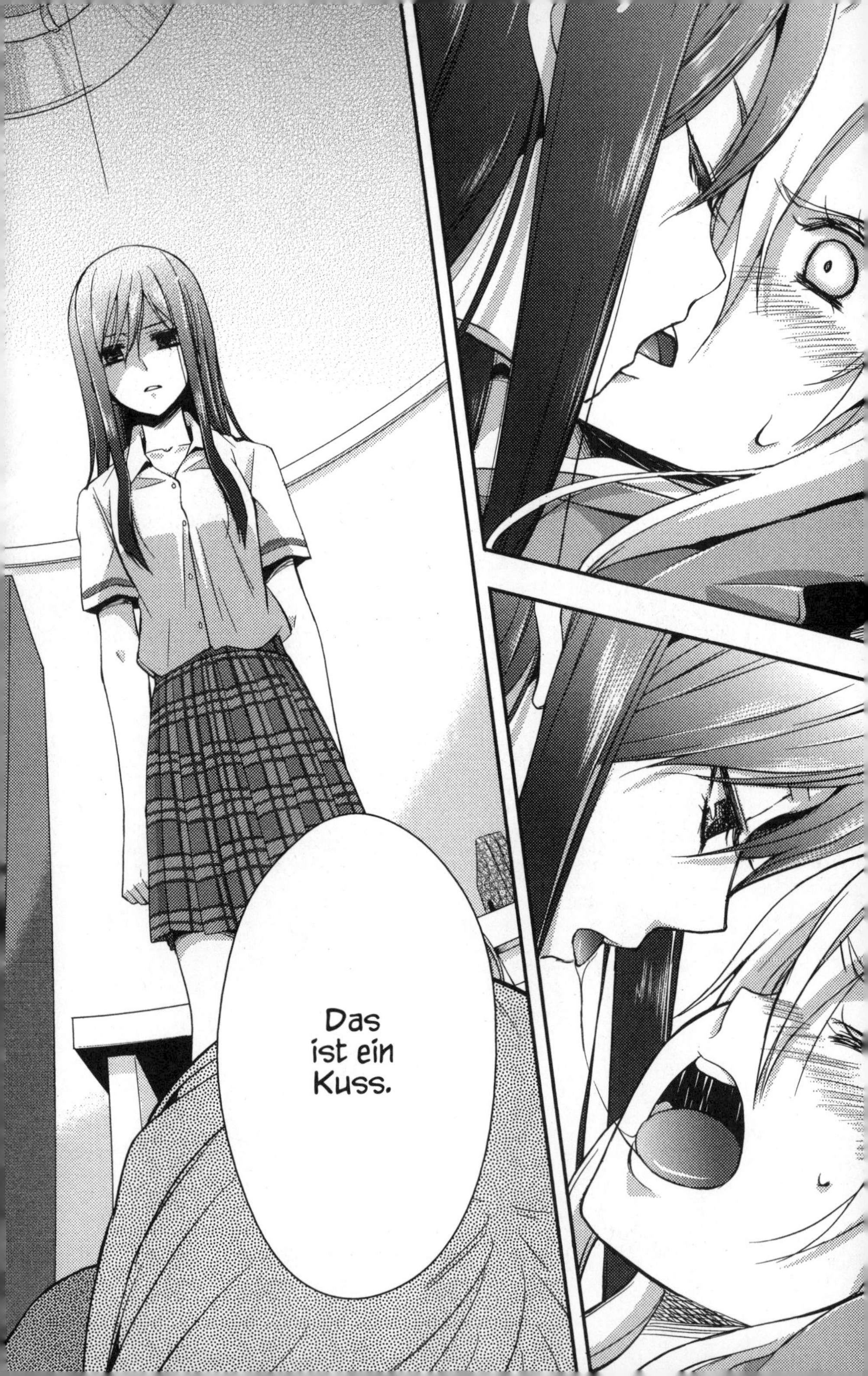
Das ist ein Kuss.

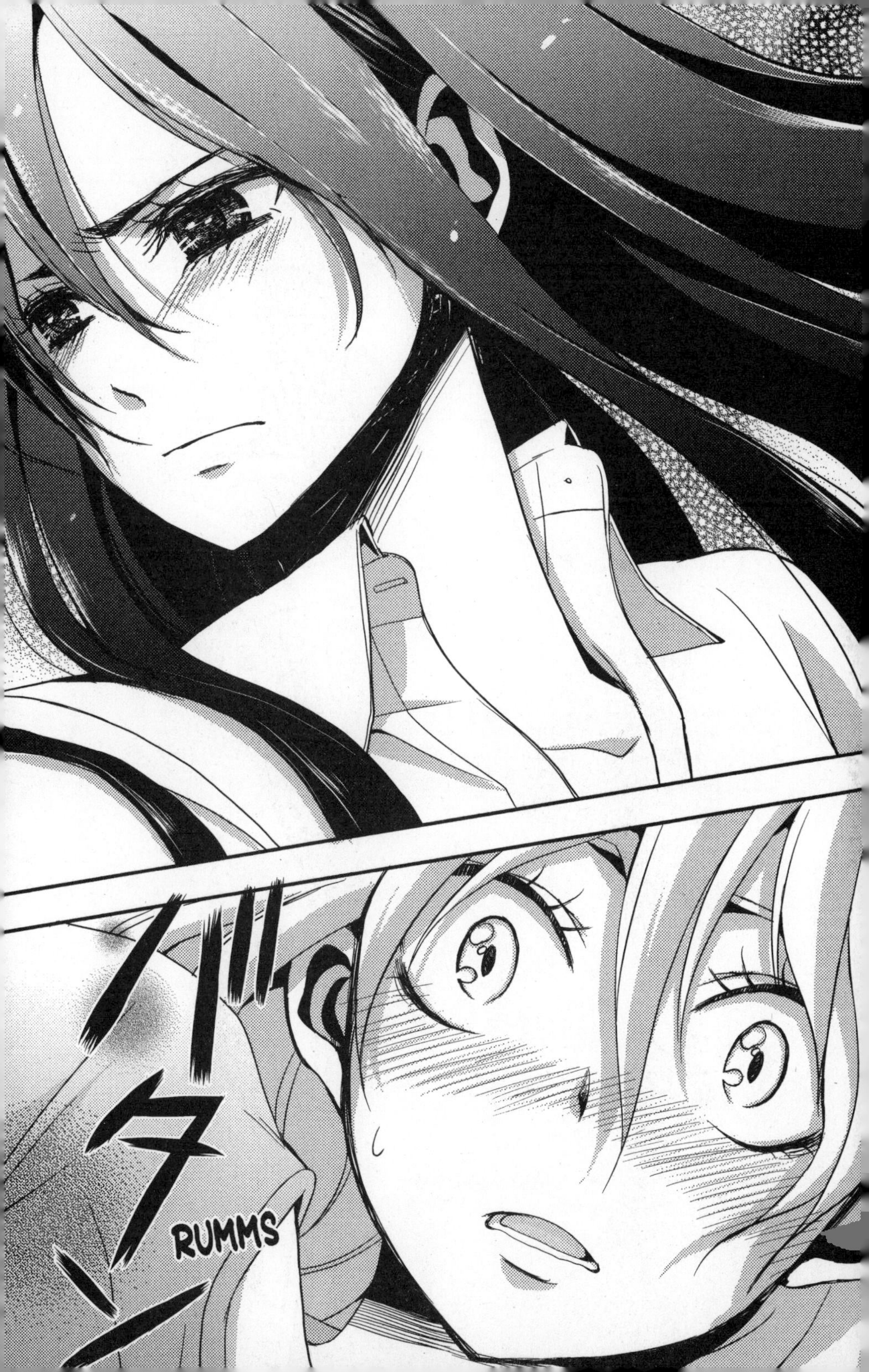
RUMMS

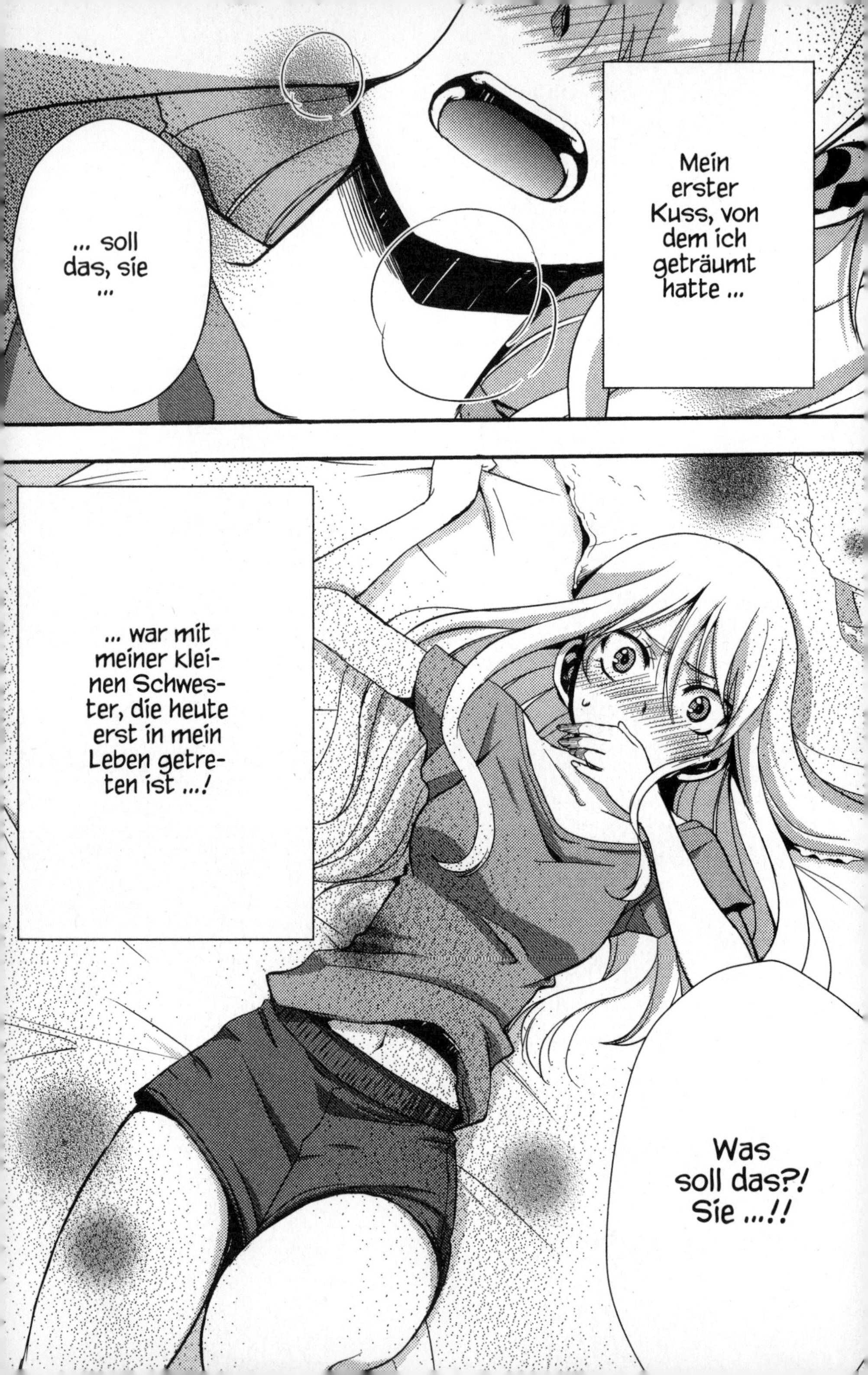
Mein erster Kuss, von dem ich geträumt hatte ...
... soll das, sie ...
... war mit meiner kleinen Schwester, die heute erst in mein Leben getreten ist ...!
Was soll das?! Sie ...!!

citrus

citrus

1

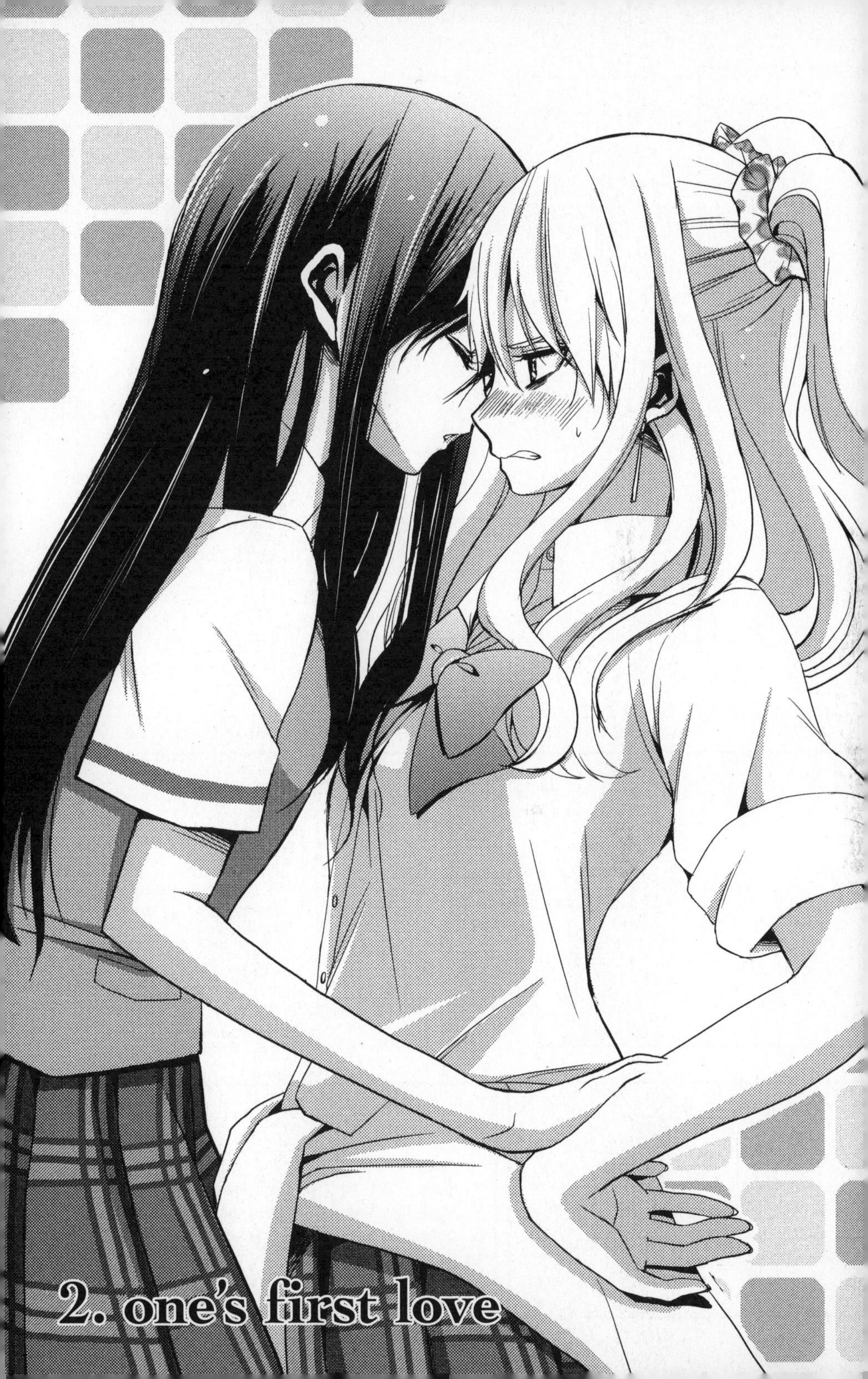
2. one's first love

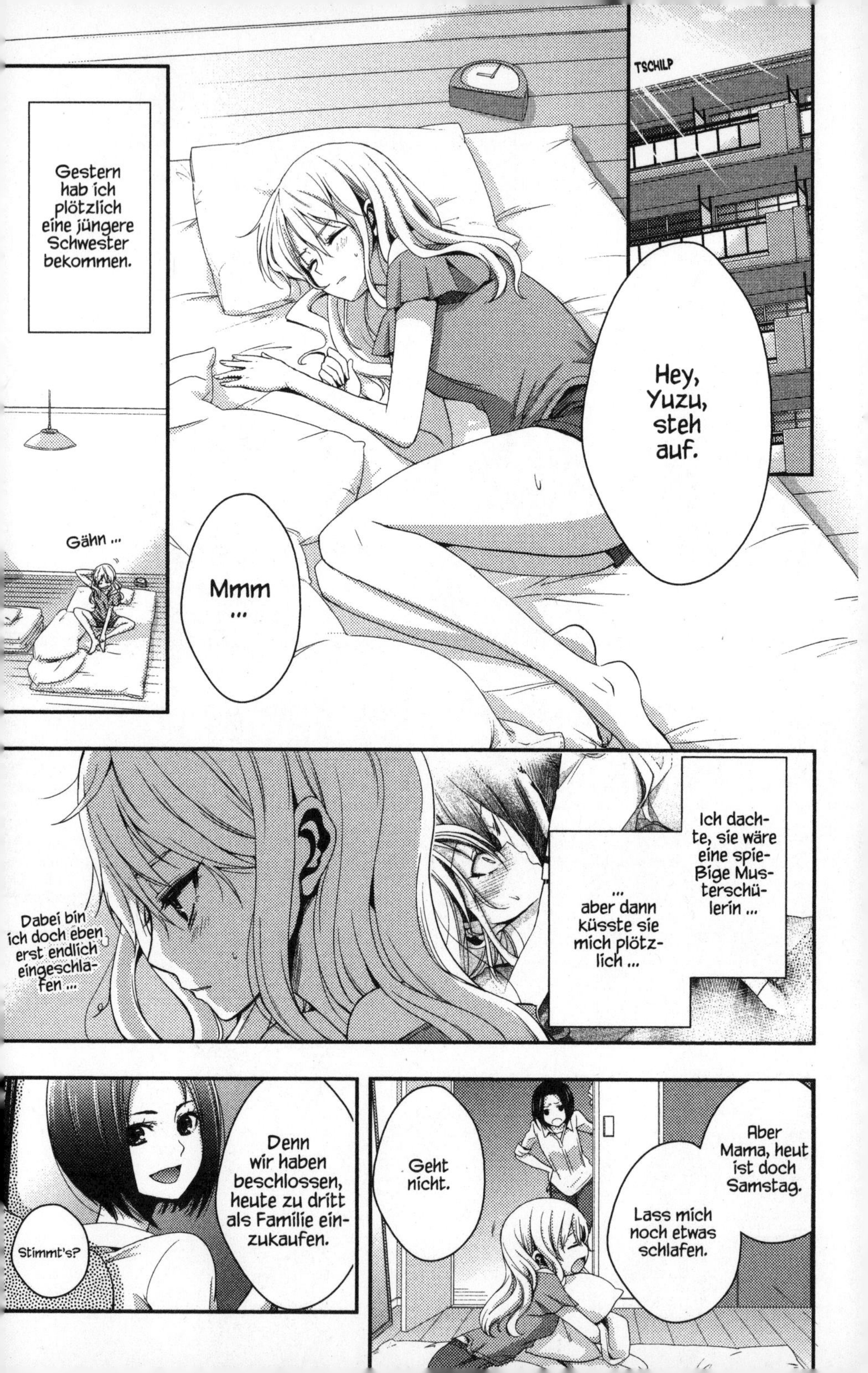
TSCHILP
Hey, Yuzu, steh auf.
Mmm ...
Gestern hab ich plötzlich eine jüngere Schwester bekommen.
Gähn ...
Ich dachte, sie wäre eine spießige Musterschülerin ...
... aber dann küsste sie mich plötzlich ...
Dabei bin ich doch eben erst endlich eingeschlafen ...
Aber Mama, heut ist doch Samstag.
Lass mich noch etwas schlafen.
Geht nicht.
Denn wir haben beschlossen, heute zu dritt als Familie einzukaufen.
Stimmt's?

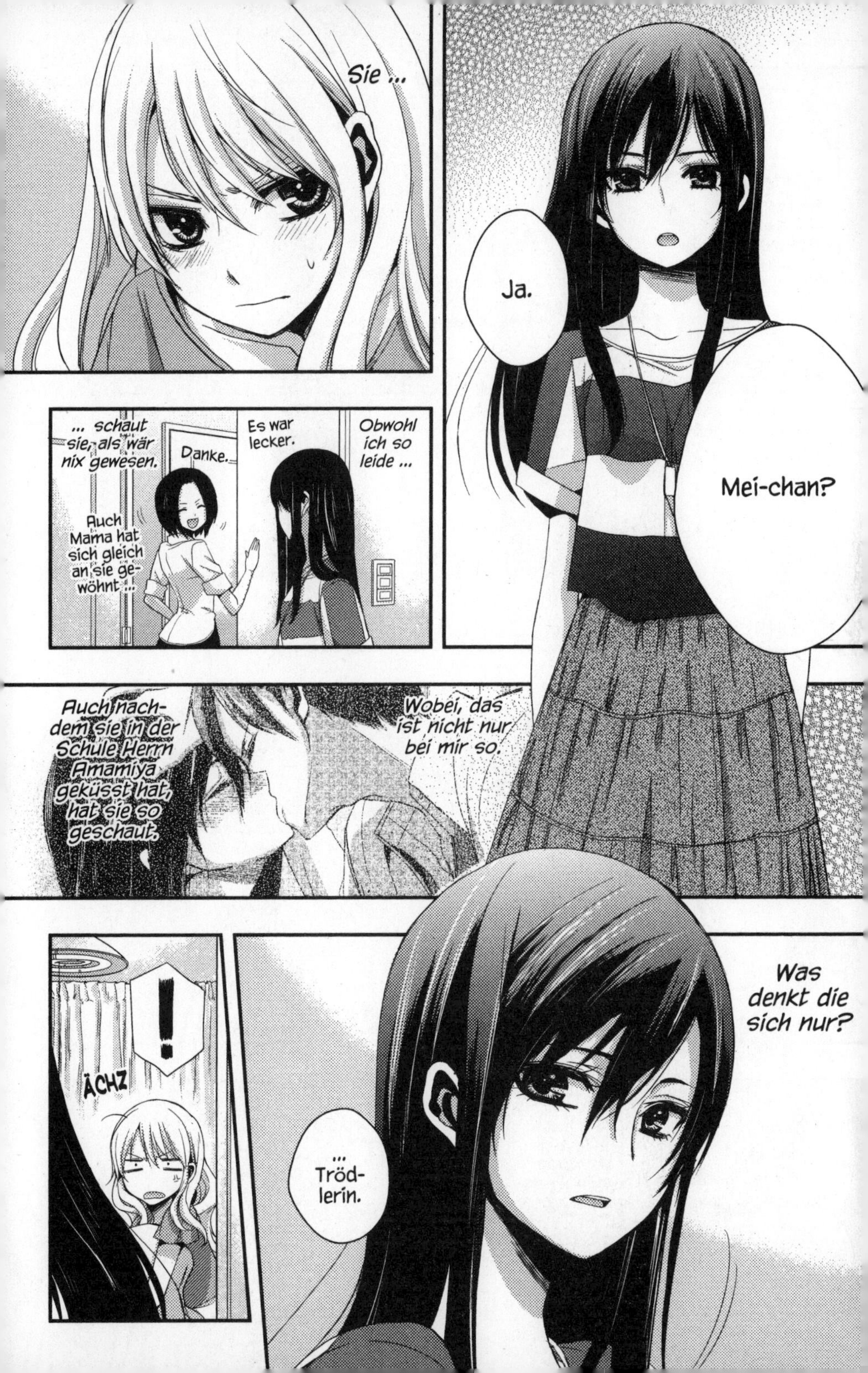
Mei-chan?
Ja.
Sie ...
Obwohl ich so leide ...
Es war lecker.
Danke.
... schaut sie, als wär nix gewesen.
Auch Mama hat sich gleich an sie gewöhnt ...
Wobei, das ist nicht nur bei mir so.
Auch nachdem sie in der Schule Herrn Amamiya geküsst hat, hat sie so geschaut.
Was denkt die sich nur?
... Trödlerin.
!
ÄCHZ

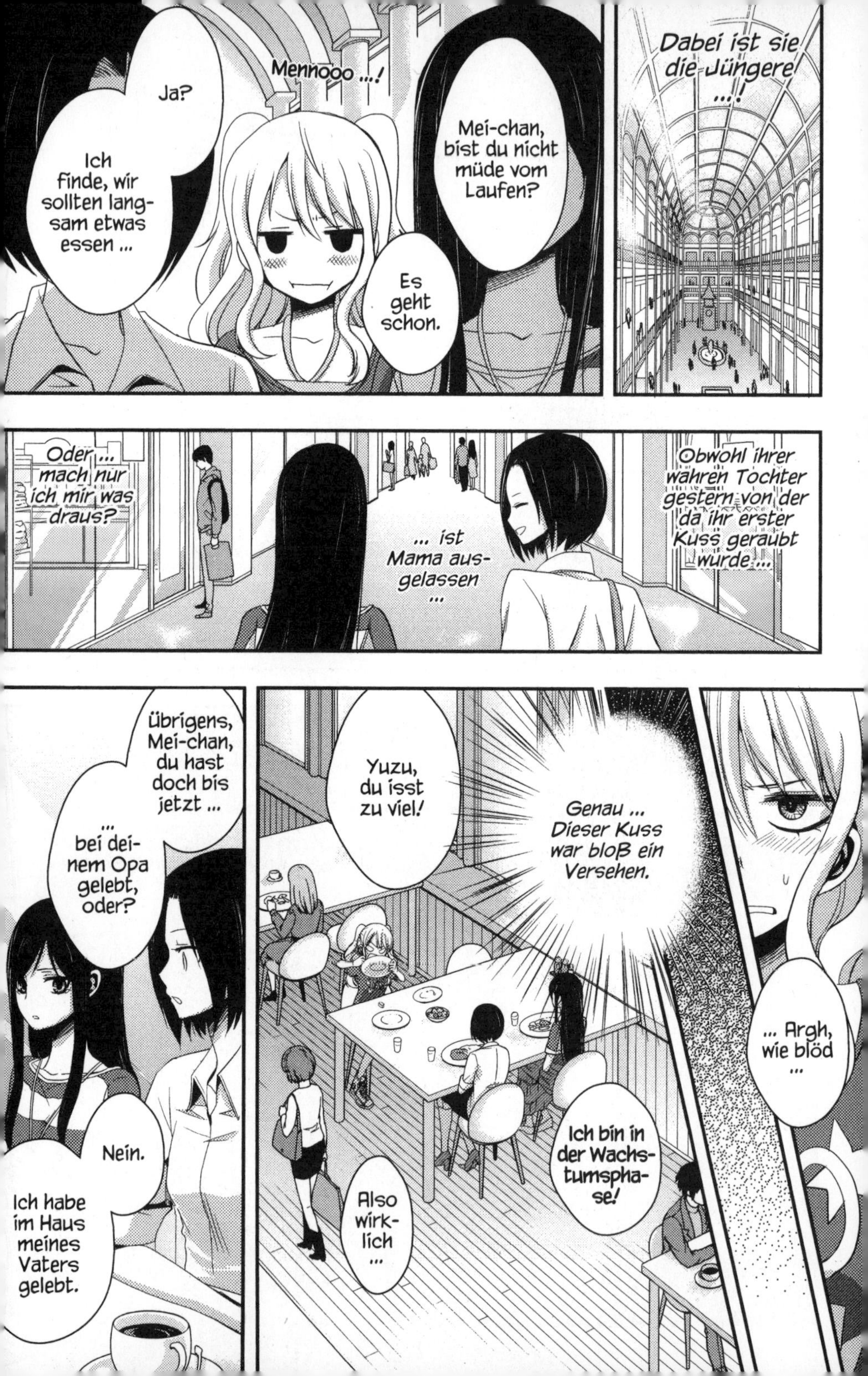

Dabei ist sie die Jüngere ...!
Mei-chan, bist du nicht müde vom Laufen?
Mennooo ...!
Es geht schon.
Ja?
Ich finde, wir sollten langsam etwas essen ...
Obwohl ihrer wahren Tochter gestern von der da ihr erster Kuss geraubt wurde ...
... ist Mama ausgelassen ...
Oder ... mach nur ich mir was draus?
... Argh, wie blöd ...
Genau ... Dieser Kuss war bloß ein Versehen.
Yuzu, du isst zu viel!
Ich bin in der Wachstumsphase!
Also wirklich ...
Übrigens, Mei-chan, du hast doch bis jetzt ...
... bei deinem Opa gelebt, oder?
Nein.
Ich habe im Haus meines Vaters gelebt.

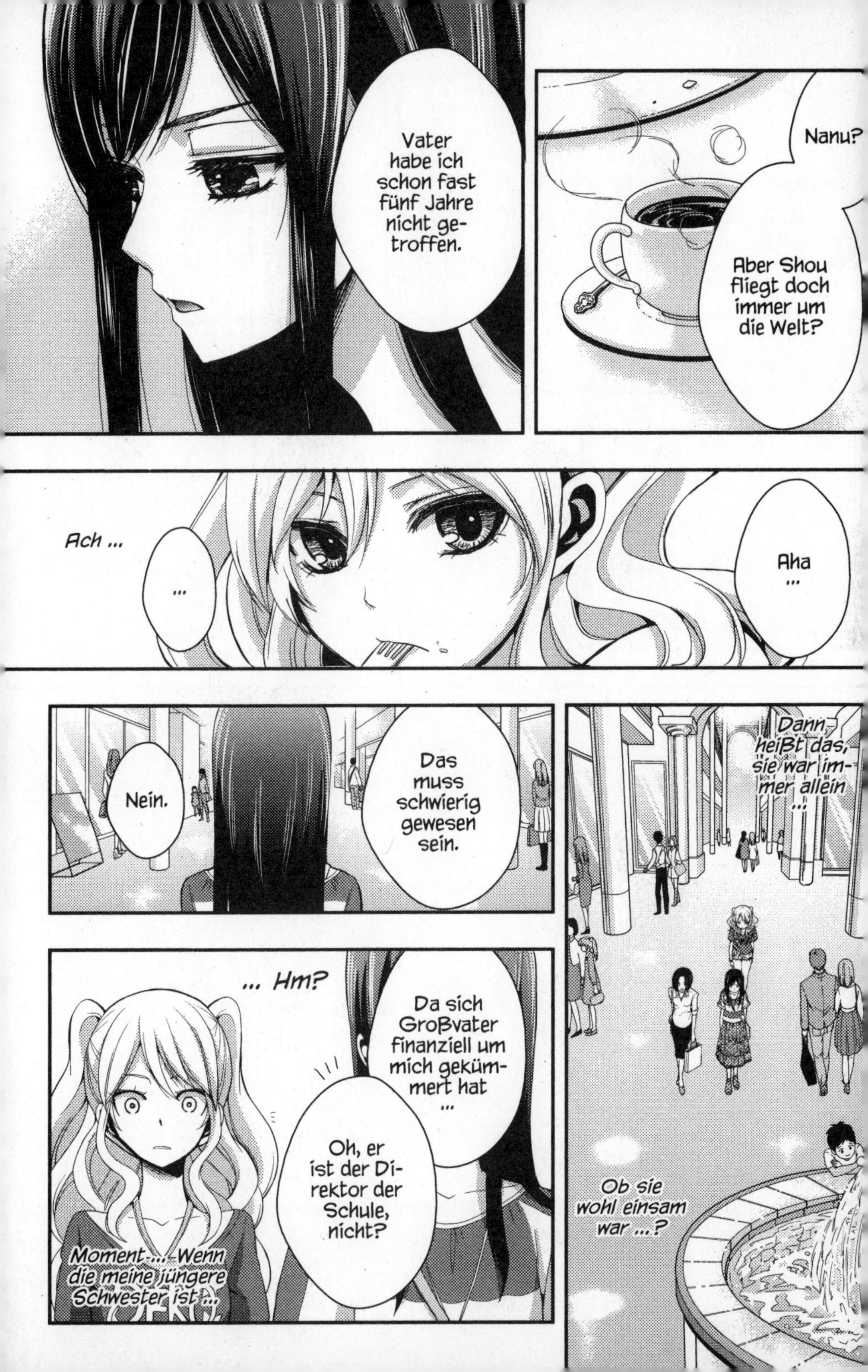
Nanu?
Aber Shou fliegt doch immer um die Welt?
Vater habe ich schon fast fünf Jahre nicht getroffen.
Aha ...
Ach ...
...
Das muss schwierig gewesen sein.
Nein.
Dann heißt das, sie war immer allein ...
Ob sie wohl einsam war ...?
Da sich Großvater finanziell um mich gekümmert hat ...
... Hm?
Oh, er ist der Direktor der Schule, nicht?
Moment ... Wenn die meine jüngere Schwester ist ...

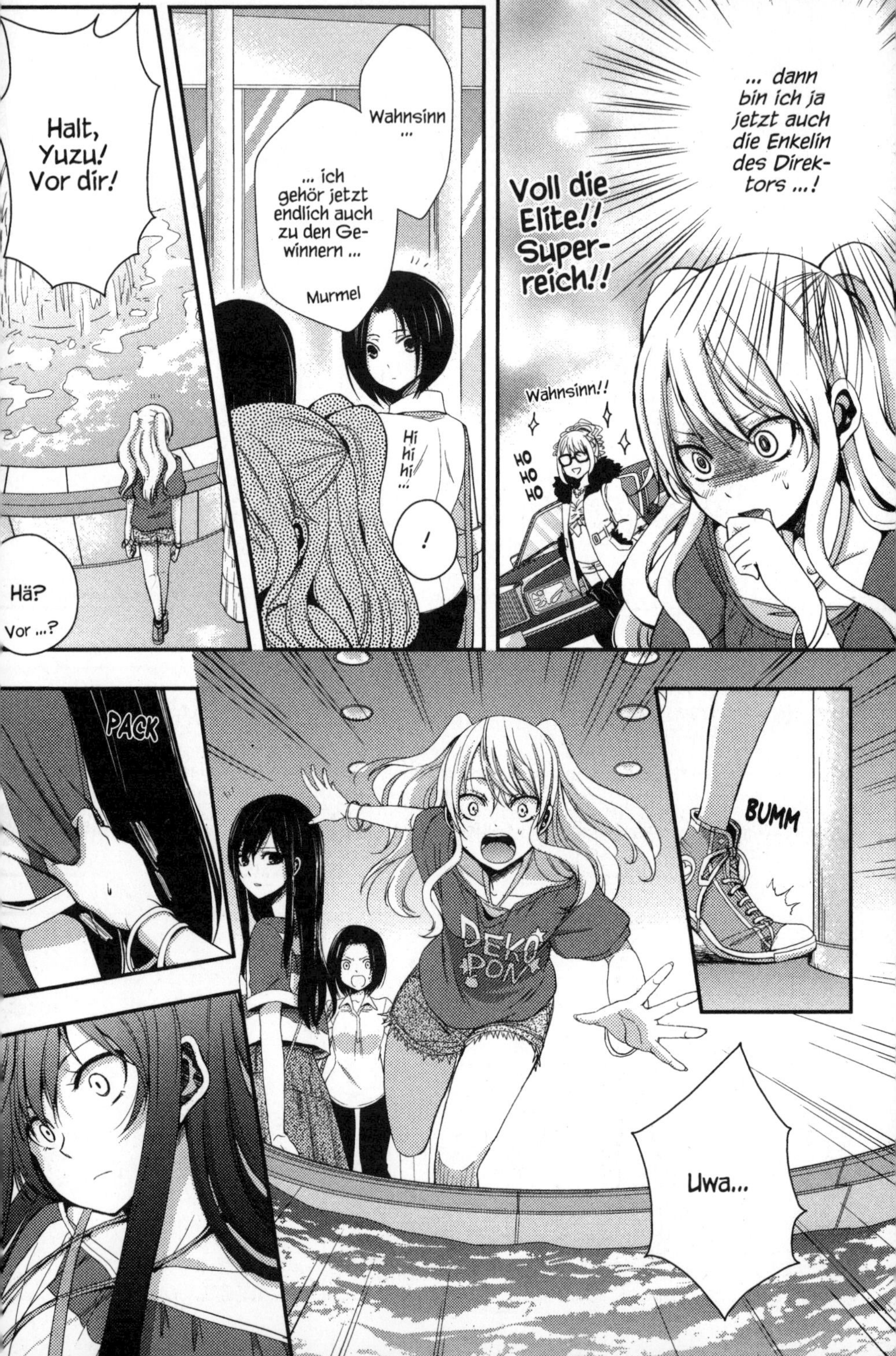
... dann bin ich ja jetzt auch die Enkelin des Direktors ...!
Voll die Elite!! Superreich!!
Wahnsinn!!
HO HO HO
Wahnsinn ...
... ich gehör jetzt endlich auch zu den Gewinnern ...
Murmel
Hi hi hi ...
!
Halt, Yuzu! Vor dir!
Hä?
Vor ...?
BUMM
PACK
Uwa...

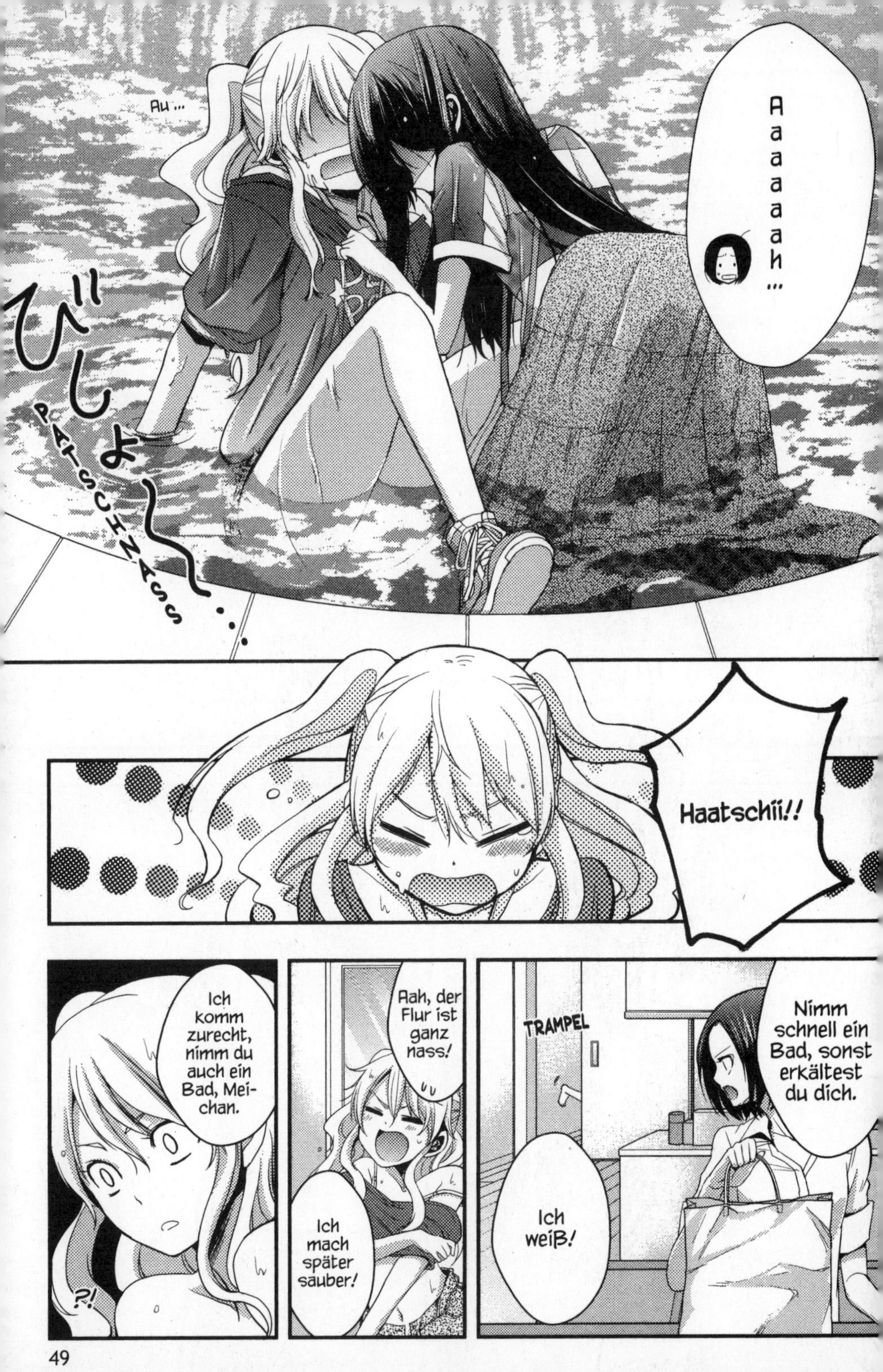
Aaaaaah...
Au...
びしょ~
PATSCHNASS
Haatschii!!
Nimm schnell ein Bad, sonst erkältest du dich.
TRAMPEL
Ich weiß!
Aah, der Flur ist ganz nass!
Ich mach später sauber!
Ich komm zurecht, nimm du auch ein Bad, Mei-chan.
?!

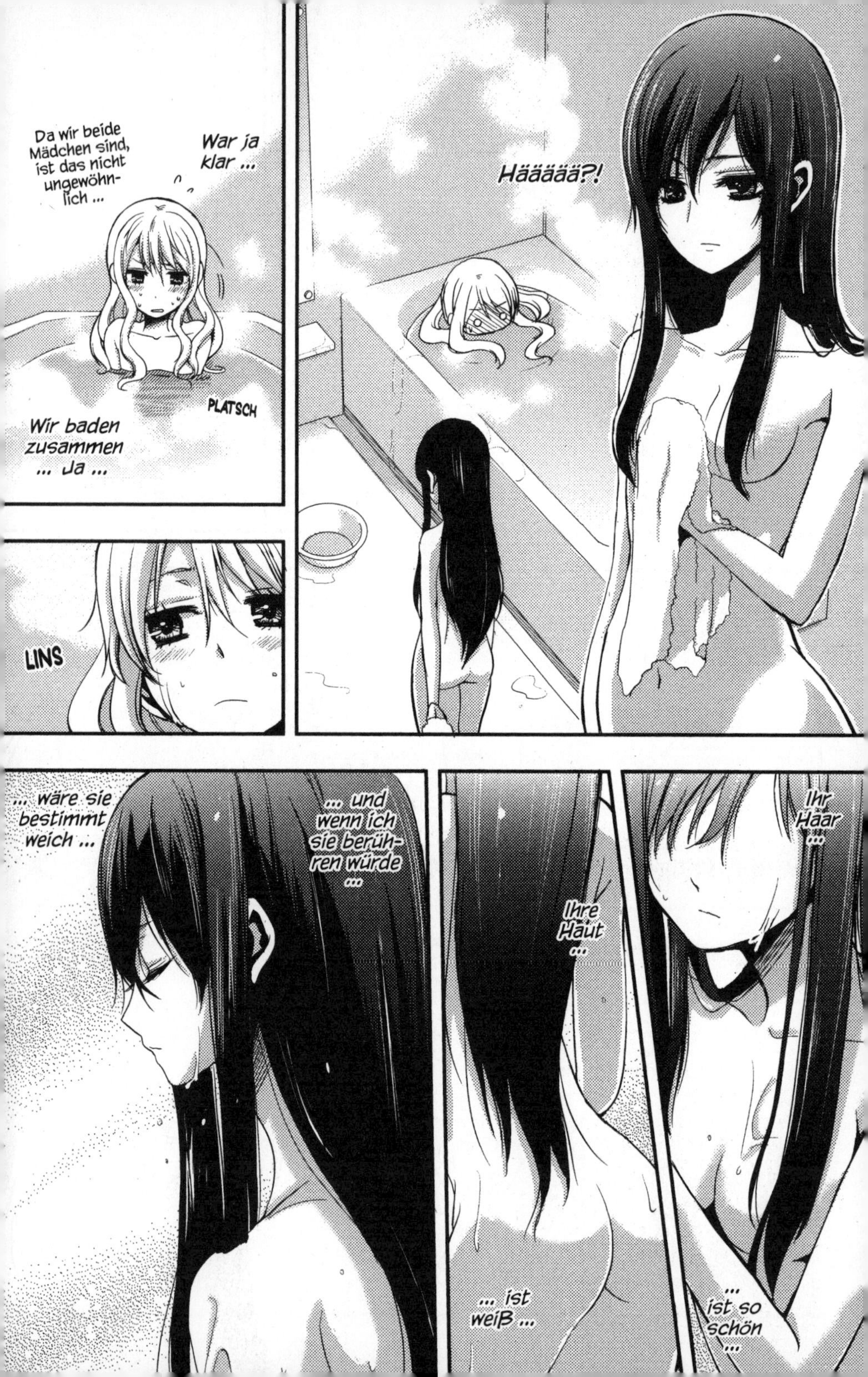

Häääää?!
War ja klar ...
Da wir beide Mädchen sind, ist das nicht ungewöhnlich ...
PLATSCH
Wir baden zusammen ... Ja ...
LINS
Ihr Haar ...
... ist so schön ...
Ihre Haut ...
... ist weiß ...
... und wenn ich sie berühren würde ...
... wäre sie bestimmt weich ...

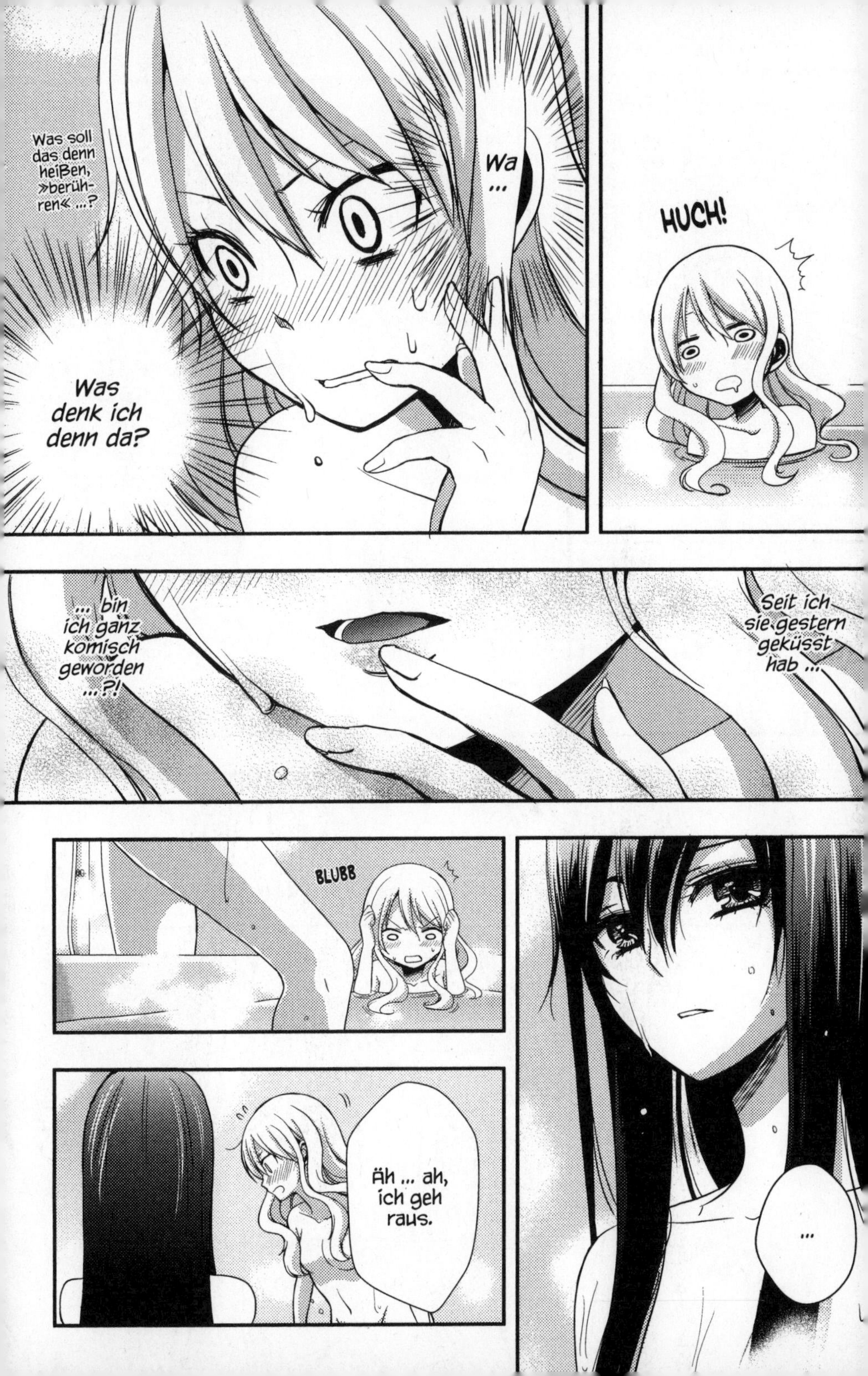
HUCH!
Wa ...
Was soll das denn heißen, »berühren« ...?
Was denk ich denn da?
Seit ich sie gestern geküsst hab ...
... bin ich ganz komisch geworden ...?!
...
BLUBB
Äh ... ah, ich geh raus.

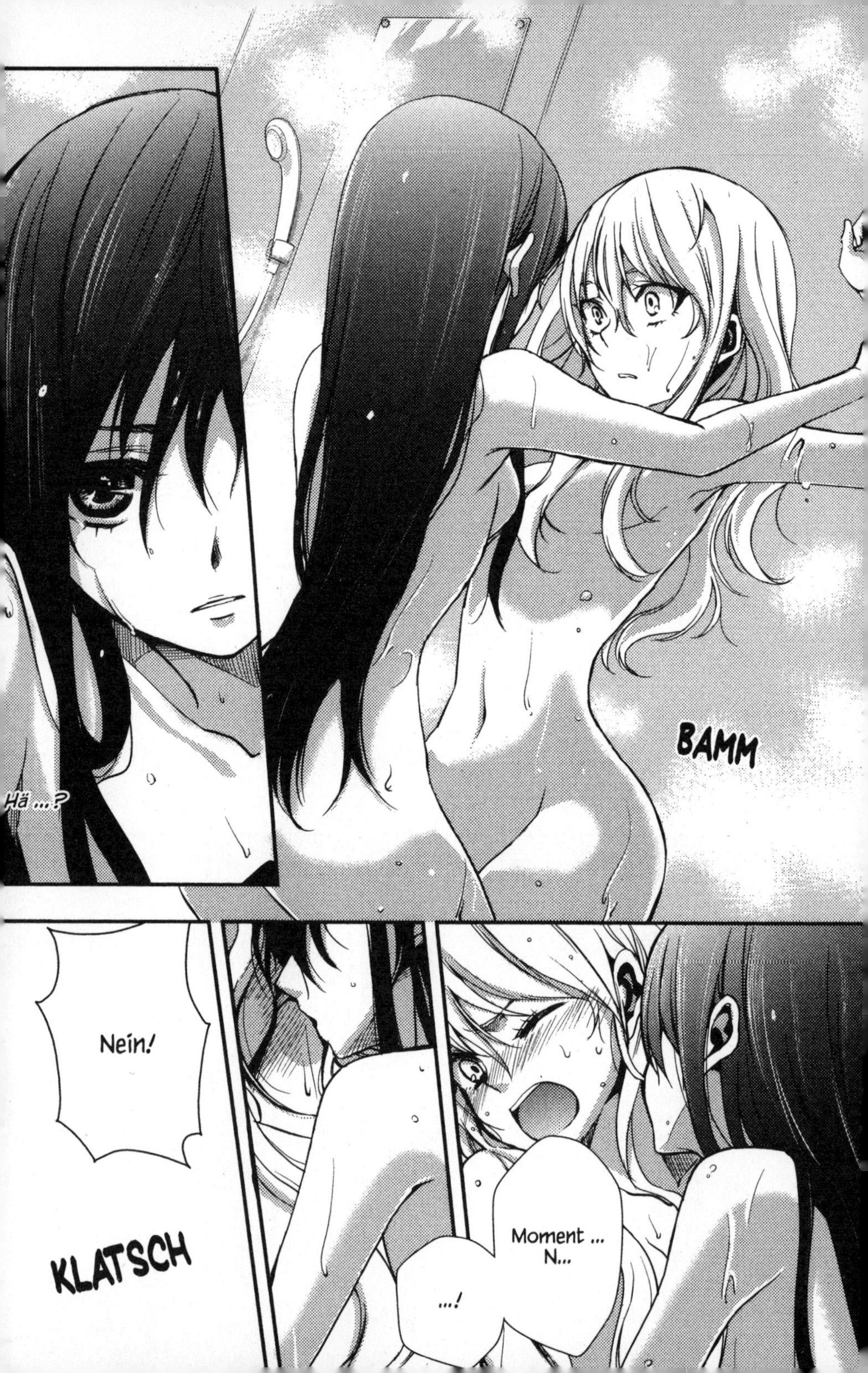
BAMM
Hä ...?
Moment ... N...
...!
Nein!
KLATSCH

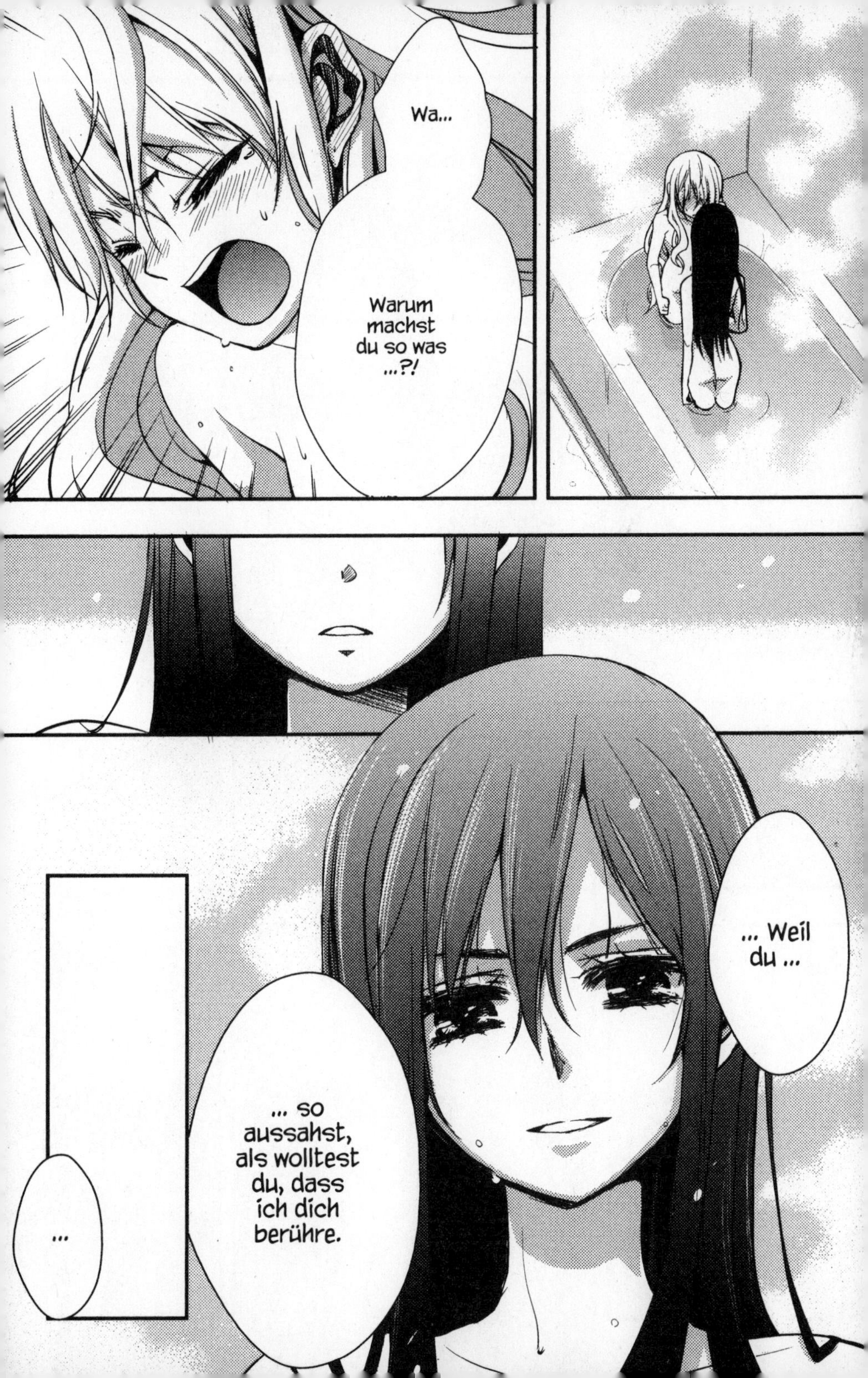
Wa...
Warum machst du so was ...?!
... Weil du ...
... so aussahst, als wolltest du, dass ich dich berühre.
...

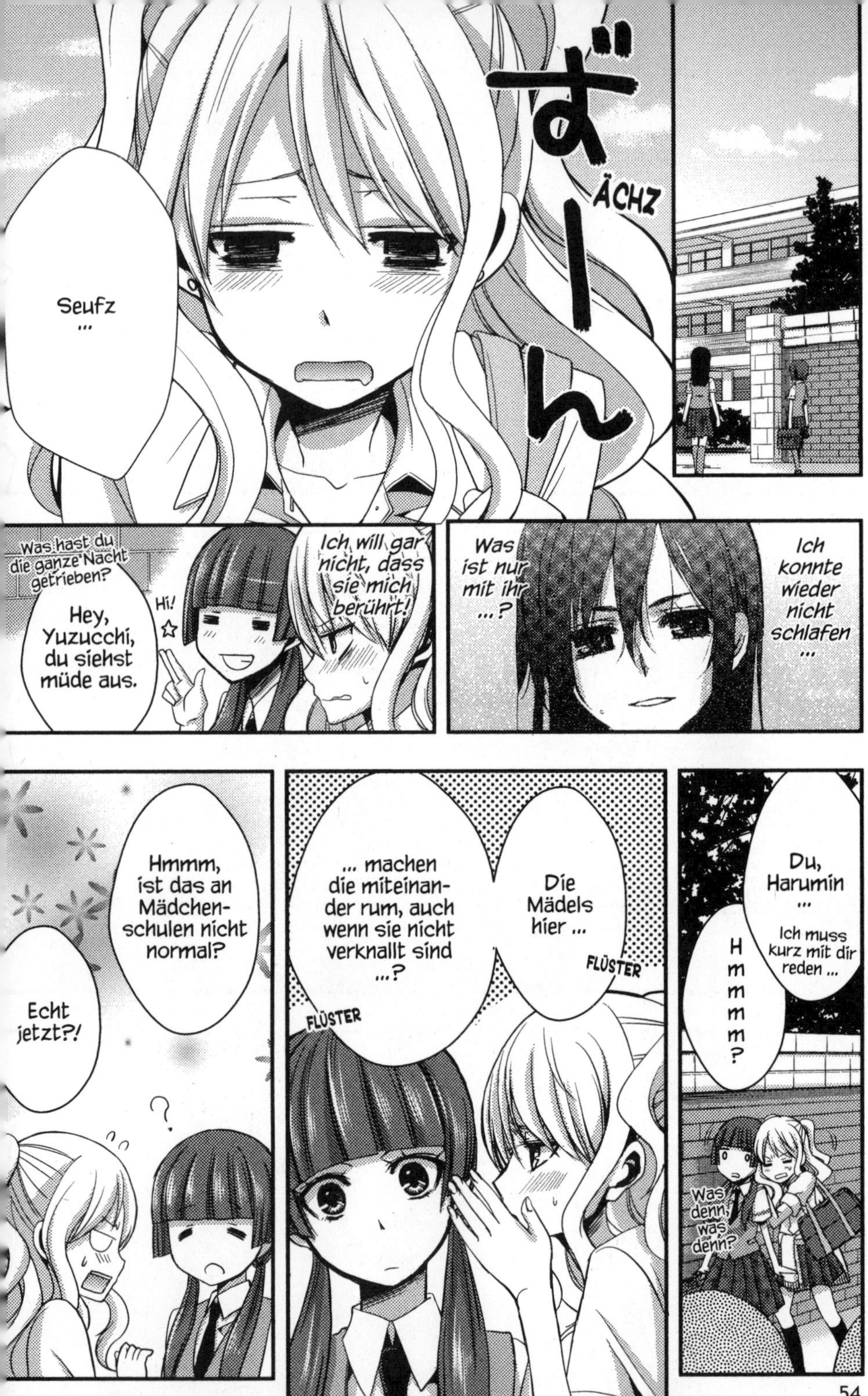
ずーん
ÄCHZ
Seufz
...
Ich konnte wieder nicht schlafen
...
Was ist nur mit ihr
...?
Hey, Yuzucchi, du siehst müde aus.
Hi! ☆
Was hast du die ganze Nacht getrieben?
Ich will gar nicht, dass sie mich berührt!
Du, Harumin
...
Ich muss kurz mit dir reden ...
Hmmmm?
Was denn, was denn?
Die Mädels hier ...
FLÜSTER
... machen die miteinander rum, auch wenn sie nicht verknallt sind
...?
FLÜSTER
Hmmm, ist das an Mädchenschulen nicht normal?
Echt jetzt?!

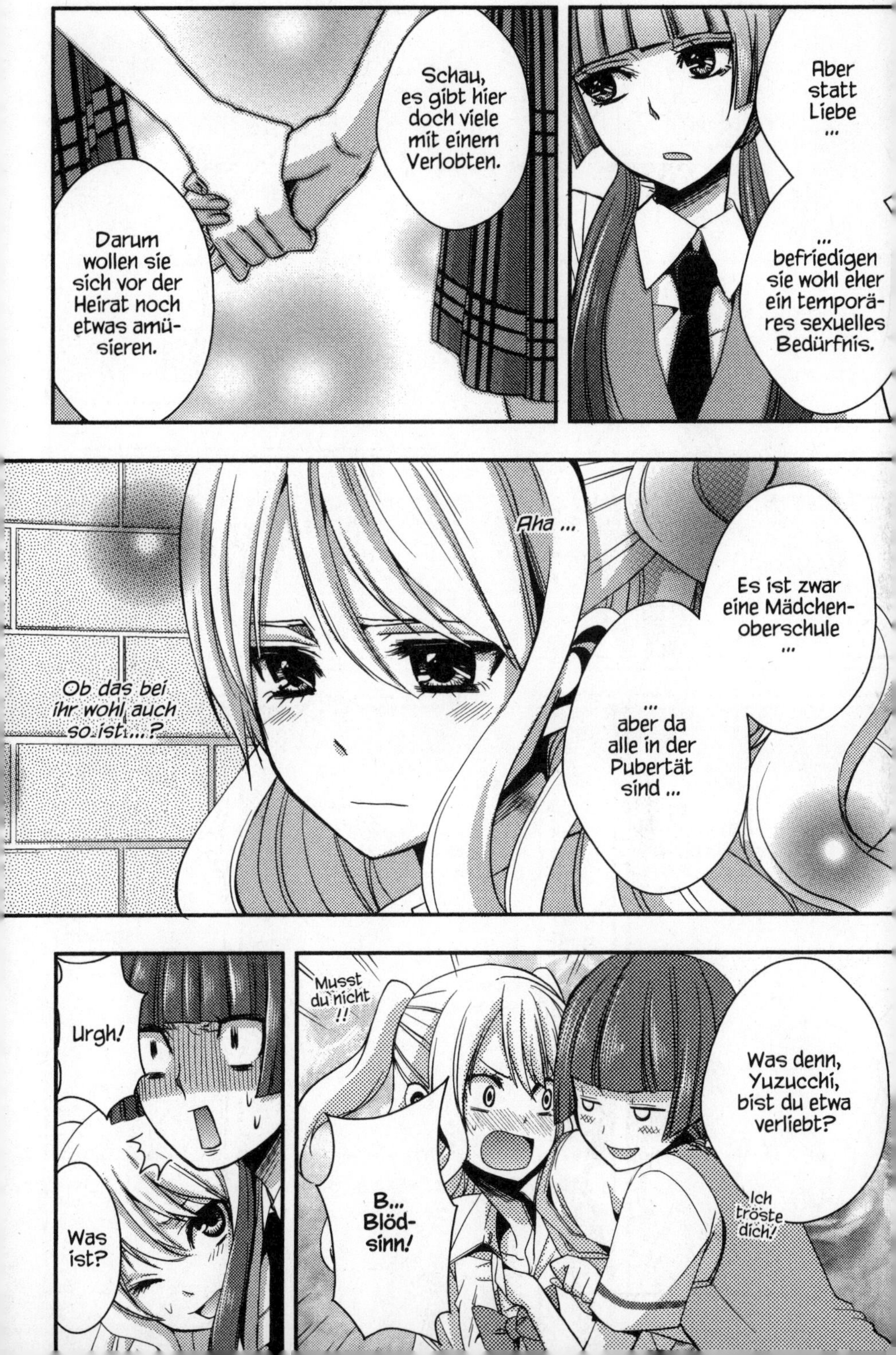

Aber statt Liebe ...
... befriedigen sie wohl eher ein temporäres sexuelles Bedürfnis.
Schau, es gibt hier doch viele mit einem Verlobten.
Darum wollen sie sich vor der Heirat noch etwas amüsieren.
Aha ...
Es ist zwar eine Mädchenoberschule ...
... aber da alle in der Pubertät sind ...
Ob das bei ihr wohl auch so ist ...?
Was denn, Yuzucchi, bist du etwa verliebt?
Ich tröste dich!
Musst du nicht !!
B... Blödsinn!
Urgh!
Was ist?

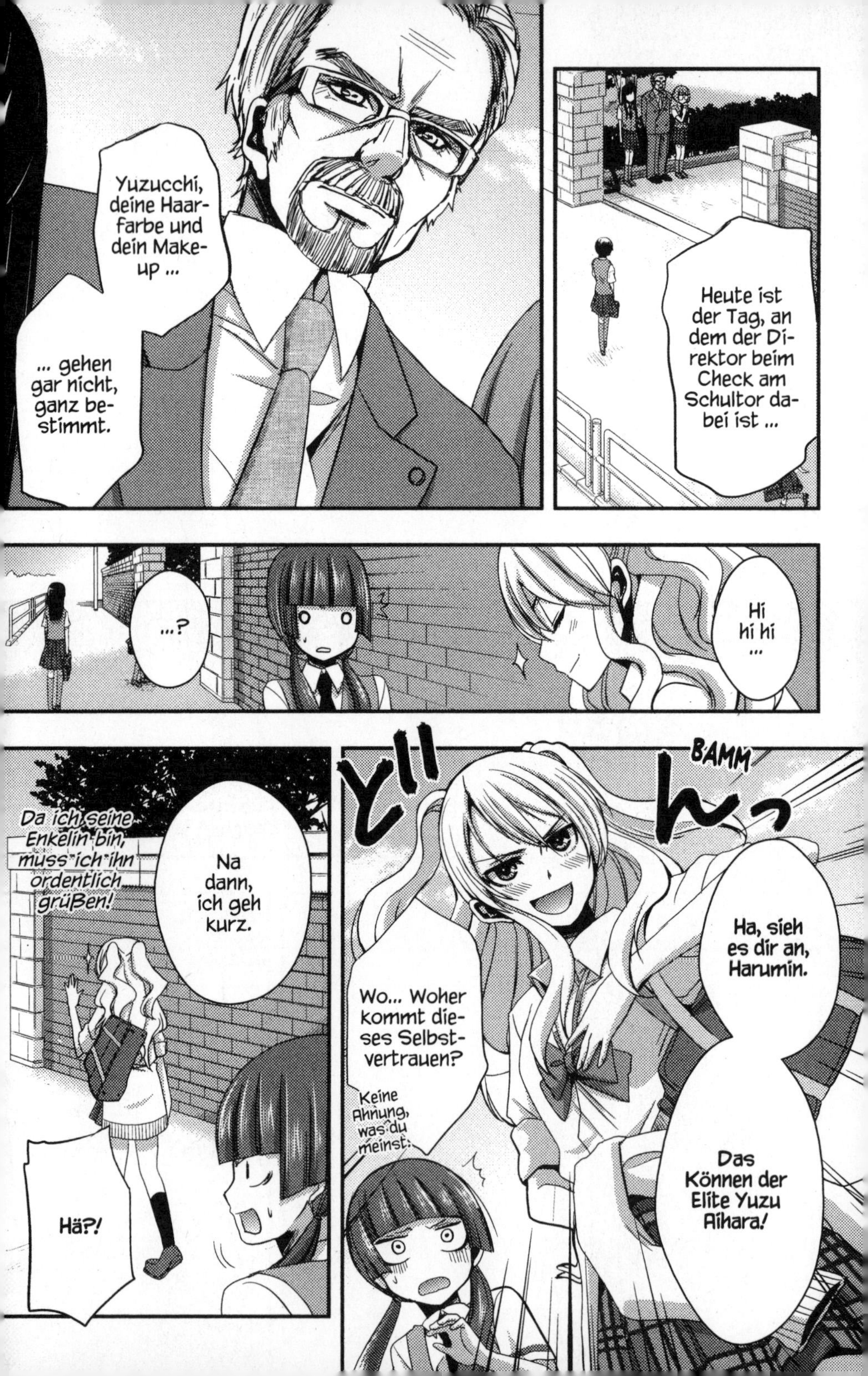
Heute ist der Tag, an dem der Direktor beim Check am Schultor dabei ist ...
Yuzucchi, deine Haarfarbe und dein Make-up ...
... gehen gar nicht, ganz bestimmt.
Hi hi hi ...
...?
BAMM
Ha, sieh es dir an, Harumin.
Das Können der Elite Yuzu Aihara!
Wo... Woher kommt dieses Selbstvertrauen?
Keine Ahnung, was du meinst.
Na dann, ich geh kurz.
Da ich seine Enkelin bin, muss ich ihn ordentlich grüßen!
Hä?!

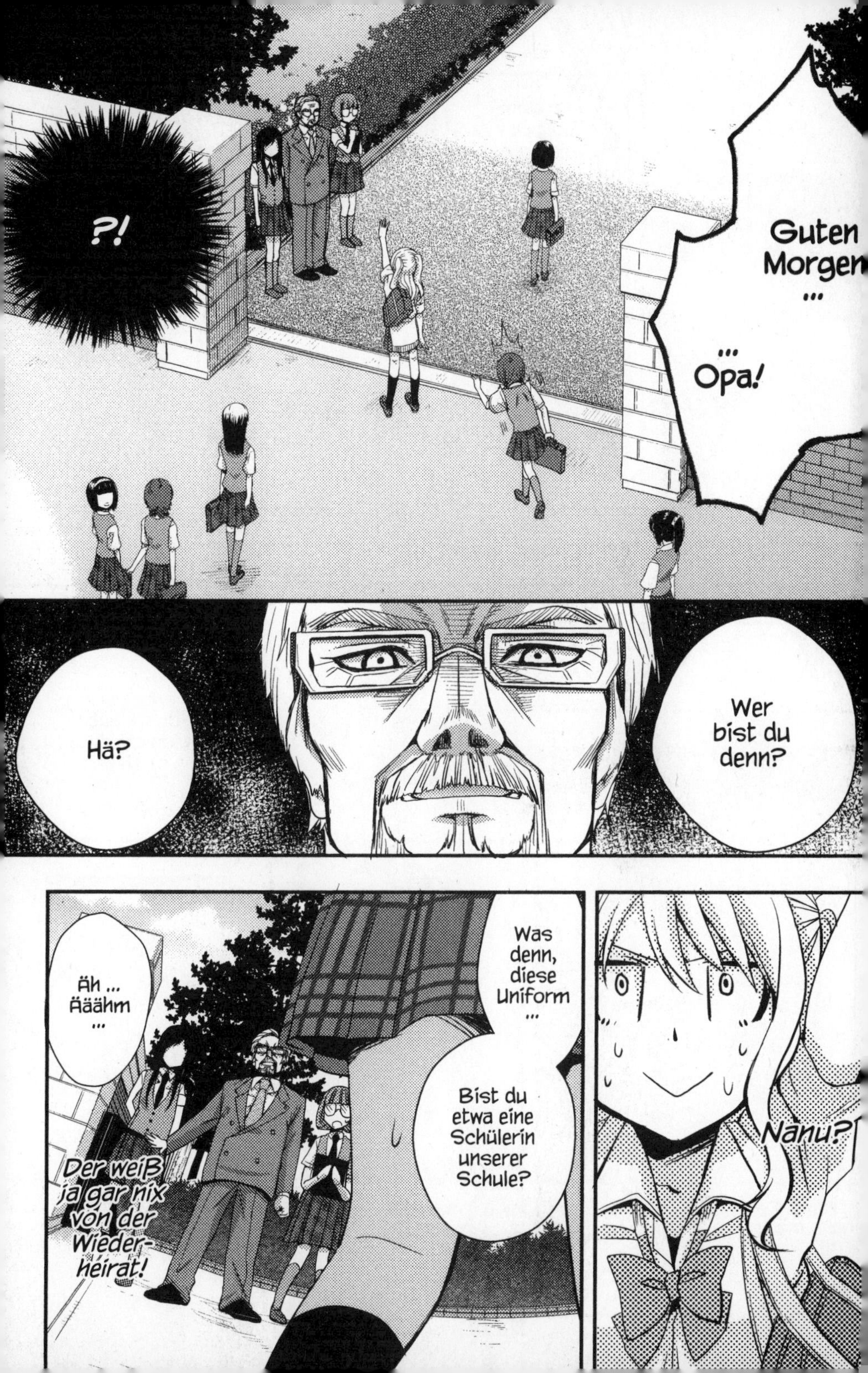

Guten Morgen ...
... Opa!
?!
Wer bist du denn?
Hä?
Nanu?
Was denn, diese Uniform ...
Bist du etwa eine Schülerin unserer Schule?
Äh ... Äääähm ...
Der weiß ja gar nix von der Wieder-heirat!

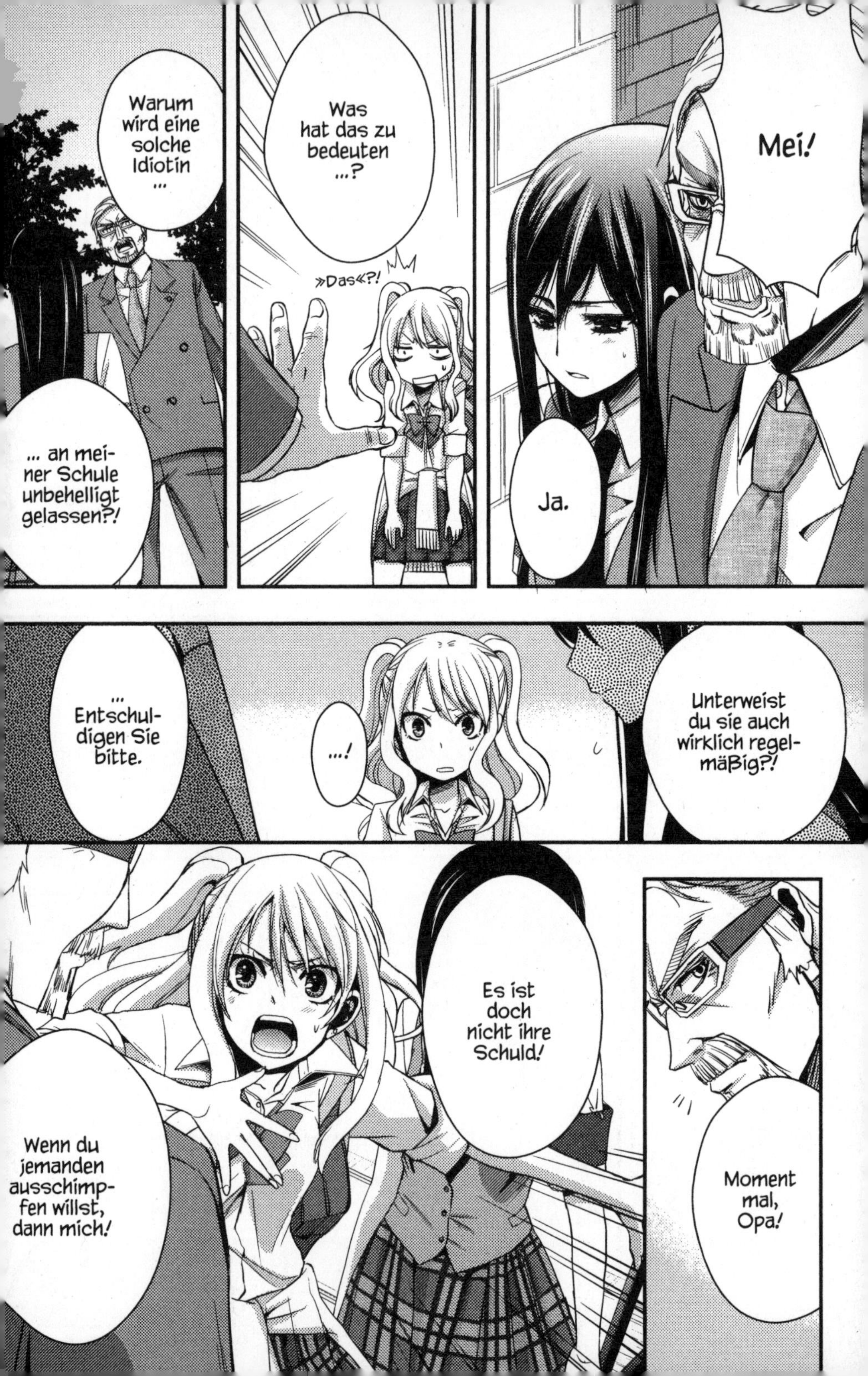
Mei!
Ja.
Was hat das zu bedeuten ...?
»Das«?!
Warum wird eine solche Idiotin ...
... an meiner Schule unbehelligt gelassen?!
Unterweist du sie auch wirklich regelmäßig?!
...!
... Entschuldigen Sie bitte.
Moment mal, Opa!
Es ist doch nicht ihre Schuld!
Wenn du jemanden ausschimpfen willst, dann mich!

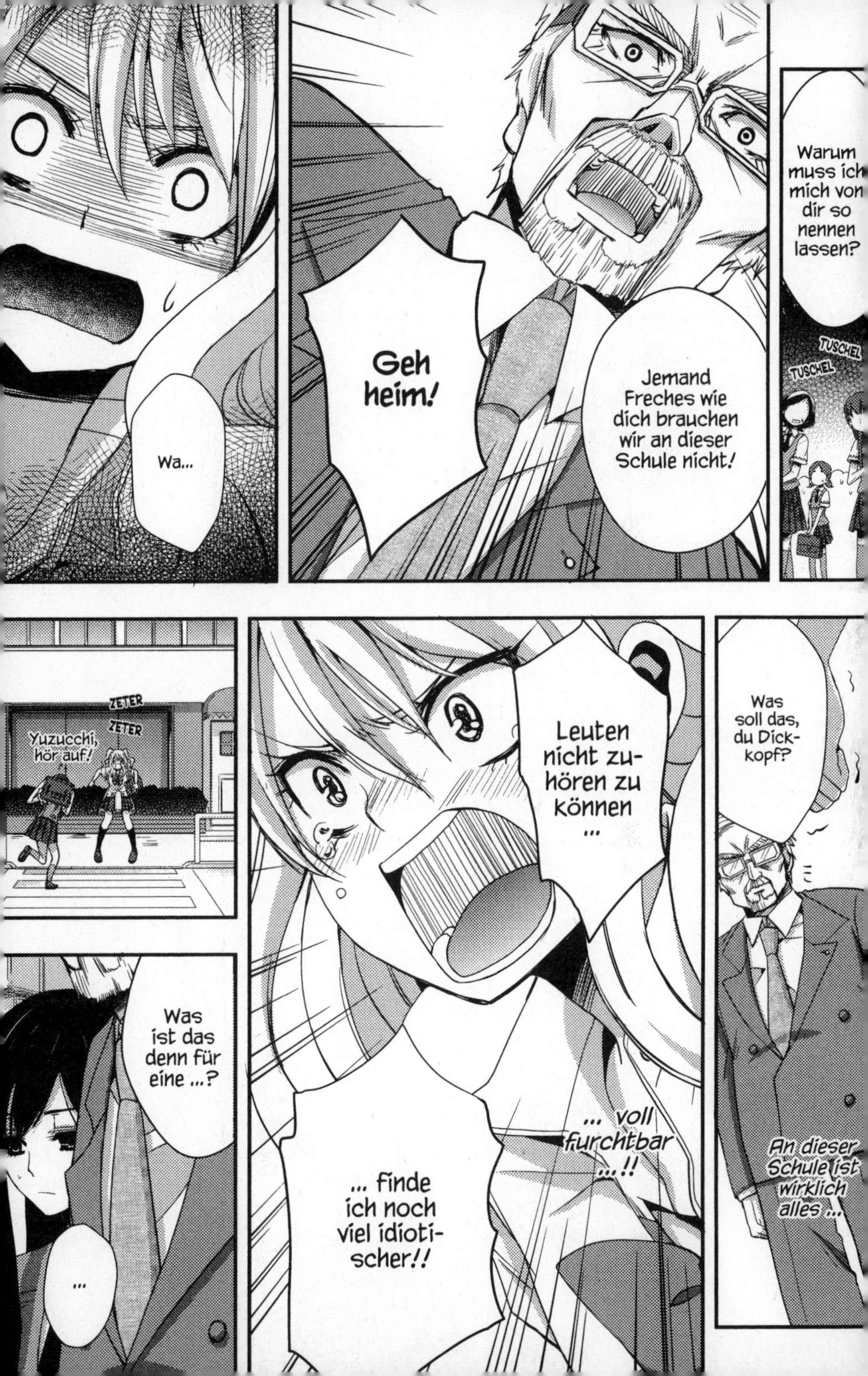
Warum muss ich mich von dir so nennen lassen?
TUSCHEL
TUSCHEL
Jemand Freches wie dich brauchen wir an dieser Schule nicht!
Geh heim!
Wa...
Was soll das, du Dick-kopf?
An dieser Schule ist wirklich alles ...
Leuten nicht zu-hören zu können ...
... voll furchtbar ...!!
... finde ich noch viel idioti-scher!!
ZETER
ZETER
Yuzucchi, hör auf!
Was ist das denn für eine ...?
...

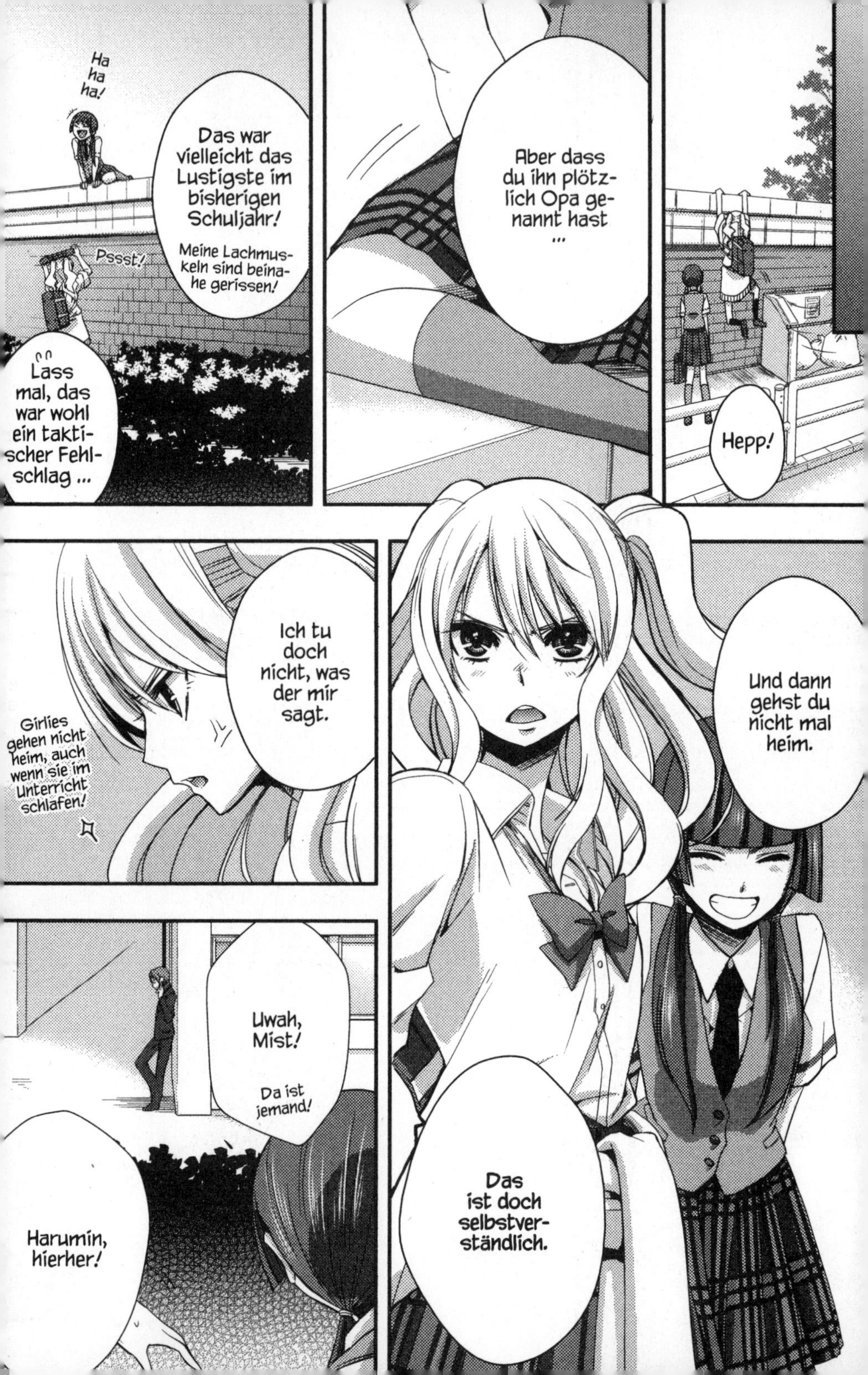
Hepp!
Aber dass du ihn plötzlich Opa genannt hast ...
Ha ha ha!
Das war vielleicht das Lustigste im bisherigen Schuljahr!
Meine Lachmuskeln sind beinahe gerissen!
Pssst!
Lass mal, das war wohl ein taktischer Fehlschlag ...
Und dann gehst du nicht mal heim.
Das ist doch selbstverständlich.
Ich tu doch nicht, was der mir sagt.
Girlies gehen nicht heim, auch wenn sie im Unterricht schlafen!
Uwah, Mist!
Da ist jemand!
Harumin, hierher!

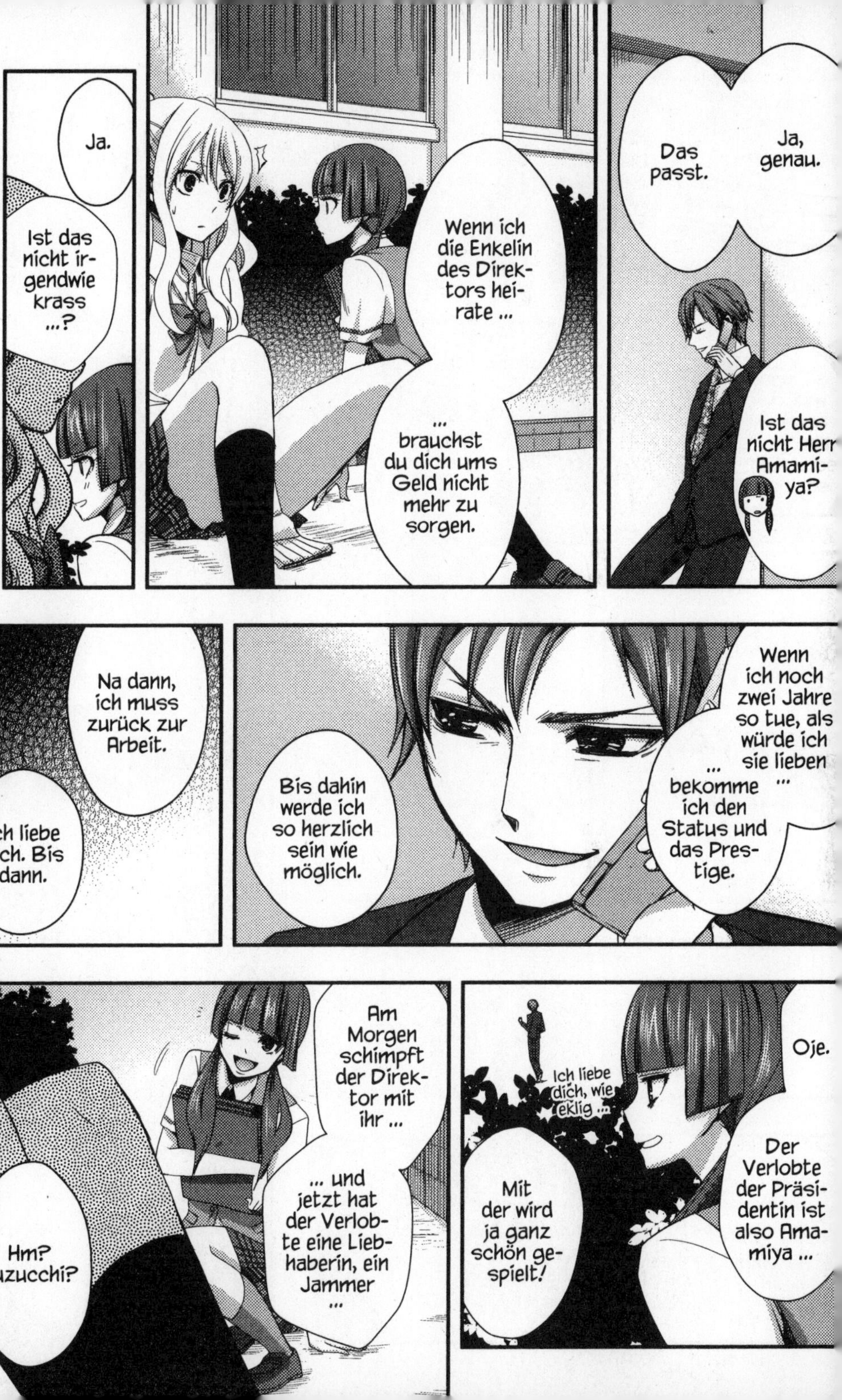
Ja, genau.
Das passt.
Ist das nicht Herr Amamiya?
Wenn ich die Enkelin des Direktors heirate ...
... brauchst du dich ums Geld nicht mehr zu sorgen.
Ja.
Ist das nicht irgendwie krass ...?
Wenn ich noch zwei Jahre so tue, als würde ich sie lieben ...
... bekomme ich den Status und das Prestige.
Bis dahin werde ich so herzlich sein wie möglich.
Na dann, ich muss zurück zur Arbeit.
Ich liebe dich. Bis dann.
Oje.
Der Verlobte der Präsidentin ist also Amamiya ...
Ich liebe dich, wie eklig ...
Mit der wird ja ganz schön gespielt!
Am Morgen schimpft der Direktor mit ihr ...
... und jetzt hat der Verlobte eine Liebhaberin, ein Jammer ...
Hm? Yuzucchi?

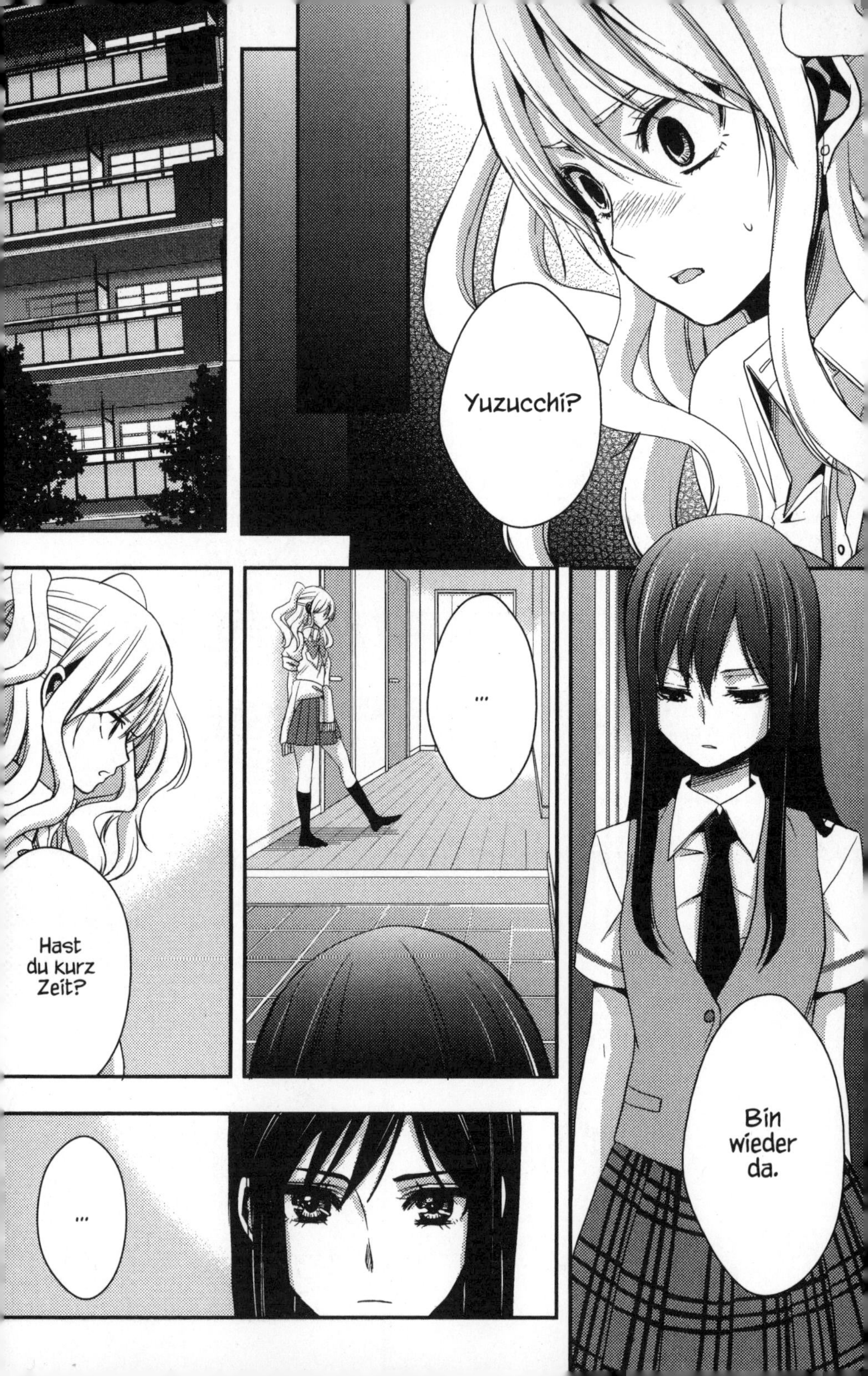
Yuzucchi?
Bin wieder da.
...
Hast du kurz Zeit?
...

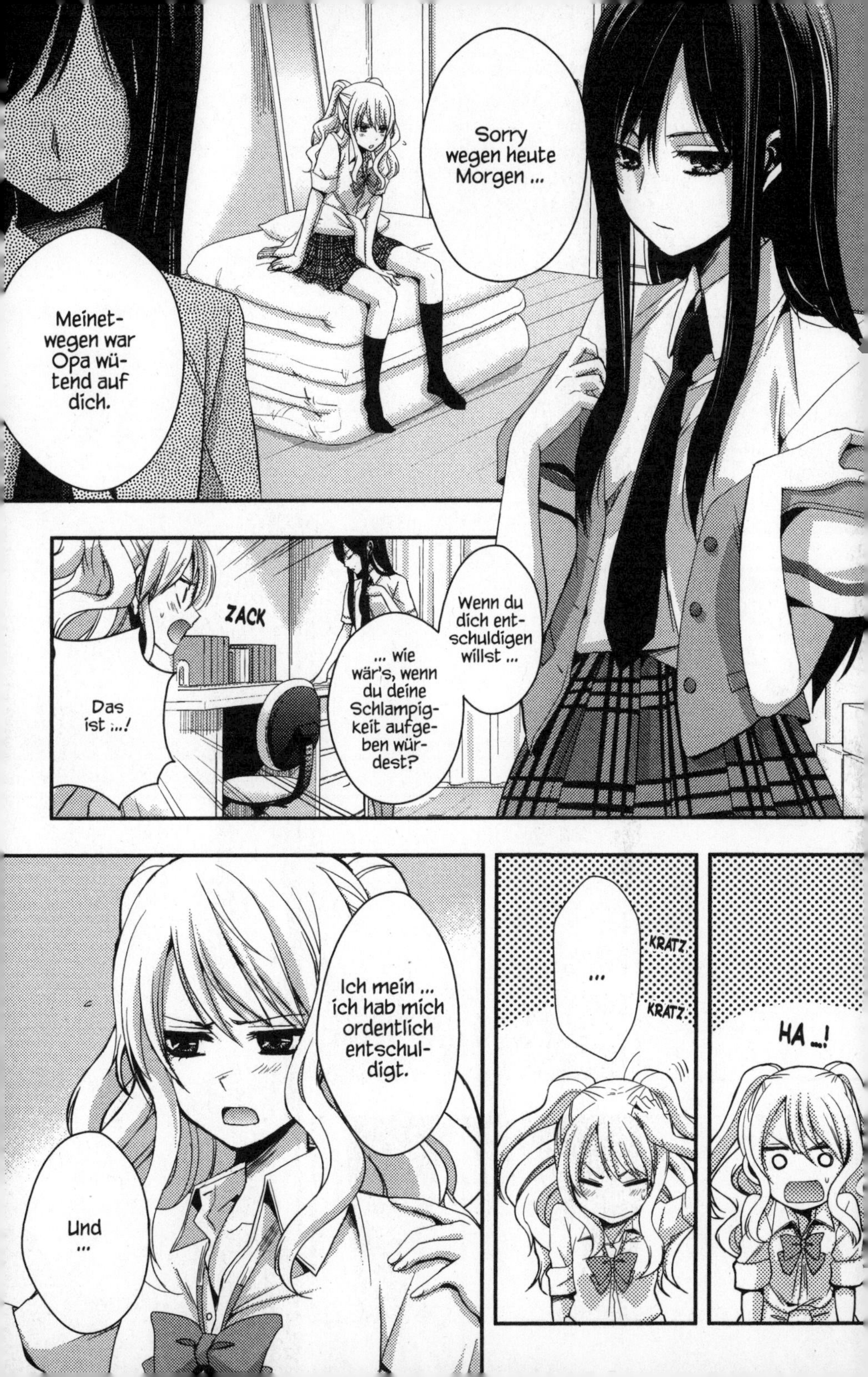
Sorry wegen heute Morgen ...
Meinet-wegen war Opa wütend auf dich.
ZACK
Wenn du dich ent-schuldigen willst ...
... wie wär's, wenn du deine Schlampig-keit aufge-ben wür-dest?
Das ist ...!
Ich mein ... ich hab mich ordentlich entschul-digt.
Und ...
...
KRATZ
KRATZ
HA ...!

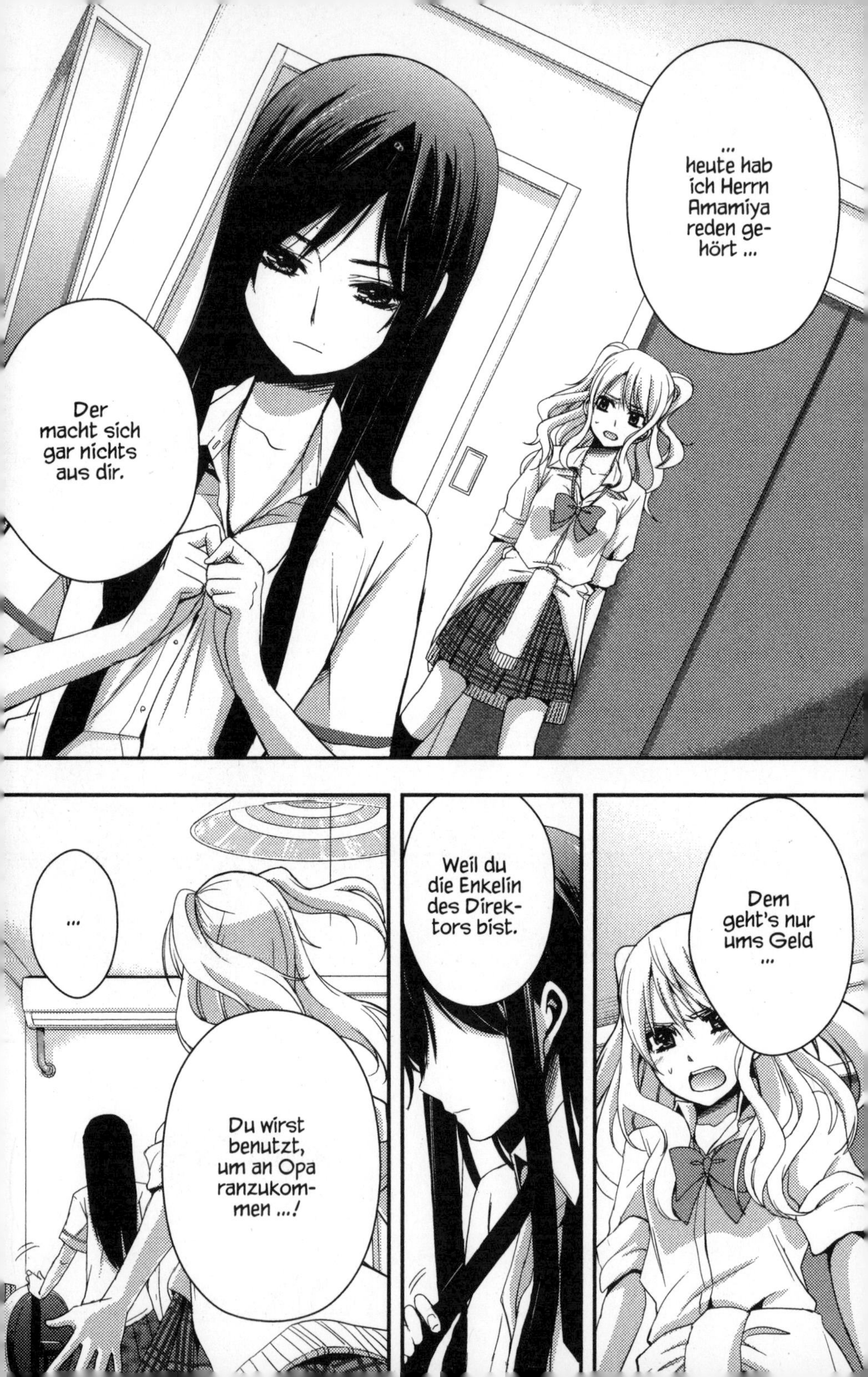
... heute hab ich Herrn Amamiya reden gehört ...
Der macht sich gar nichts aus dir.
Dem geht's nur ums Geld ...
Weil du die Enkelin des Direktors bist.
...
Du wirst benutzt, um an Opa ranzukommen ...!

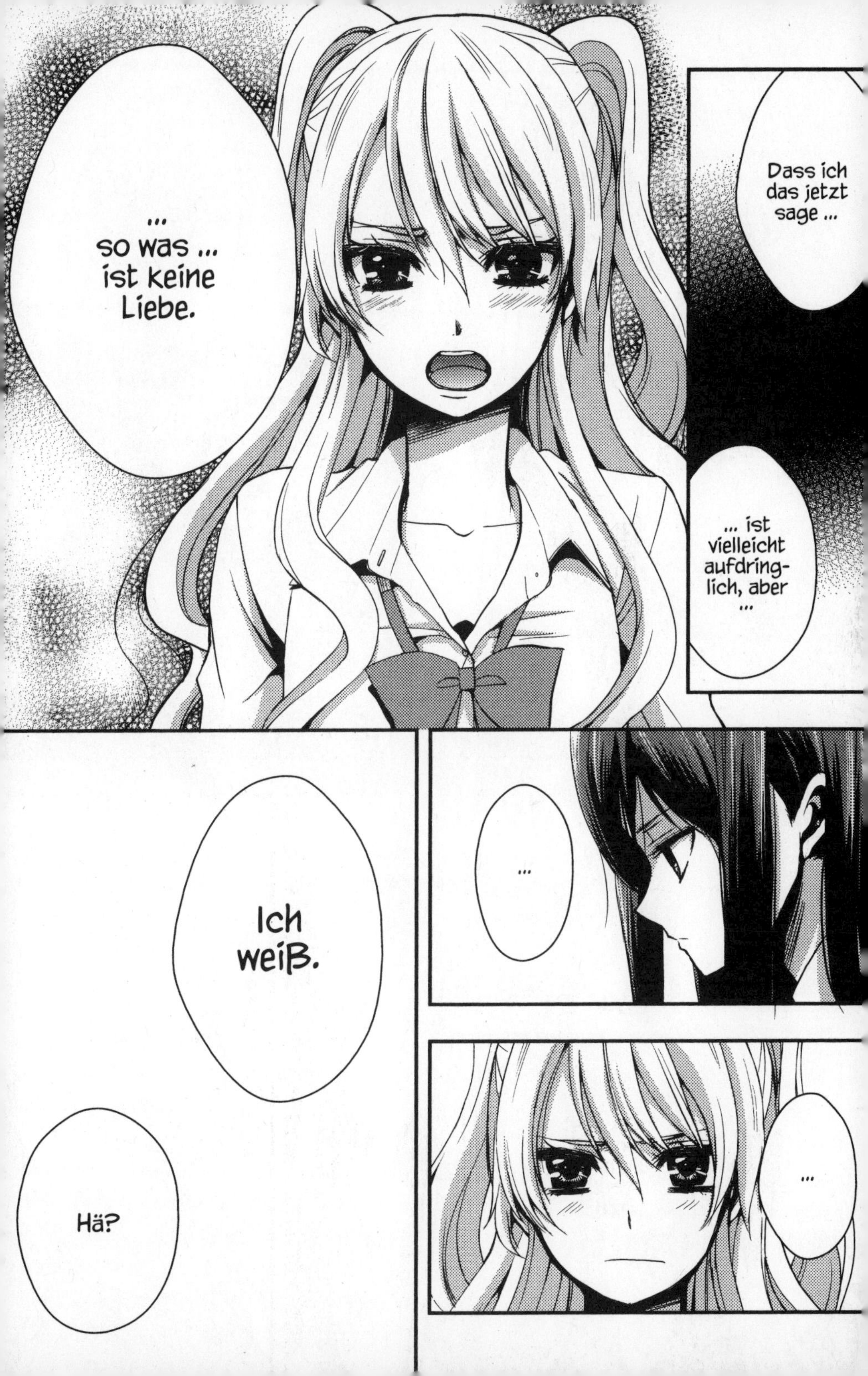
Dass ich das jetzt sage ...
... ist vielleicht aufdring-lich, aber ...
... so was ... ist keine Liebe.
...
Ich weiß.
...
Hä?

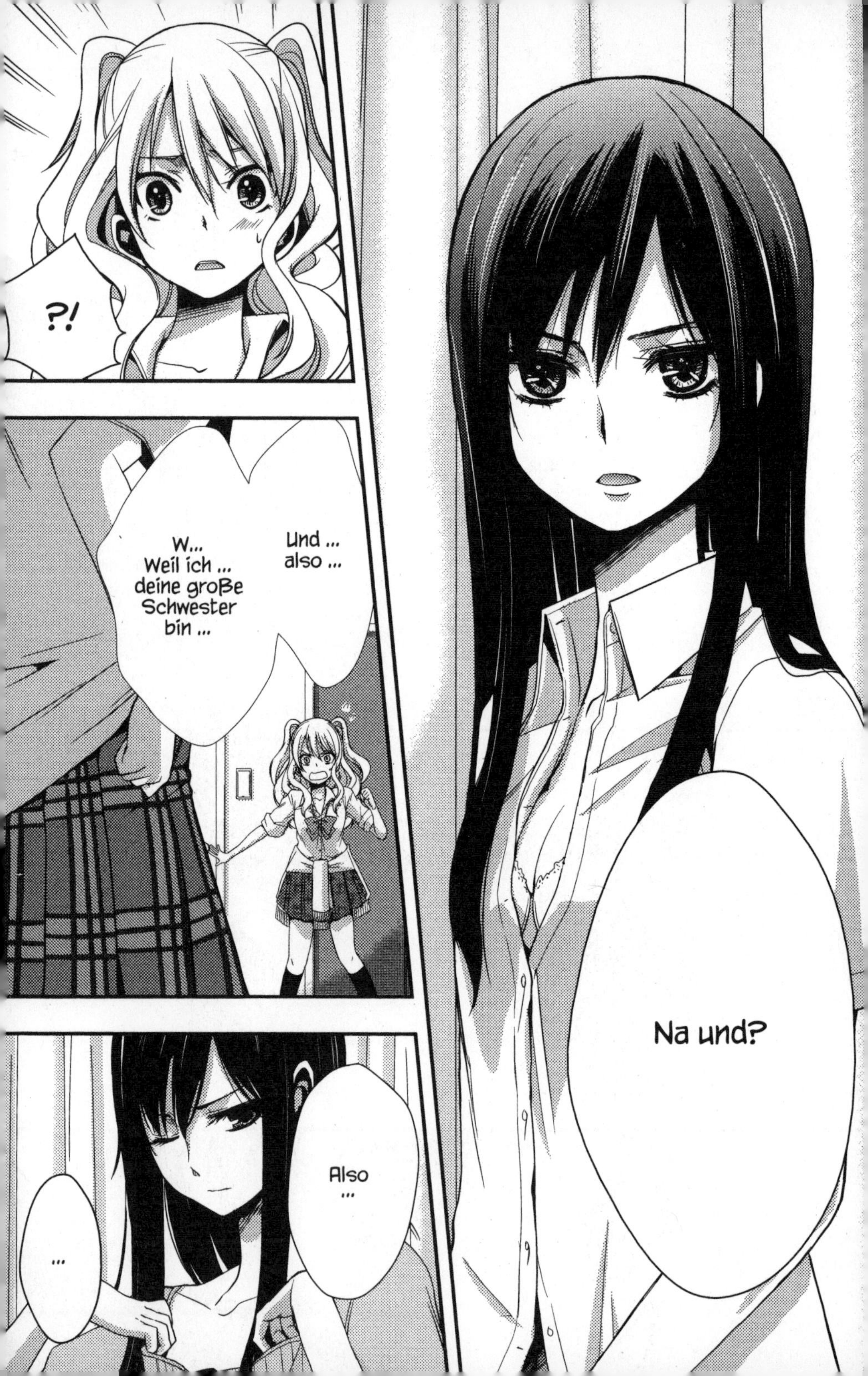

?!
Und ... also ...
W... Weil ich ... deine große Schwester bin ...
Na und?
Also ...
...

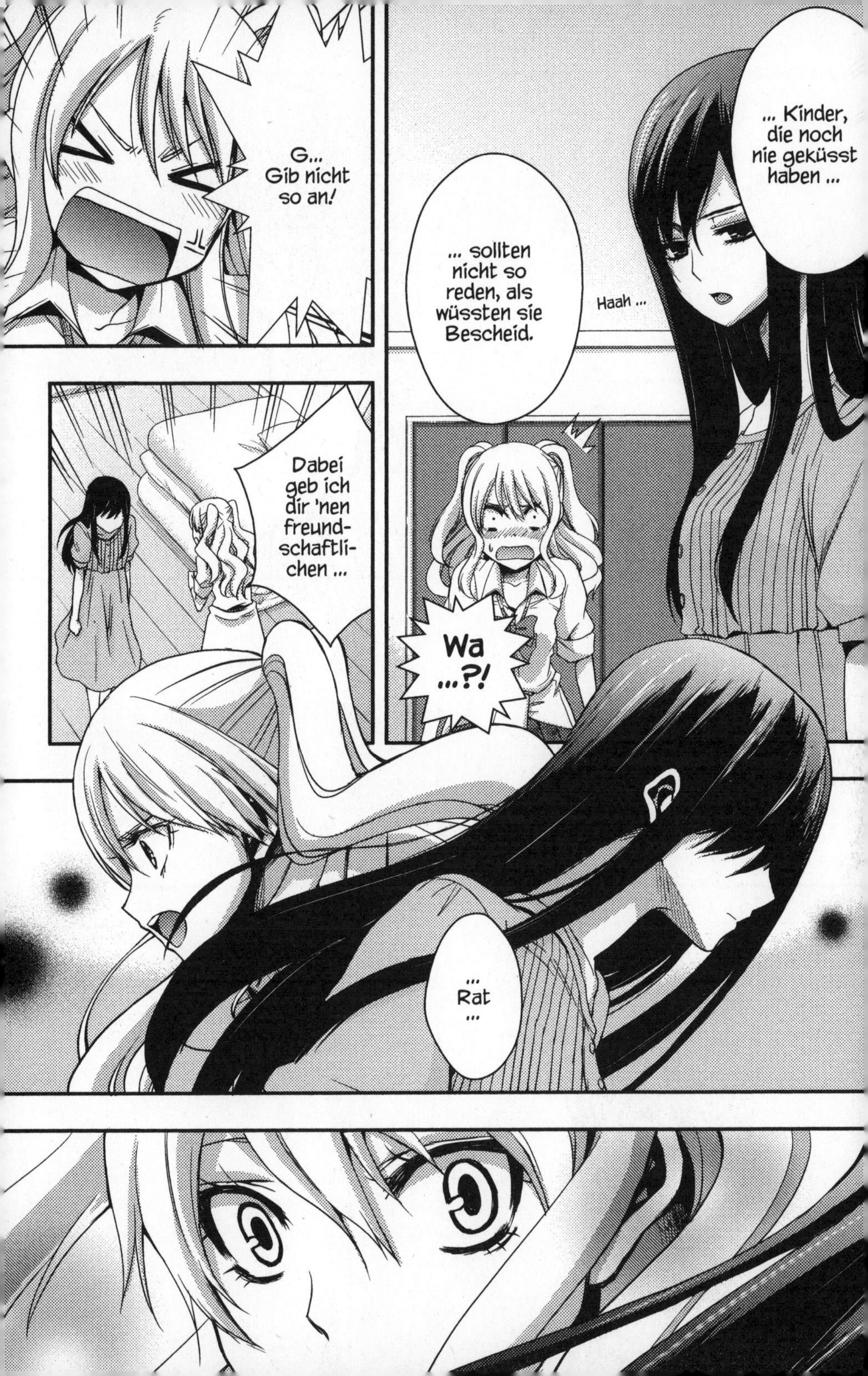
... Kinder, die noch nie geküsst haben ...
Haah ...
... sollten nicht so reden, als wüssten sie Bescheid.
G... Gib nicht so an!
Wa ...?!
Dabei geb ich dir 'nen freund-schaftli-chen ...
... Rat ...

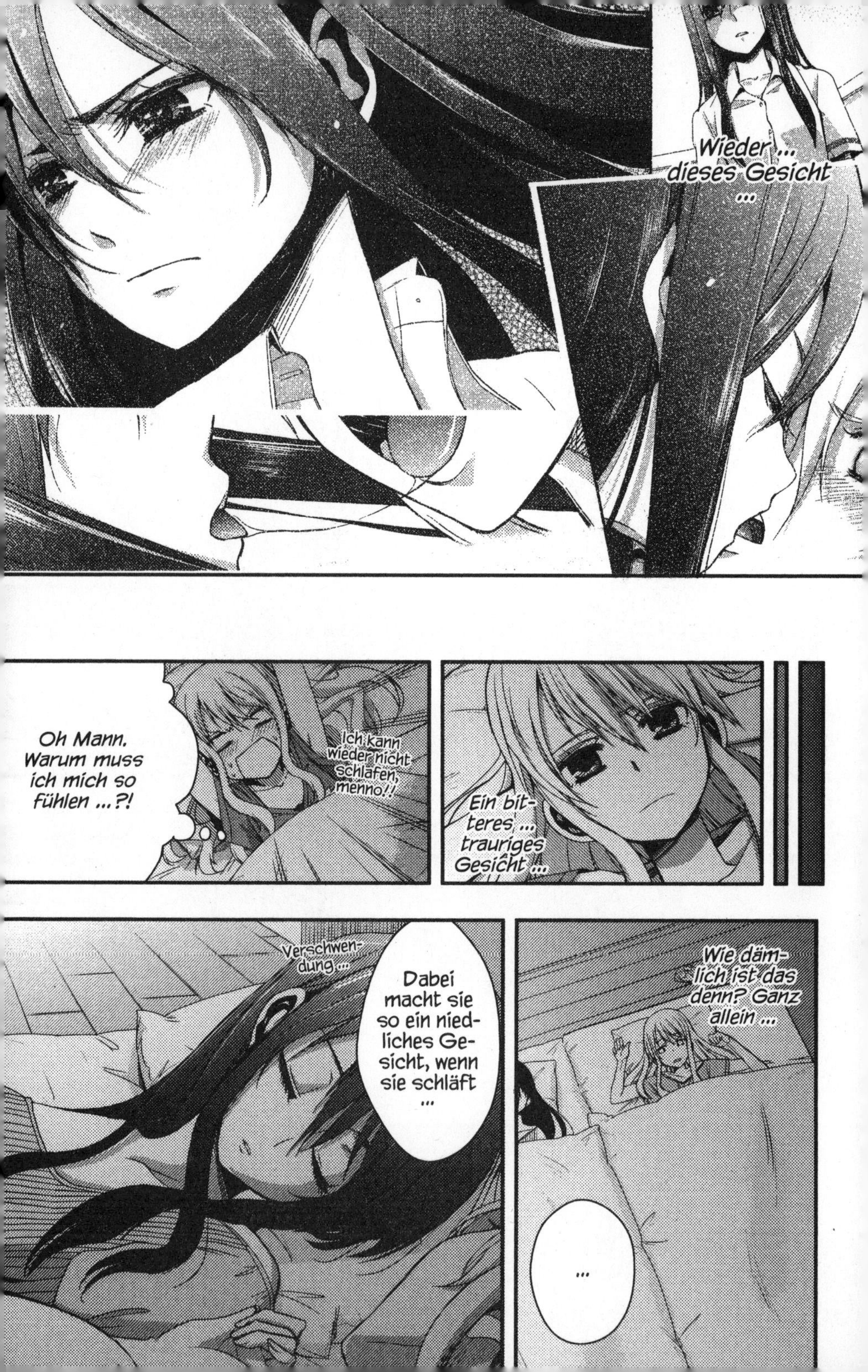
Wieder ... dieses Gesicht ...
Ein bitteres ... trauriges Gesicht ...
Ich kann wieder nicht schlafen, menno!!
Oh Mann. Warum muss ich mich so fühlen ...?!
Wie dämlich ist das denn? Ganz allein ...
...
Dabei macht sie so ein niedliches Gesicht, wenn sie schläft ...
Verschwendung ...

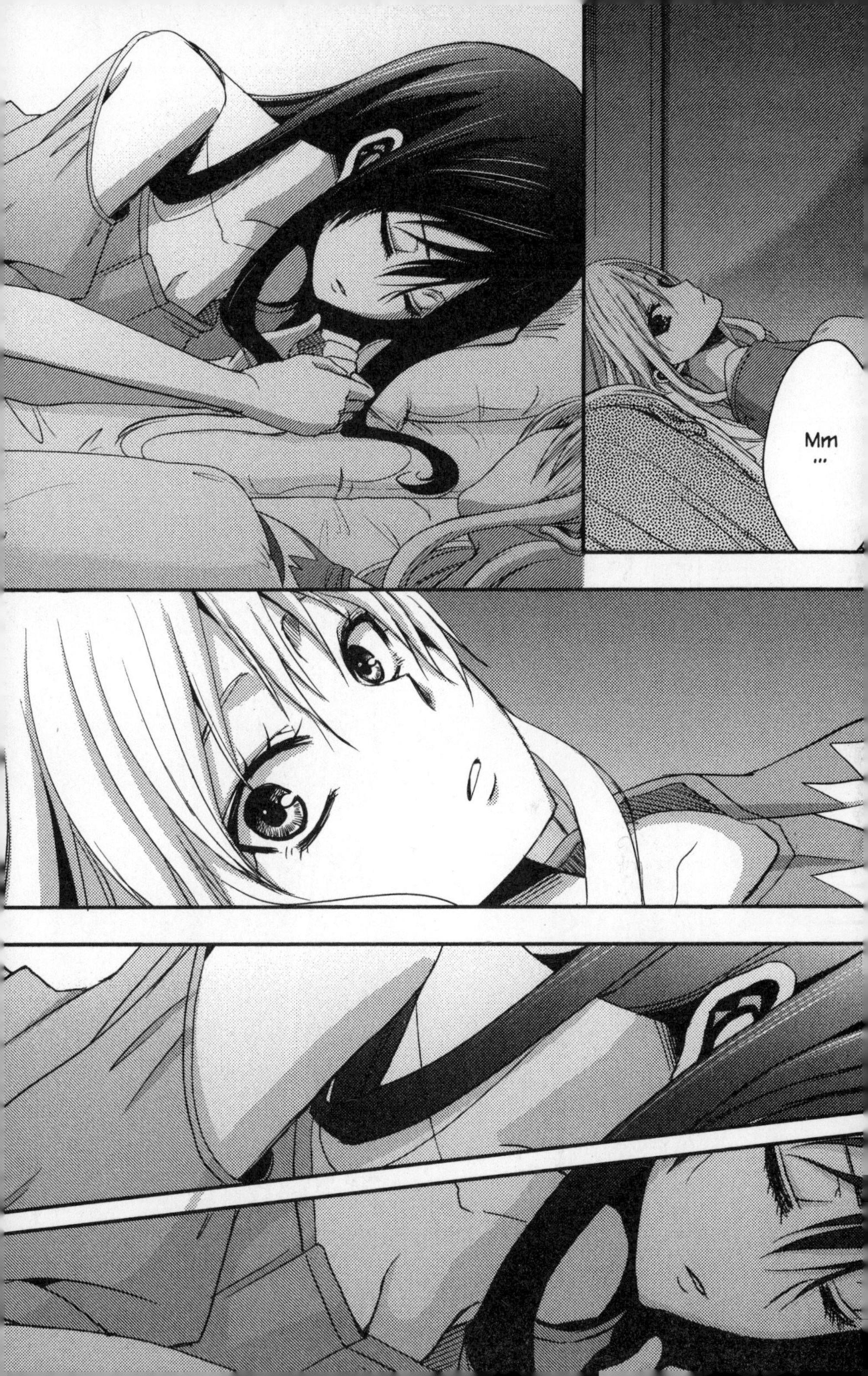
Mm
...

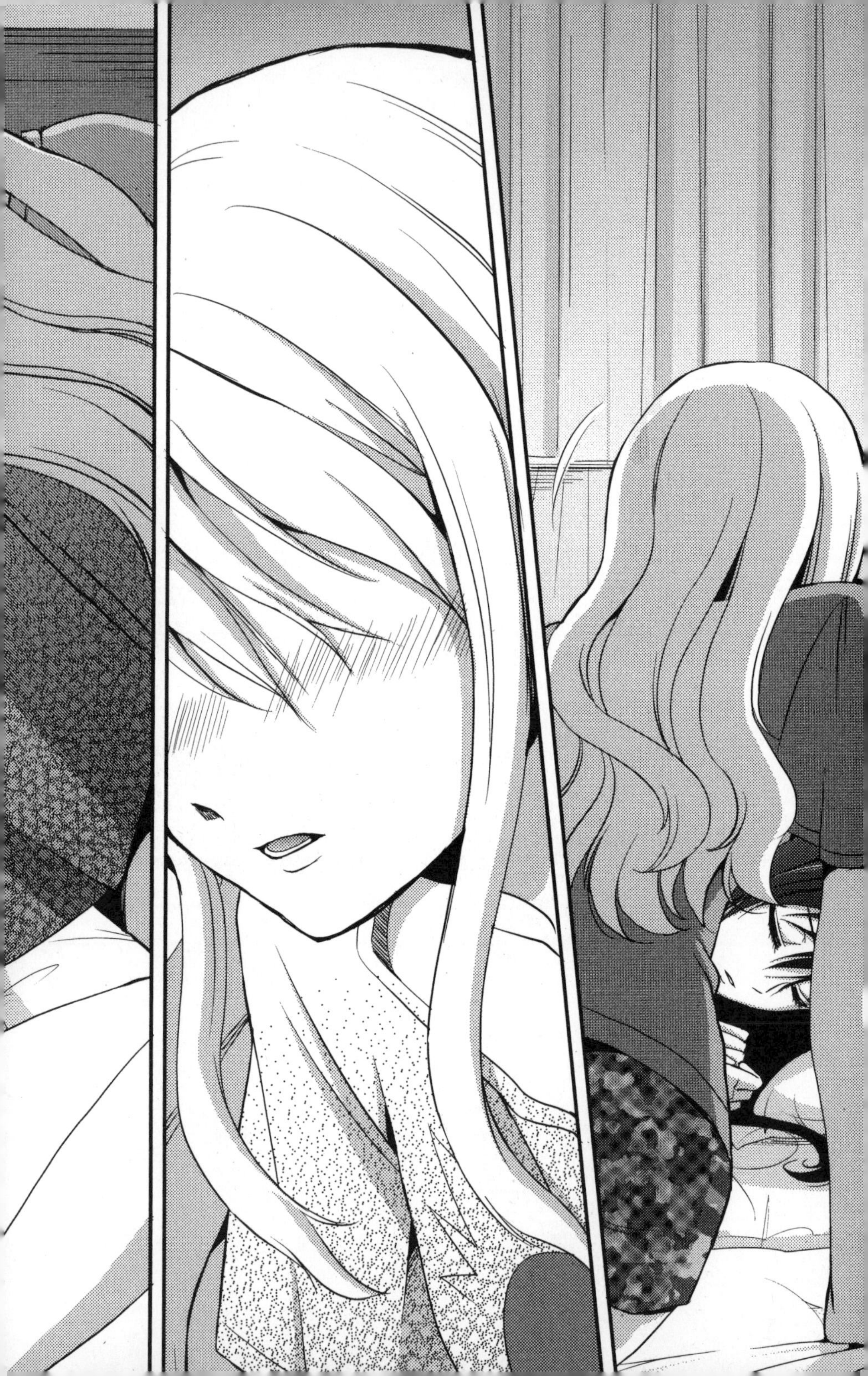

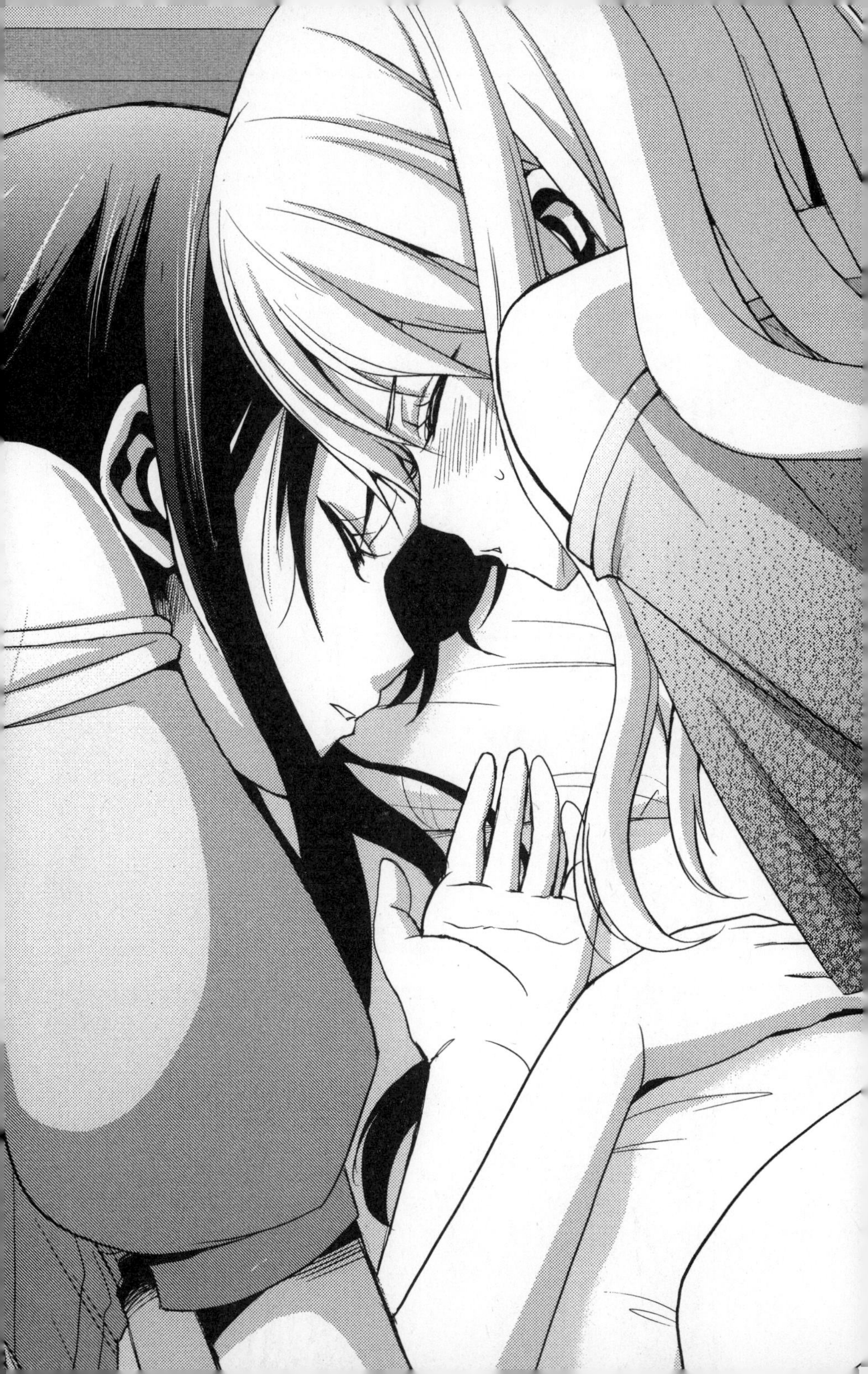

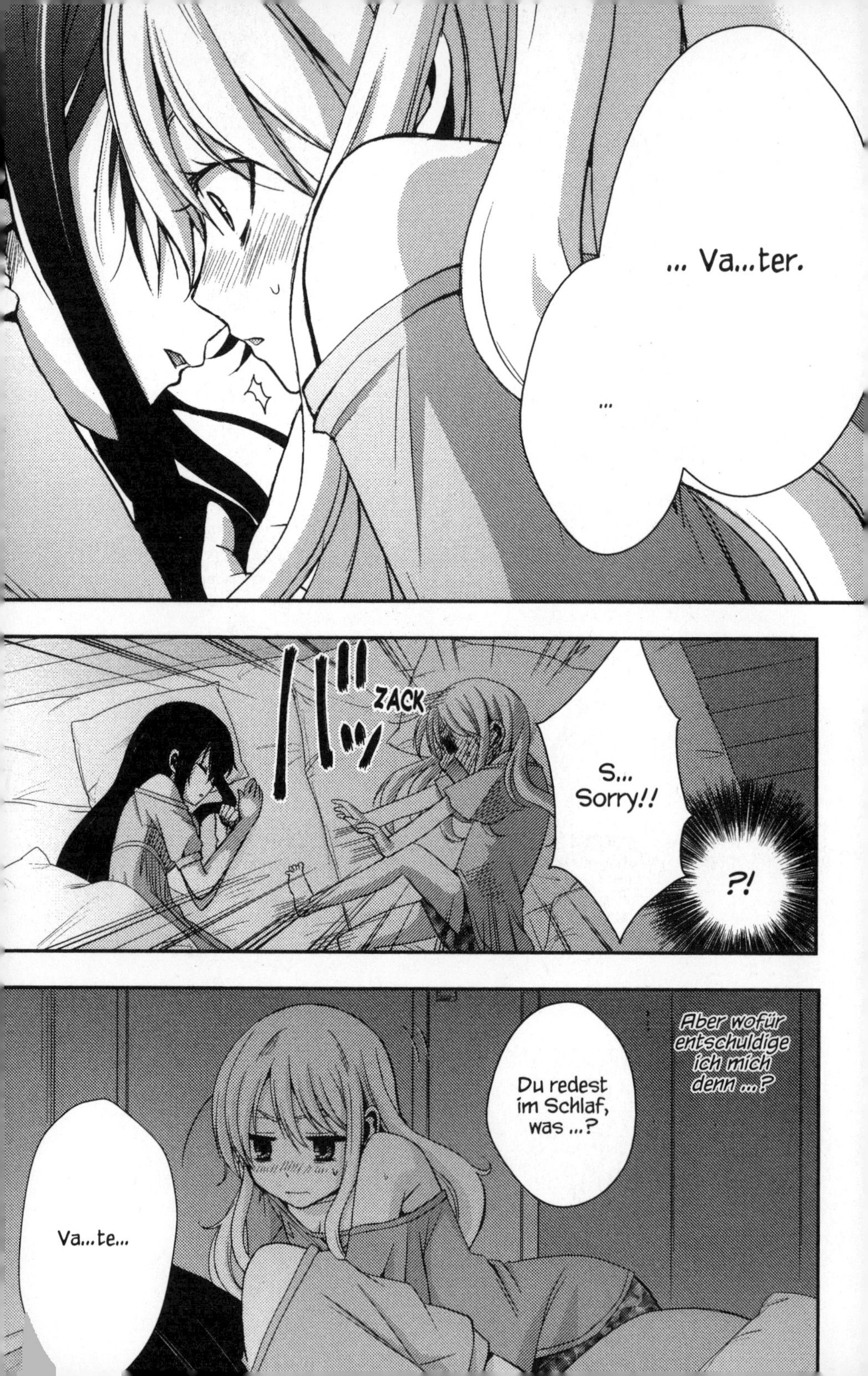
... Va...ter.
...
?!
S... Sorry!!
ZACK
Aber wofür entschuldige ich mich denn ...?
Du redest im Schlaf, was ...?
Va...te...

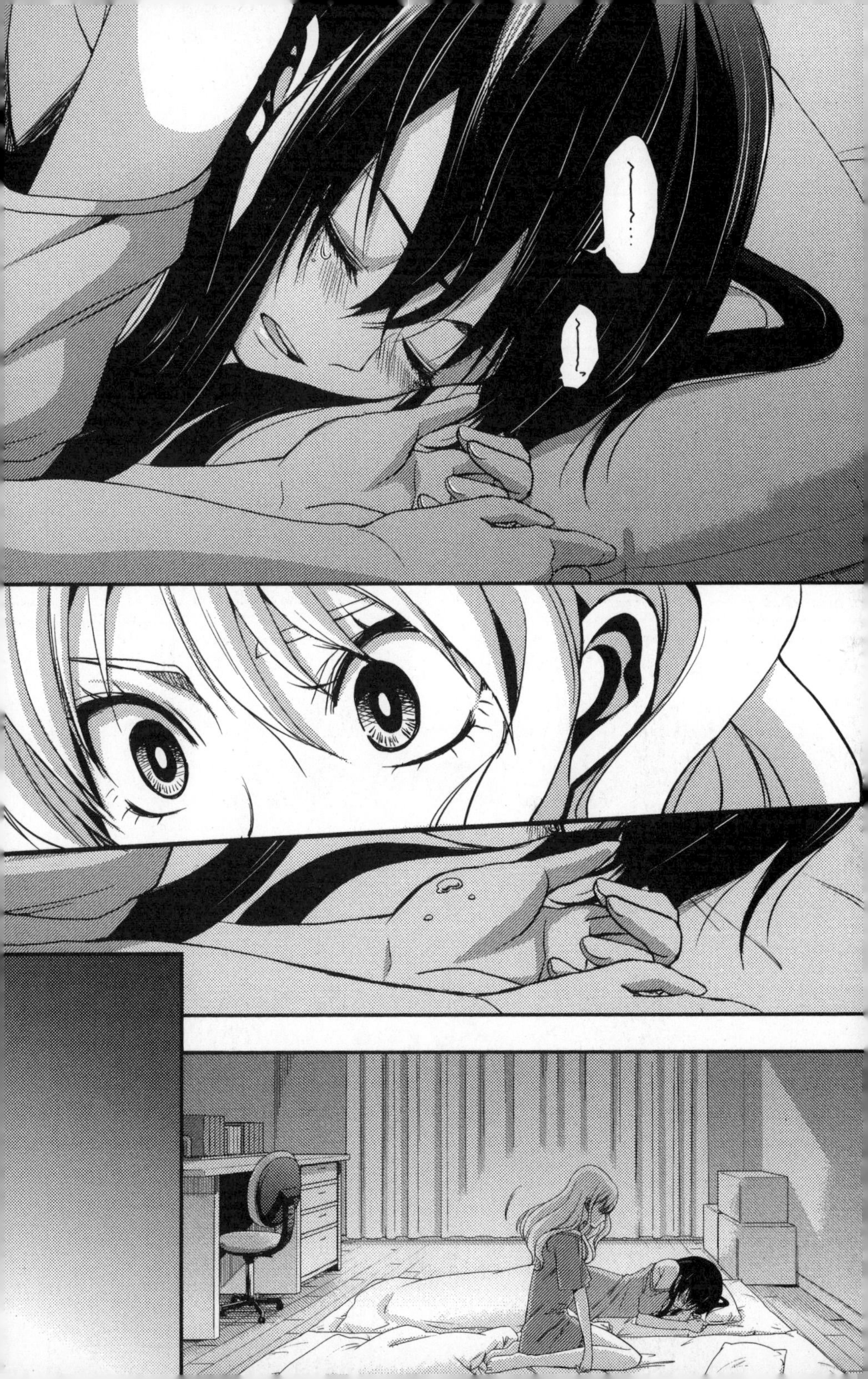

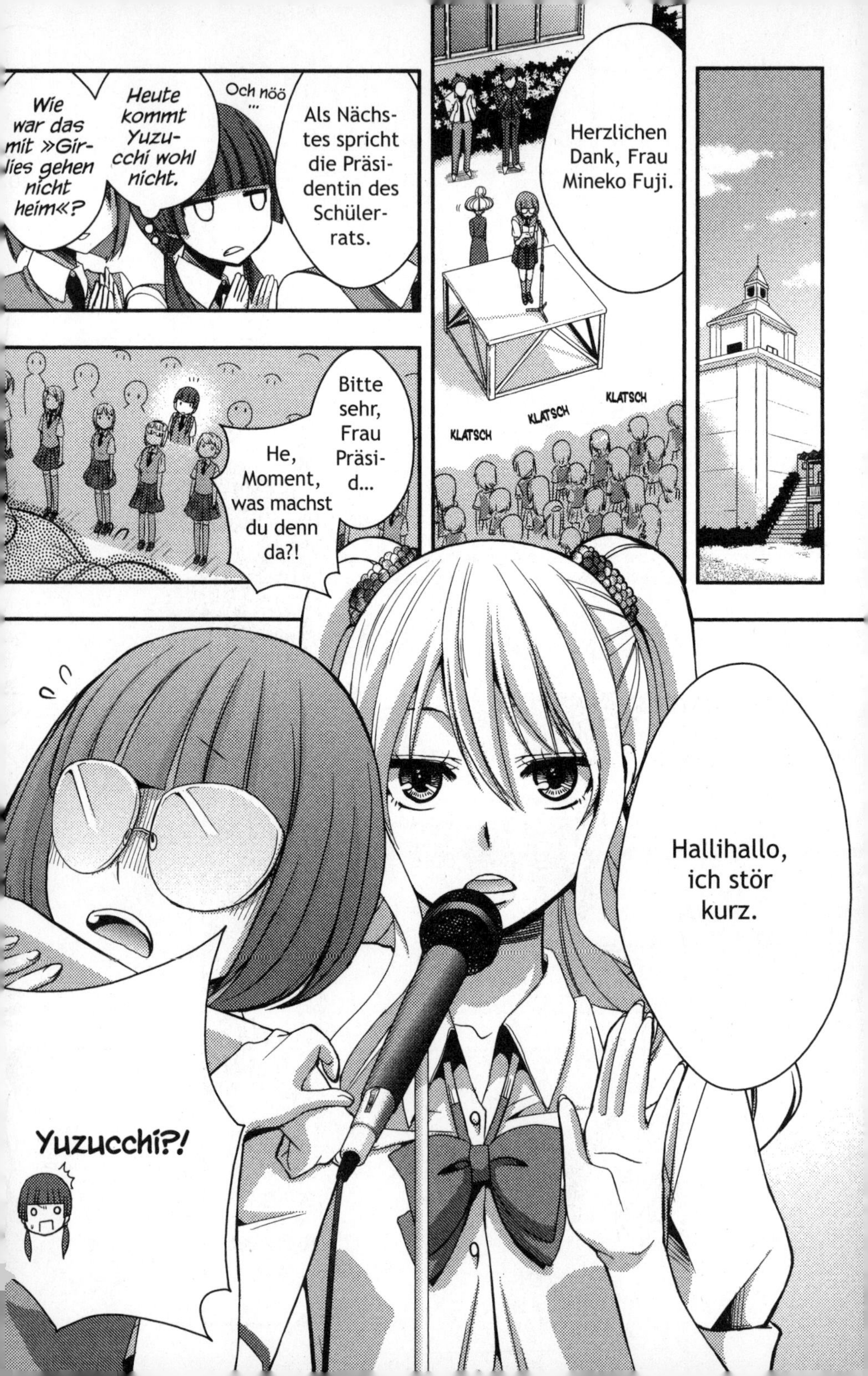
Herzlichen Dank, Frau Mineko Fuji.
KLATSCH
KLATSCH
KLATSCH
Als Nächstes spricht die Präsidentin des Schülerrats.
Och nöö ...
Heute kommt Yuzucchi wohl nicht.
Wie war das mit »Girlies gehen nicht heim«?
Bitte sehr, Frau Präsid...
He, Moment, was machst du denn da?!
Hallihallo, ich stör kurz.
Yuzucchi?!

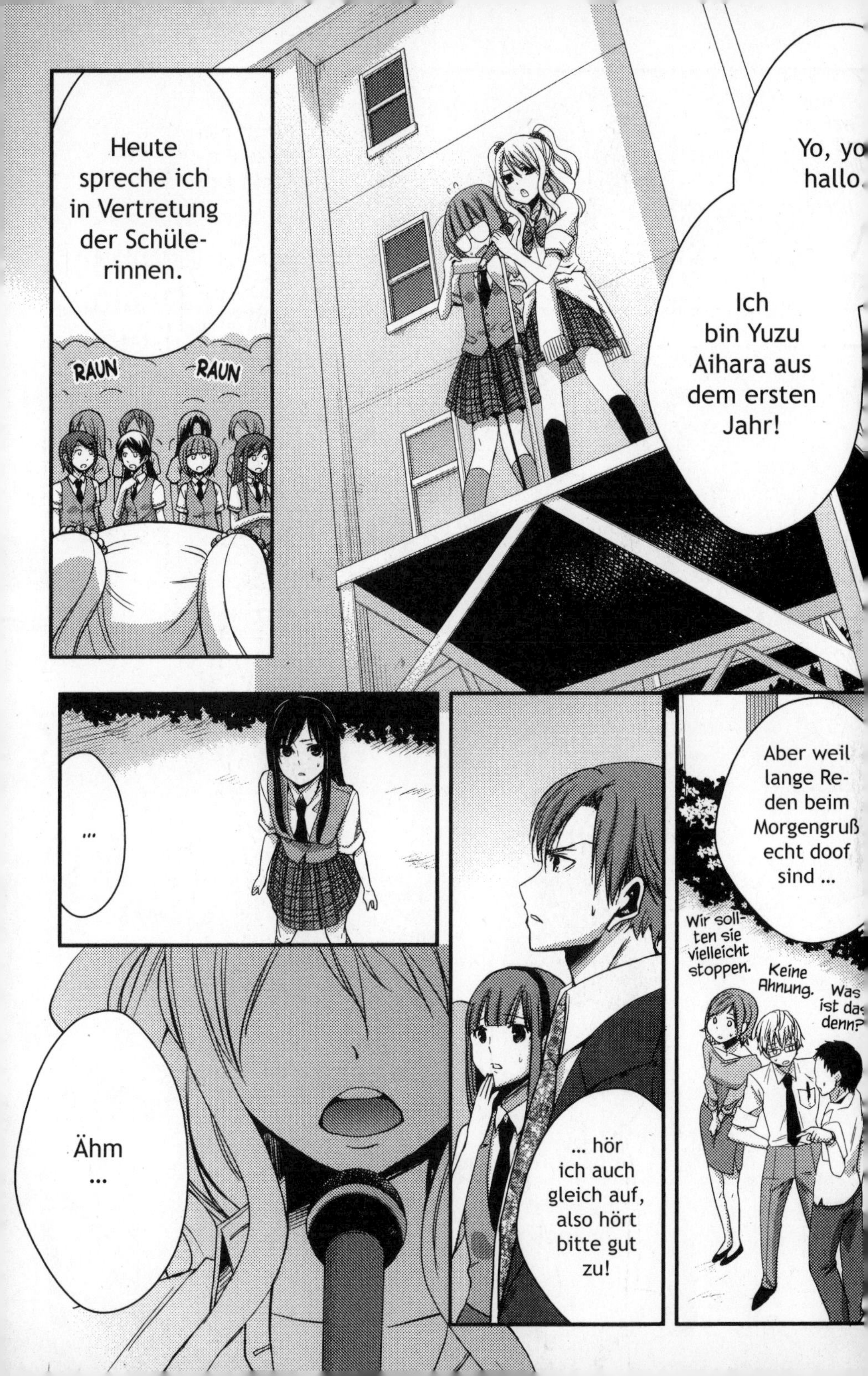
Yo, yo
hallo.
Ich bin Yuzu Aihara aus dem ersten Jahr!
Heute spreche ich in Vertretung der Schüle-rinnen.
RAUN
RAUN
Aber weil lange Re-den beim Morgengruß echt doof sind ...
Wir soll-ten sie vielleicht stoppen.
Keine Ahnung.
Was ist das denn?
... hör ich auch gleich auf, also hört bitte gut zu!
...
Ähm ...

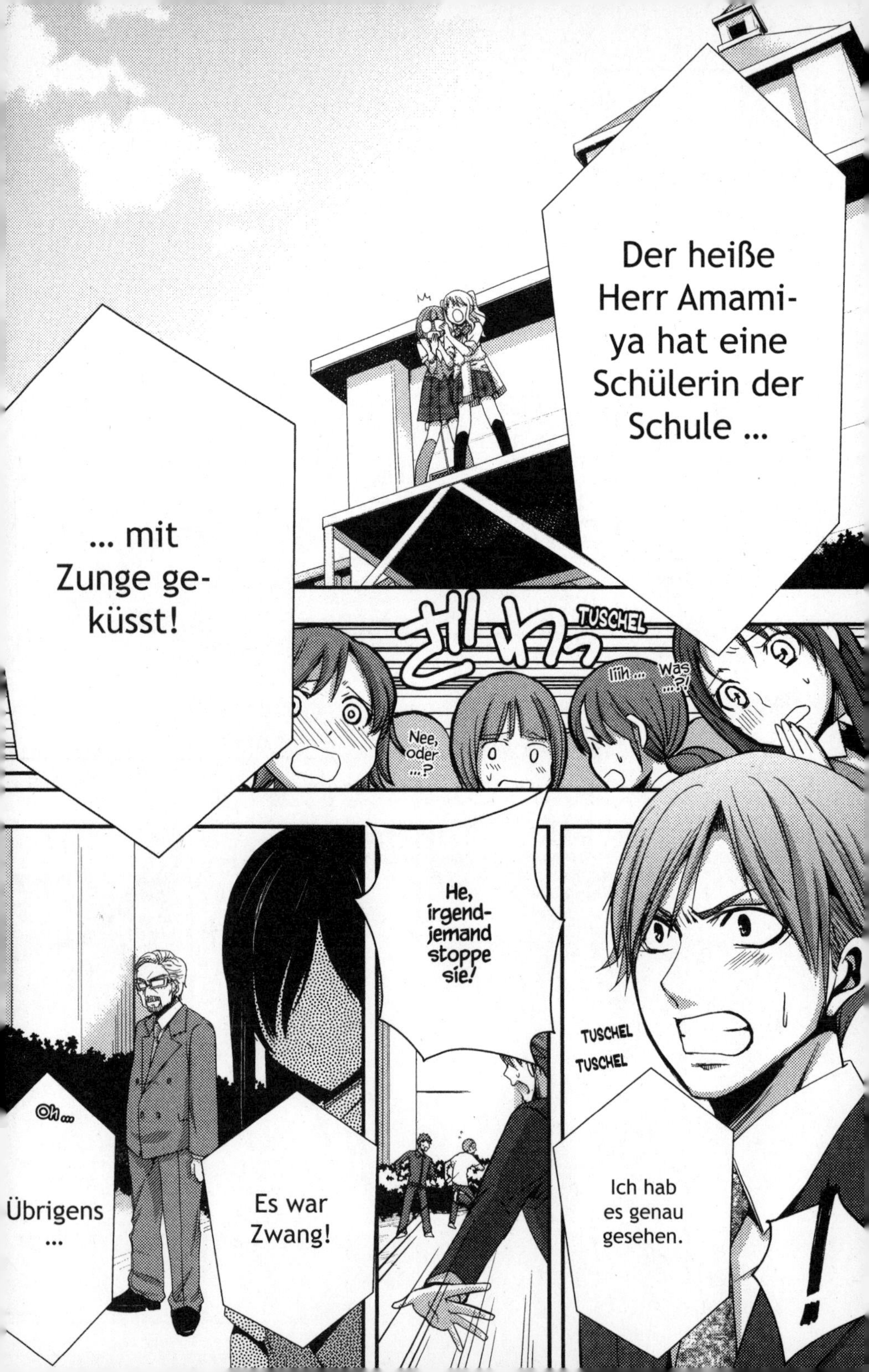
Der heiße Herr Amamiya hat eine Schülerin der Schule ...
... mit Zunge geküsst!
ざわっ TUSCHEL
Was ...?!
Iiih ...
Nee, oder ...?
Ich hab es genau gesehen.
TUSCHEL
TUSCHEL
He, irgendjemand stoppe sie!
Es war Zwang!
Oh ...
Übrigens ...

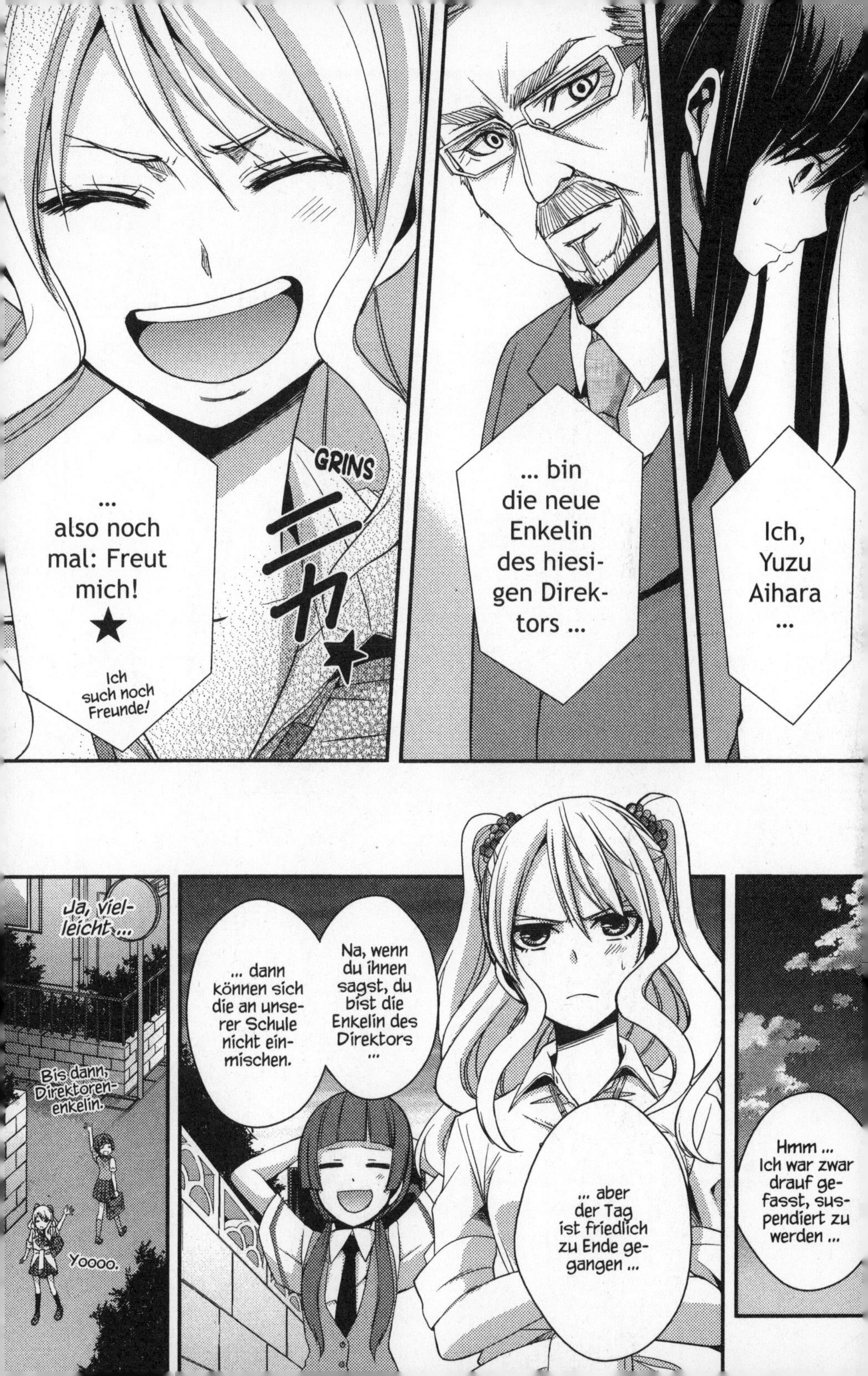
Ich, Yuzu Aihara ...
... bin die neue Enkelin des hiesigen Direktors ...
... also noch mal: Freut mich! ★
Ich such noch Freunde!
GRINS
ニカ★
Hmm ... Ich war zwar drauf gefasst, suspendiert zu werden ...
... aber der Tag ist friedlich zu Ende gegangen ...
Na, wenn du ihnen sagst, du bist die Enkelin des Direktors ...
... dann können sich die an unserer Schule nicht einmischen.
Ja, vielleicht ...
Bis dann, Direktorenenkelin.
Yoooo.

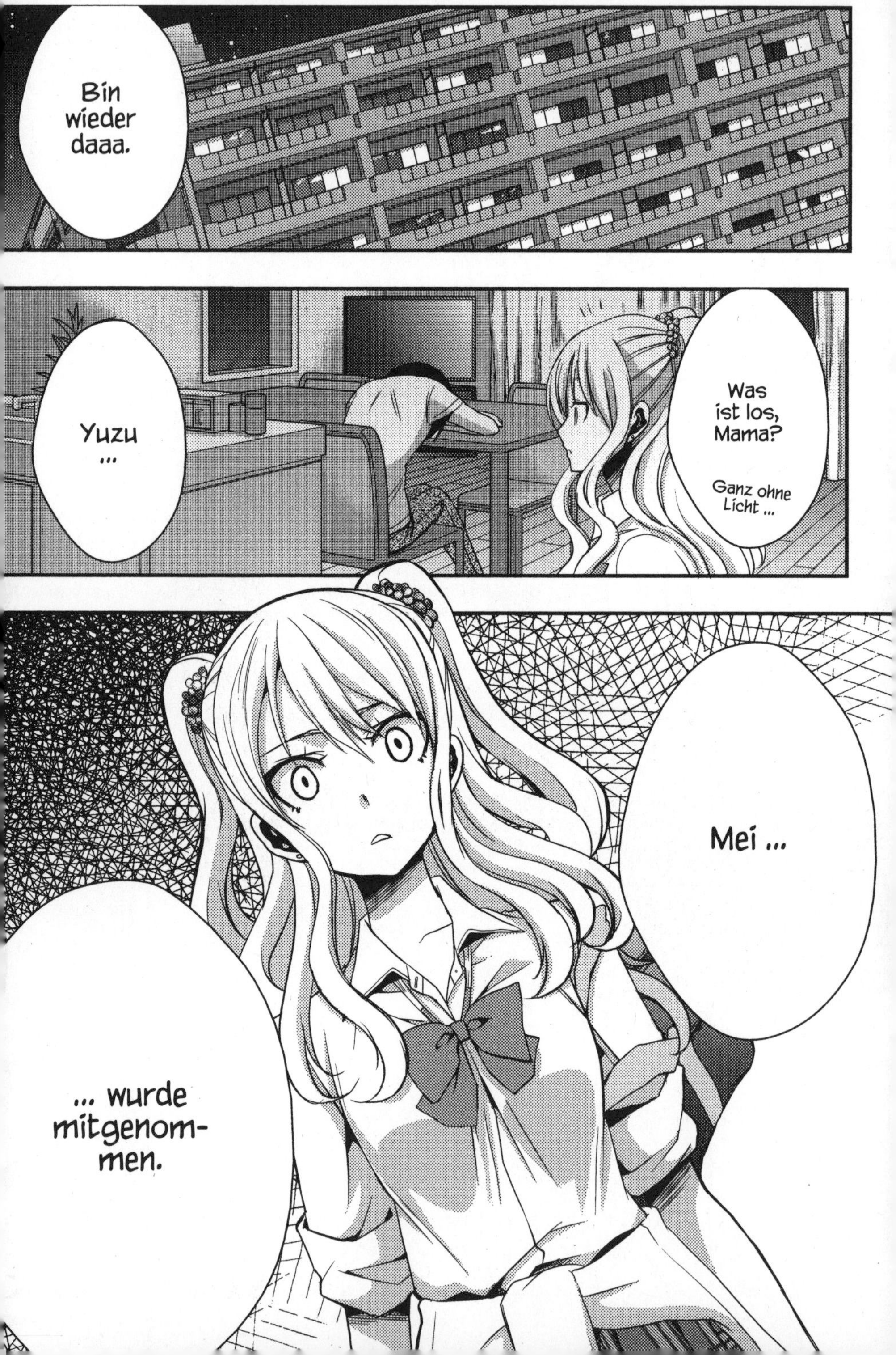
Bin wieder daaa.
Was ist los, Mama?
Ganz ohne Licht ...
Yuzu ...
Mei ...
... wurde mitgenom-men.

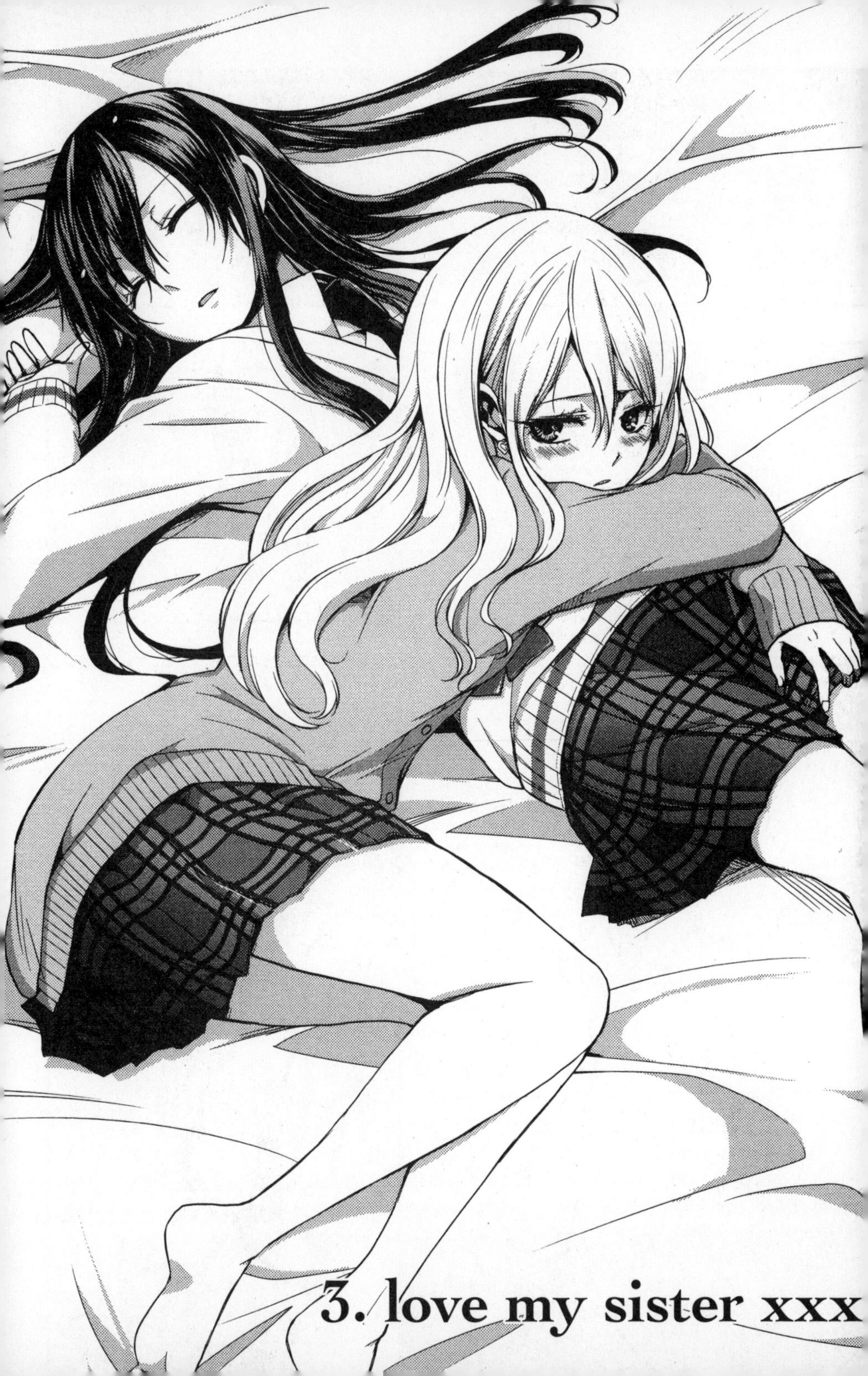
3. love my sister xxx

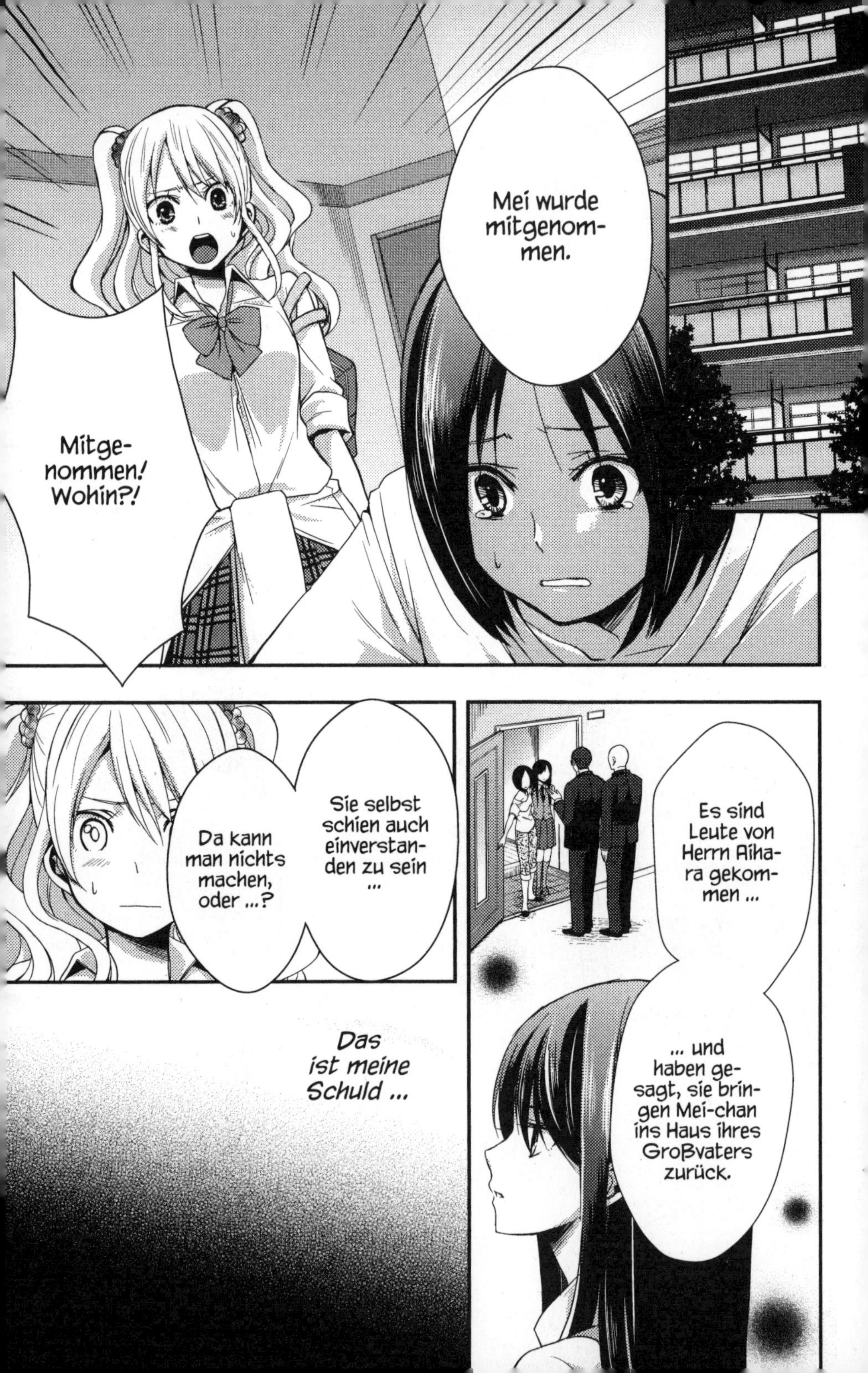
Mei wurde mitgenommen.
Mitgenommen! Wohin?!
Es sind Leute von Herrn Aihara gekommen ...
... und haben gesagt, sie bringen Mei-chan ins Haus ihres Großvaters zurück.
Sie selbst schien auch einverstanden zu sein ...
Da kann man nichts machen, oder ...?
Das ist meine Schuld ...

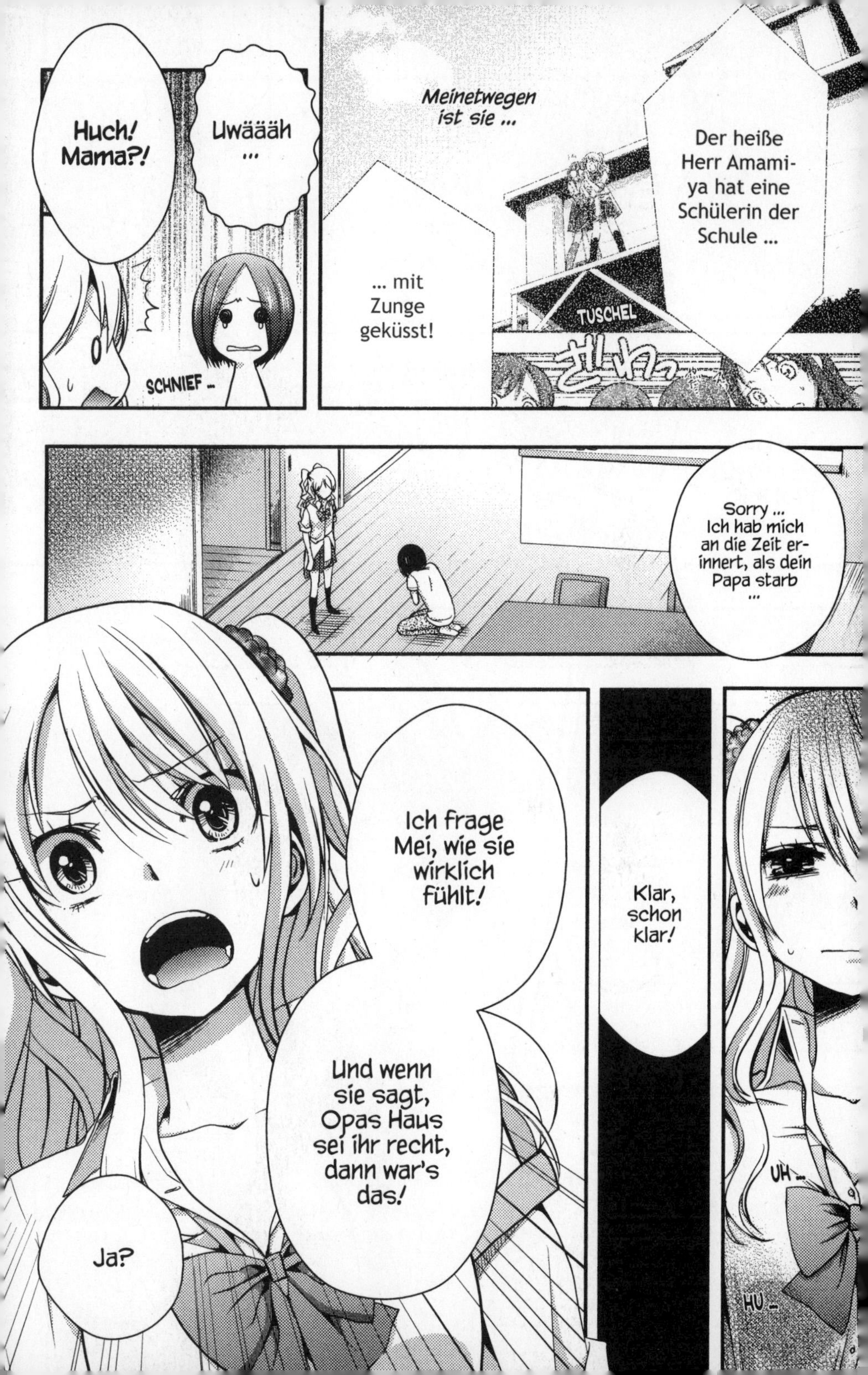
Der heiße Herr Amamiya hat eine Schülerin der Schule ...
TUSCHEL
... mit Zunge geküsst!
Meinetwegen ist sie ...
Uwääääh ...
Huch! Mama?!
SCHNIEF ...
Sorry ... Ich hab mich an die Zeit erinnert, als dein Papa starb ...
UH ...
HU ...
Klar, schon klar!
Ich frage Mei, wie sie wirklich fühlt!
Und wenn sie sagt, Opas Haus sei ihr recht, dann war's das!
Ja?

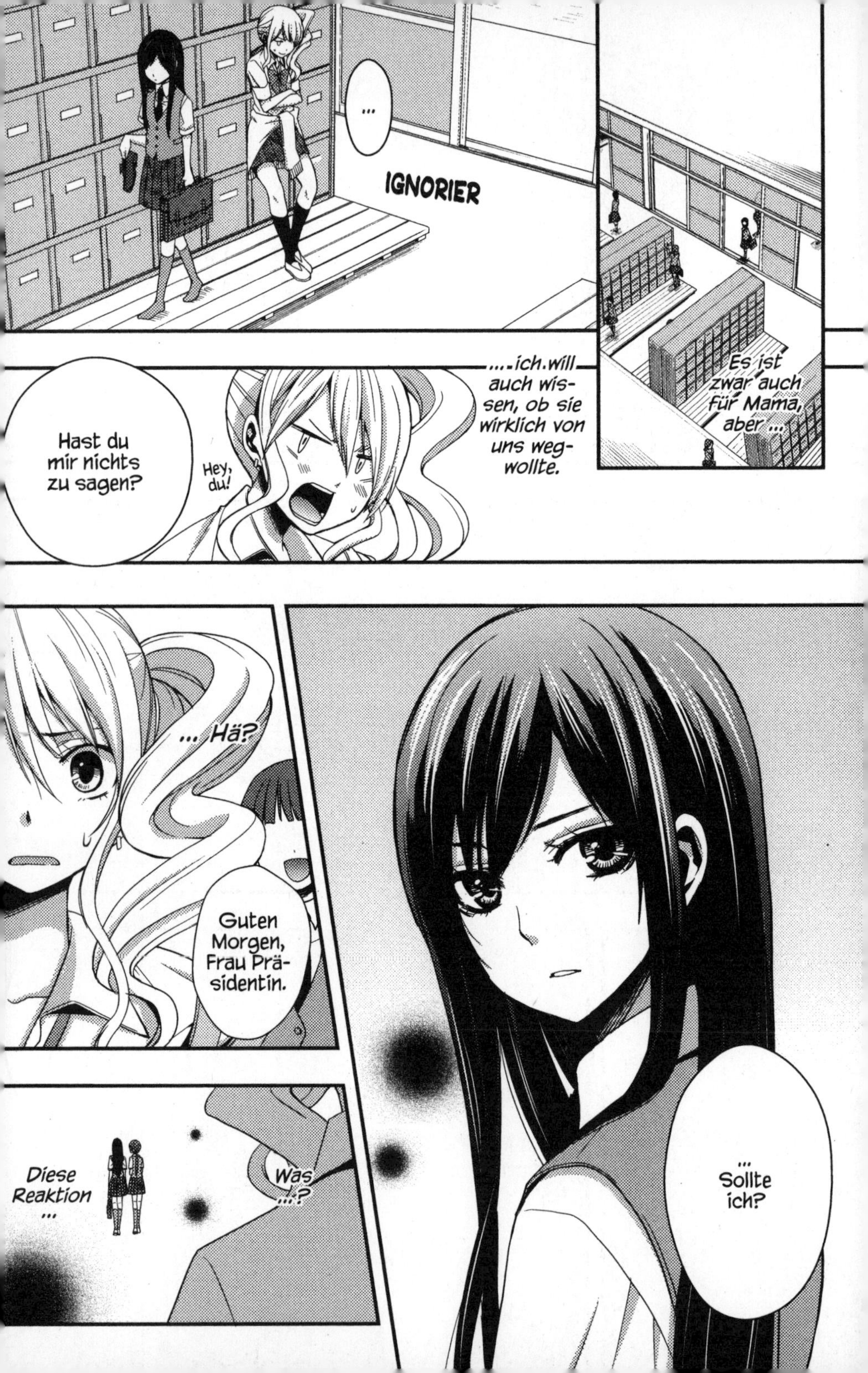
...
IGNORIER
Es ist zwar auch für Mama, aber ...
... ich will auch wissen, ob sie wirklich von uns wegwollte.
Hey, du!
Hast du mir nichts zu sagen?
... Sollte ich?
... Hä?
Guten Morgen, Frau Präsidentin.
Was ...?
Diese Reaktion ...

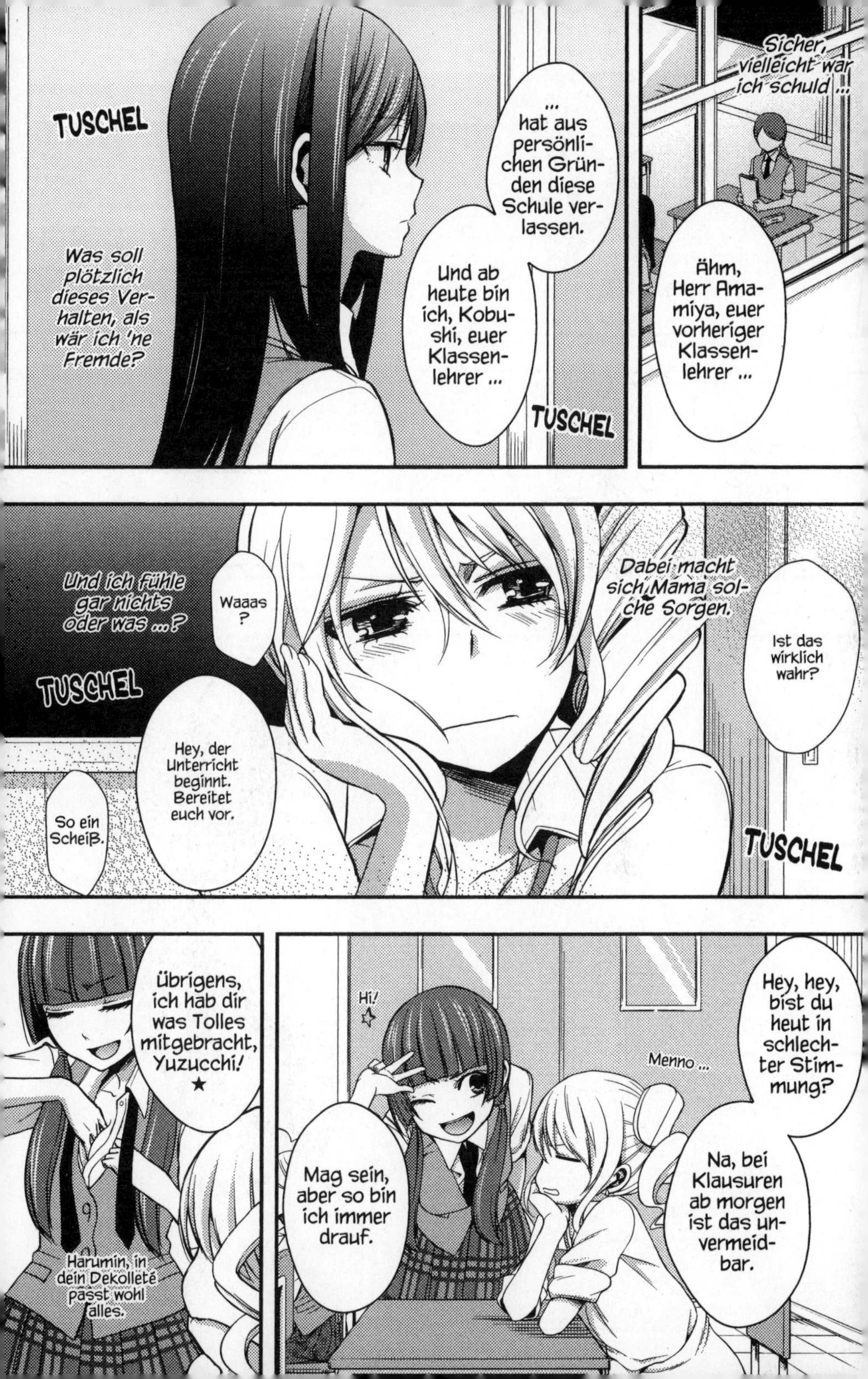

Sicher, vielleicht war ich schuld ...
Ähm, Herr Amamiya, euer vorheriger Klassenlehrer ...
... hat aus persönlichen Gründen diese Schule verlassen.
Und ab heute bin ich, Kobushi, euer Klassenlehrer ...
TUSCHEL
TUSCHEL
Was soll plötzlich dieses Verhalten, als wär ich 'ne Fremde?
Dabei macht sich Mama solche Sorgen.
Ist das wirklich wahr?
TUSCHEL
Und ich fühle gar nichts oder was ...?
Waaas?
TUSCHEL
Hey, der Unterricht beginnt. Bereitet euch vor.
So ein Scheiß.
Hey, hey, bist du heut in schlechter Stimmung?
Menno ...
Na, bei Klausuren ab morgen ist das unvermeidbar.
Hi!
Mag sein, aber so bin ich immer drauf.
Übrigens, ich hab dir was Tolles mitgebracht, Yuzucchi! ★
Harumin, in dein Dekolleté passt wohl alles.

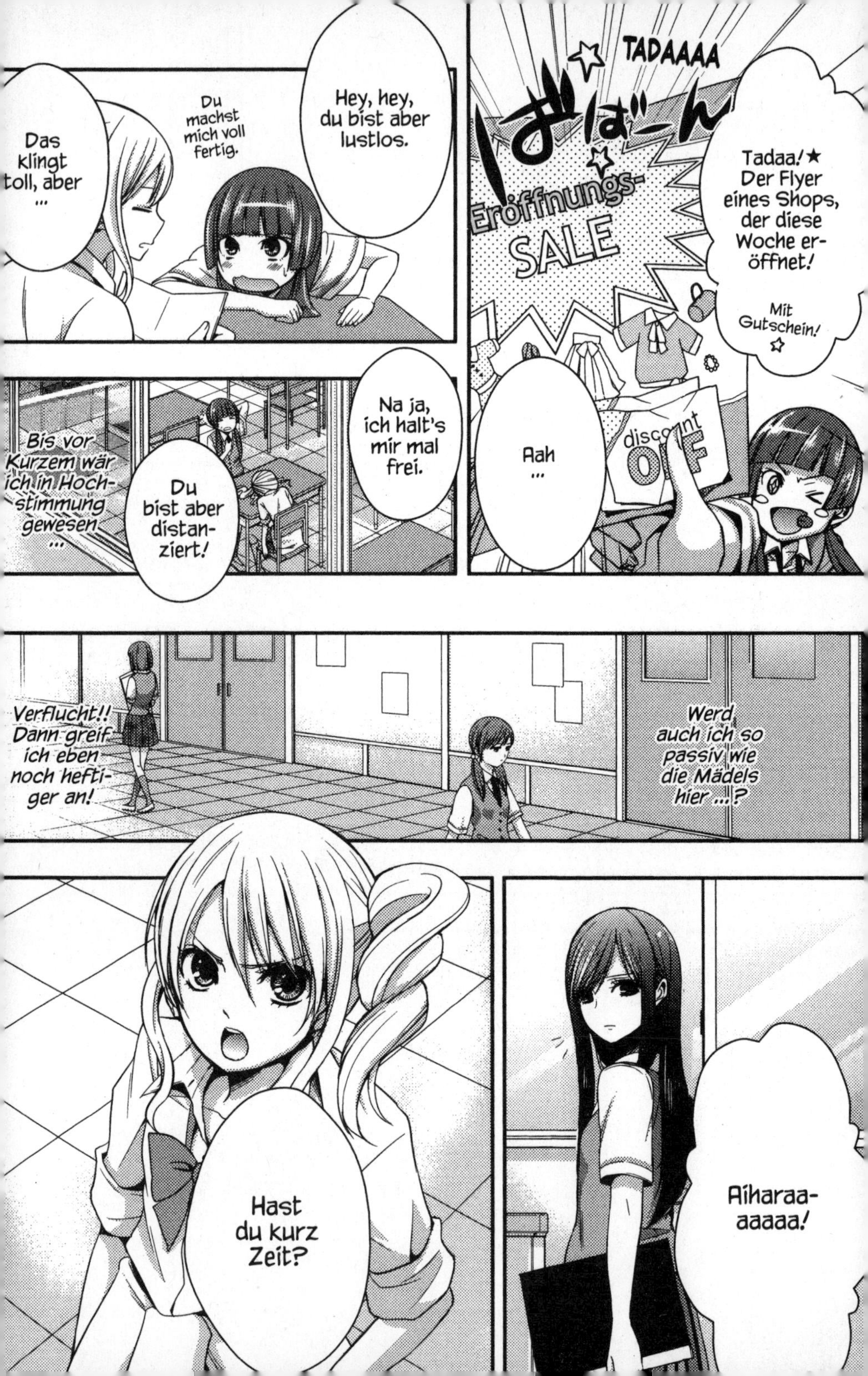
TADAAAA
Eröffnungs-SALE
discount OFF
Tadaa!★ Der Flyer eines Shops, der diese Woche er-öffnet!
Mit Gutschein!☆
Aah ...
Hey, hey, du bist aber lustlos.
Du machst mich voll fertig.
Das klingt toll, aber ...
Na ja, ich halt's mir mal frei.
Du bist aber distanziert!
Bis vor Kurzem wär ich in Hochstimmung gewesen ...
Werd auch ich so passiv wie die Mädels hier ...?
Verflucht!! Dann greif ich eben noch heftiger an!
Aiharaa-aaaaa!
Hast du kurz Zeit?

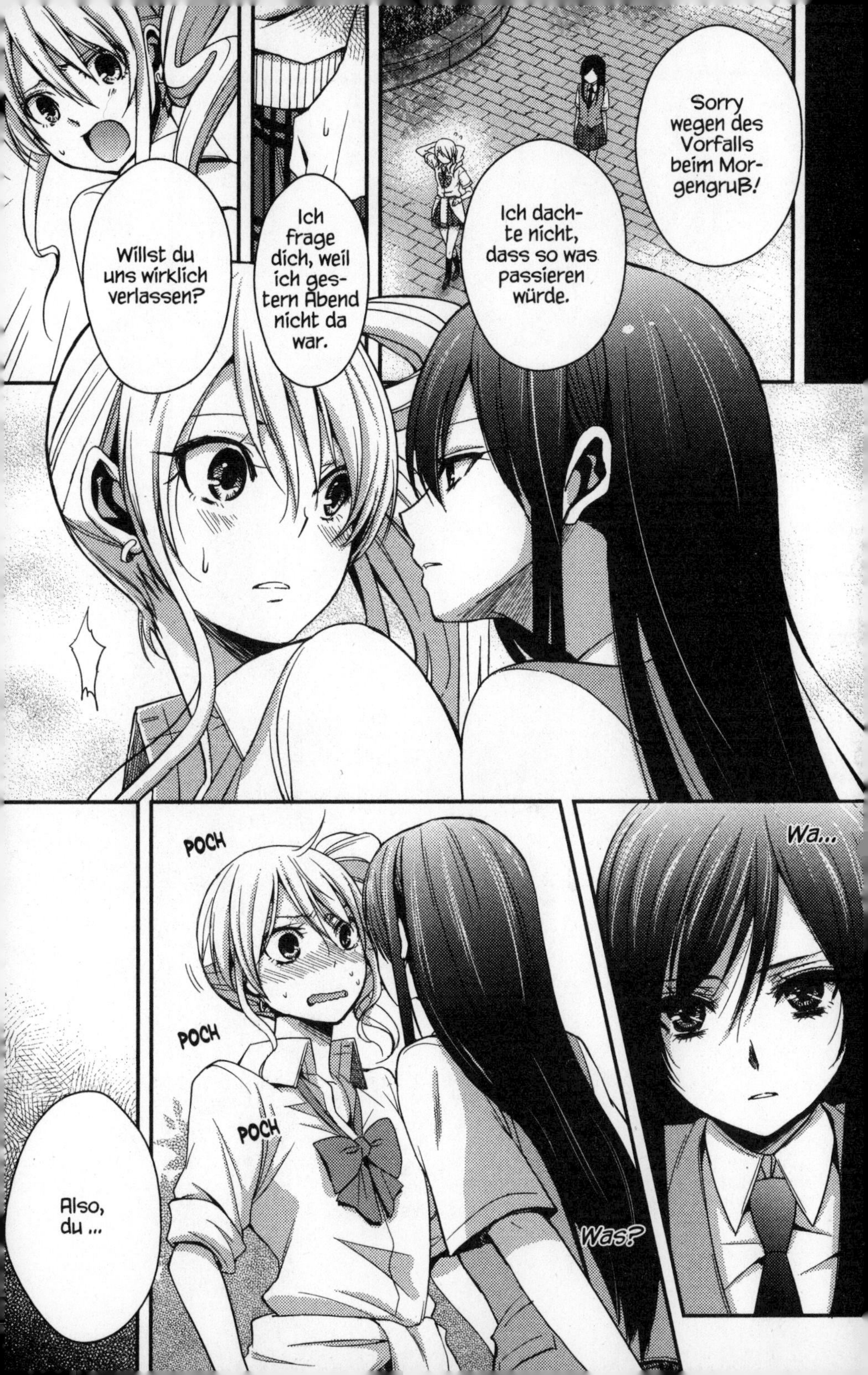

Sorry wegen des Vorfalls beim Morgengruß!
Ich dachte nicht, dass so was passieren würde.
Ich frage dich, weil ich gestern Abend nicht da war.
Willst du uns wirklich verlassen?
Wa...
Was?
POCH
POCH
POCH
Also, du ...

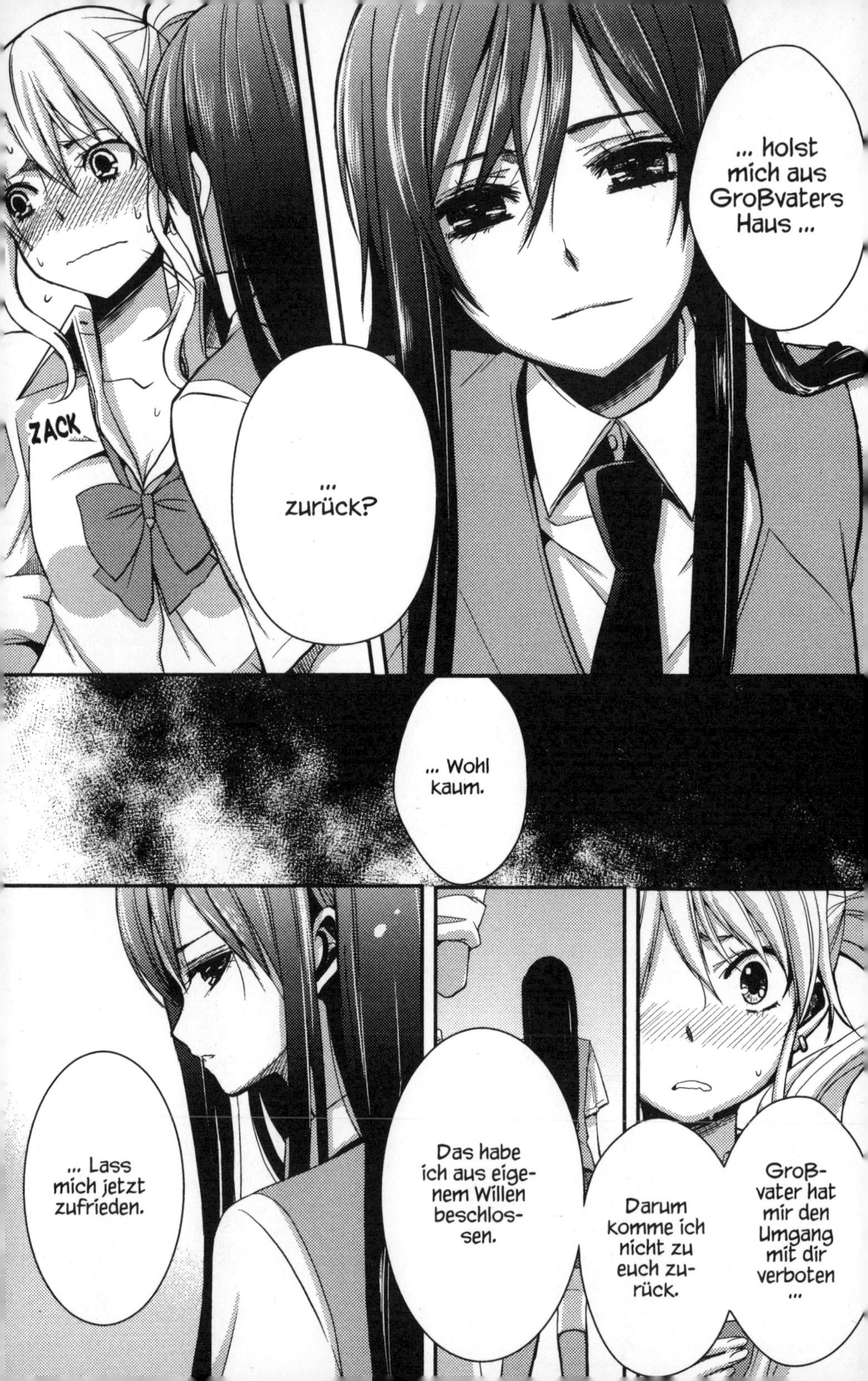
... holst mich aus Großvaters Haus ...
... zurück?
ZACK
... Wohl kaum.
Großvater hat mir den Umgang mit dir verboten ...
Darum komme ich nicht zu euch zurück.
Das habe ich aus eigenem Willen beschlossen.
... Lass mich jetzt zufrieden.

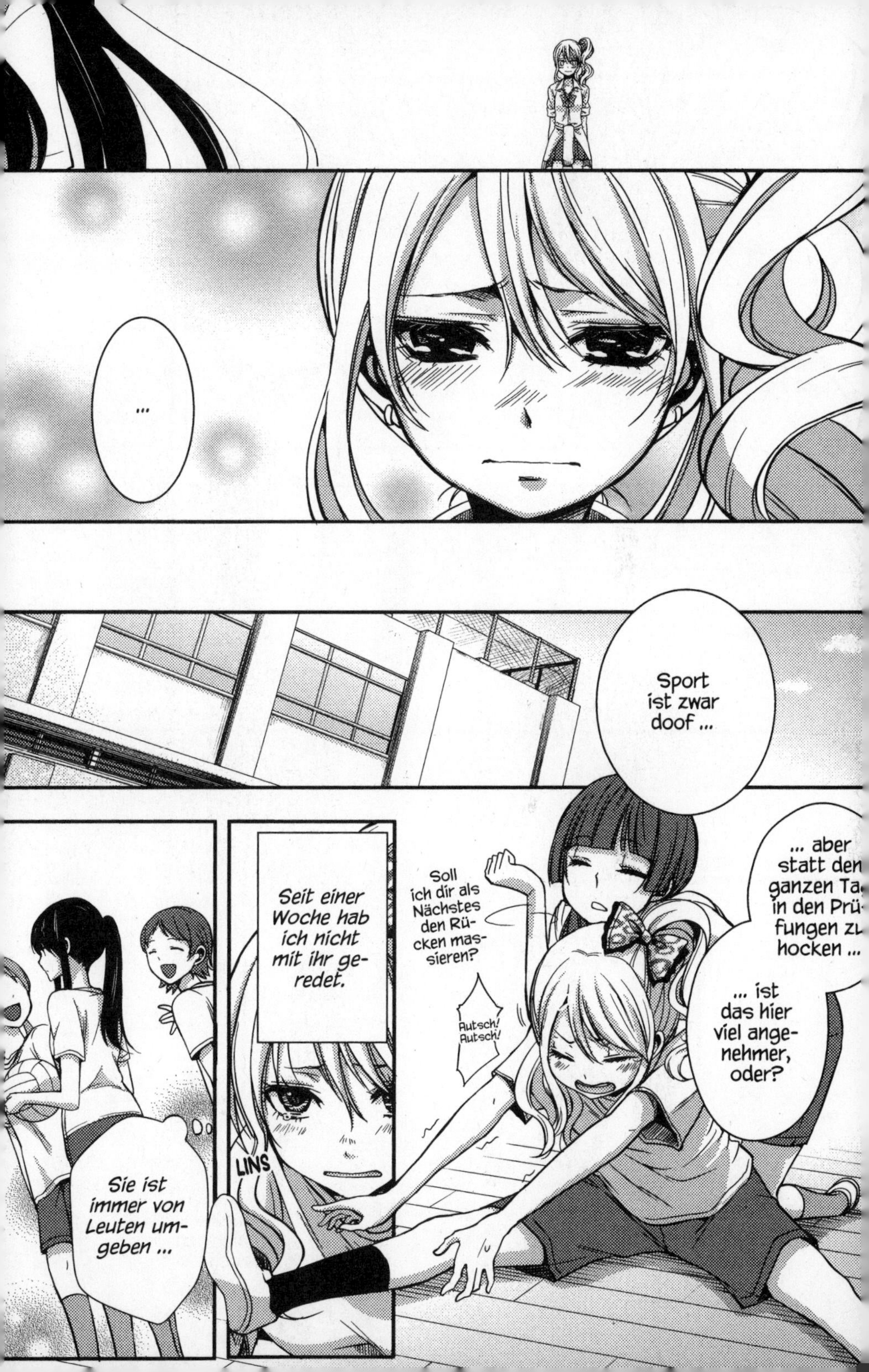

...
Sport ist zwar doof ...
... aber statt den ganzen Ta in den Prüfungen zu hocken ...
... ist das hier viel angenehmer, oder?
Soll ich dir als Nächstes den Rücken massieren?
Autsch! Autsch!
Seit einer Woche hab ich nicht mit ihr geredet.
LINS
Sie ist immer von Leuten umgeben ...

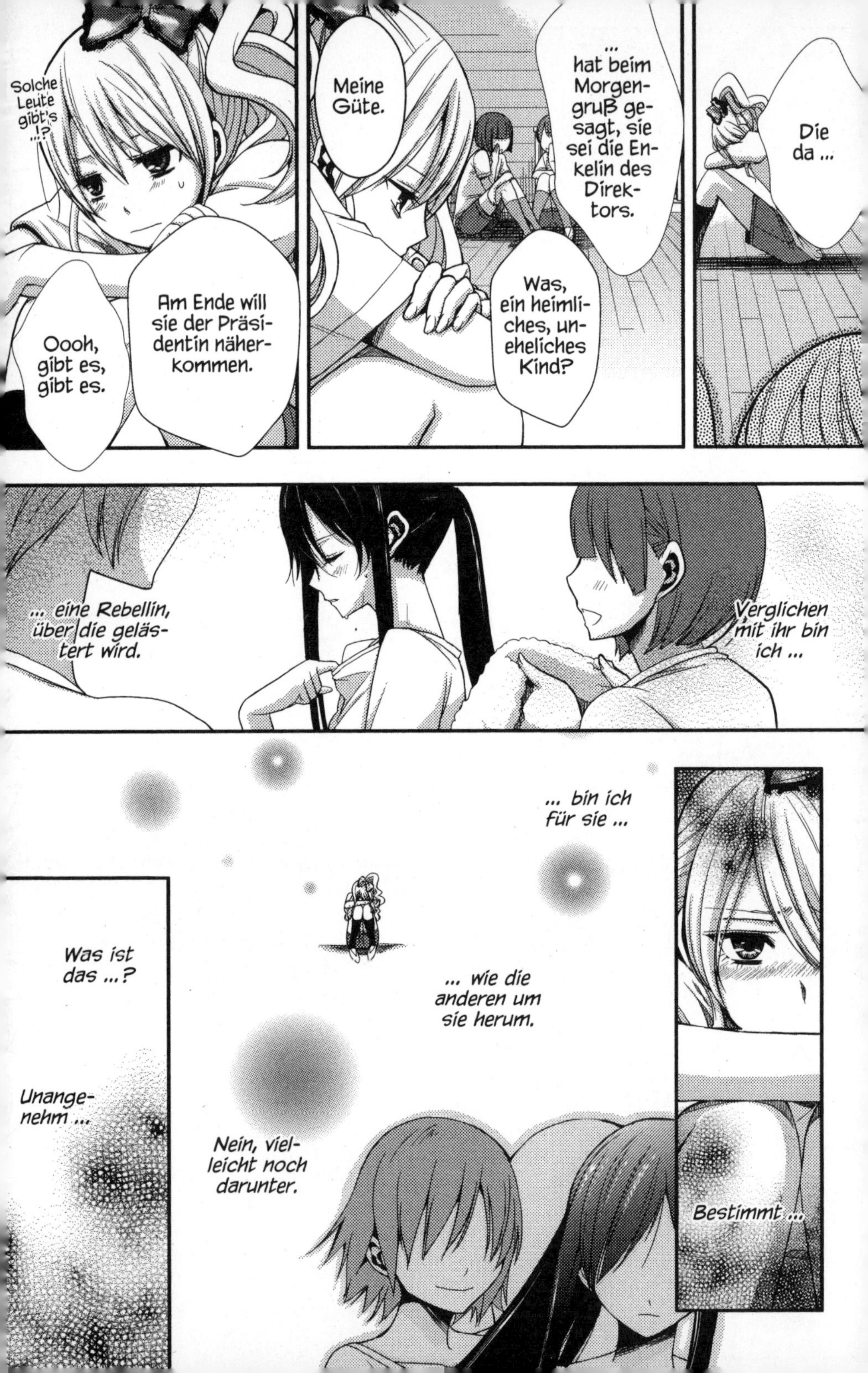
Die da ...
... hat beim Morgengruß gesagt, sie sei die Enkelin des Direktors.
Was, ein heimliches, uneheliches Kind?
Meine Güte.
Solche Leute gibt's ...!?
Am Ende will sie der Präsidentin näherkommen.
Oooh, gibt es, gibt es.
Verglichen mit ihr bin ich ...
... eine Rebellin, über die gelästert wird.
... bin ich für sie ...
... wie die anderen um sie herum.
Was ist das ...?
Bestimmt ...
Nein, vielleicht noch darunter.
Unangenehm ...

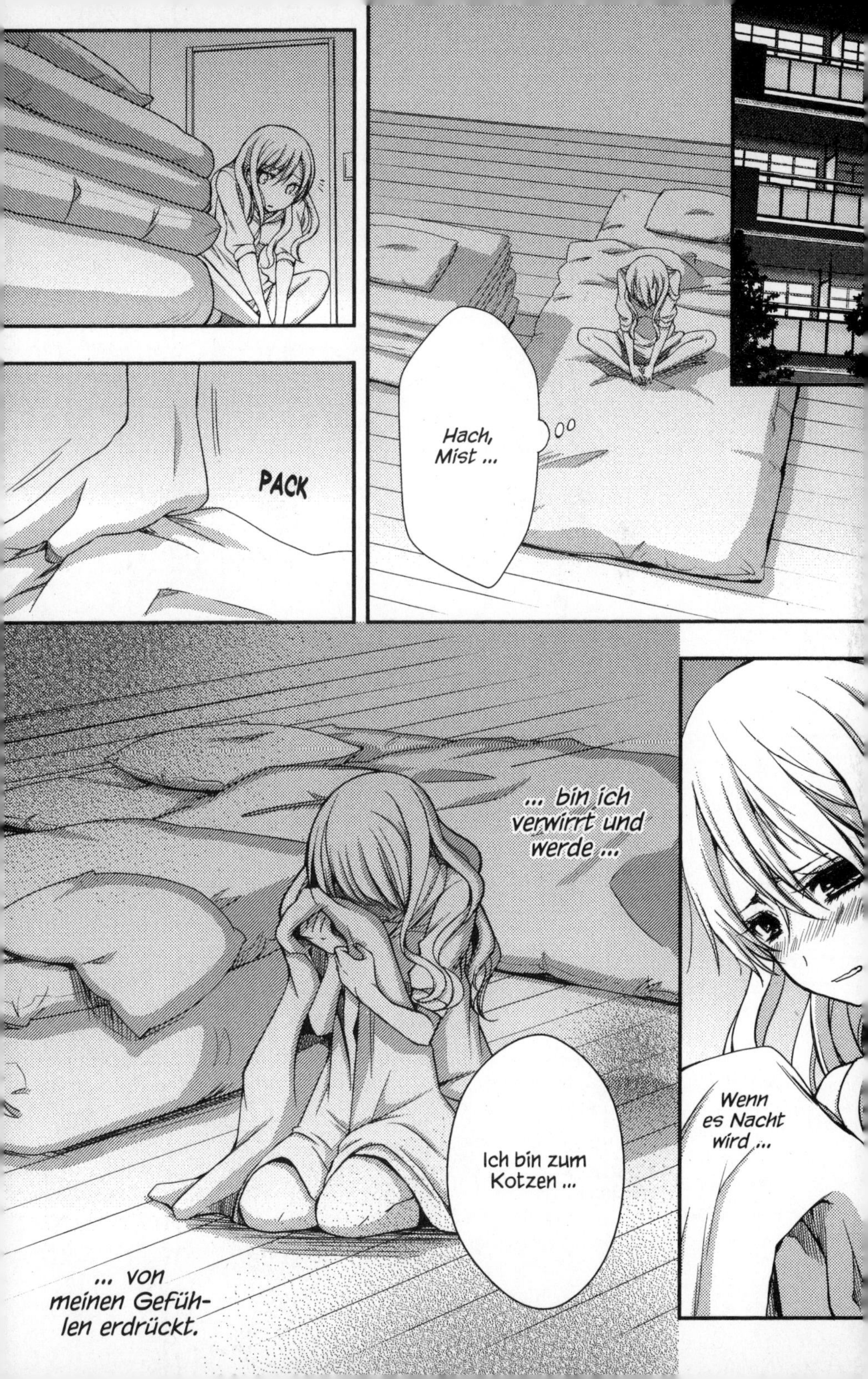
PACK
Hach, Mist ...
Wenn es Nacht wird ...
... bin ich verwirrt und werde ...
... von meinen Gefühlen erdrückt.
Ich bin zum Kotzen ...

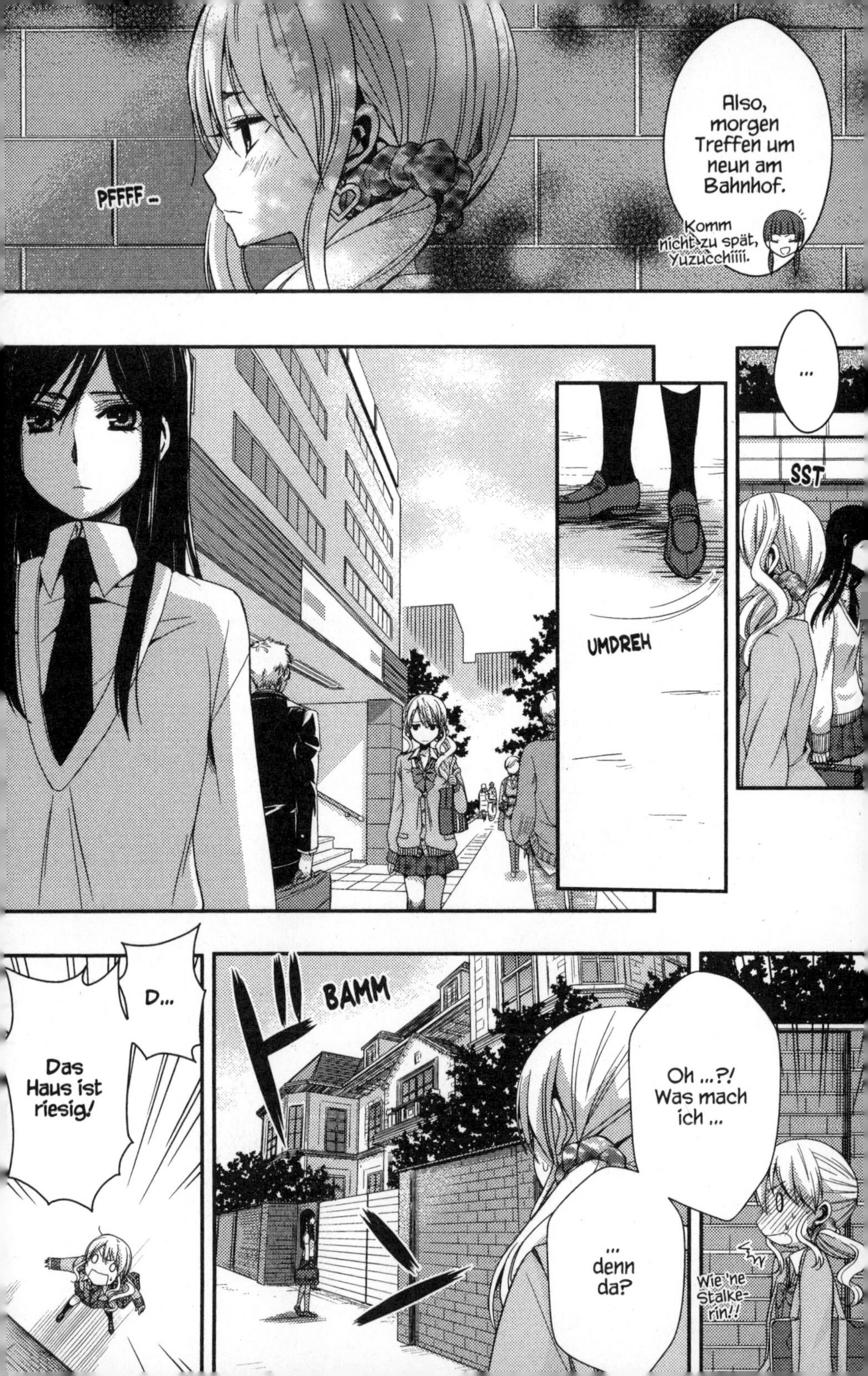

Also, morgen Treffen um neun am Bahnhof.
Komm nicht zu spät, Yuzucchiiii.
PFFFF ..
...
SST
UMDREH
Oh ...?! Was mach ich ...
... denn da?
Wie 'ne Stalkerin!!
BAMM
D...
Das Haus ist riesig!

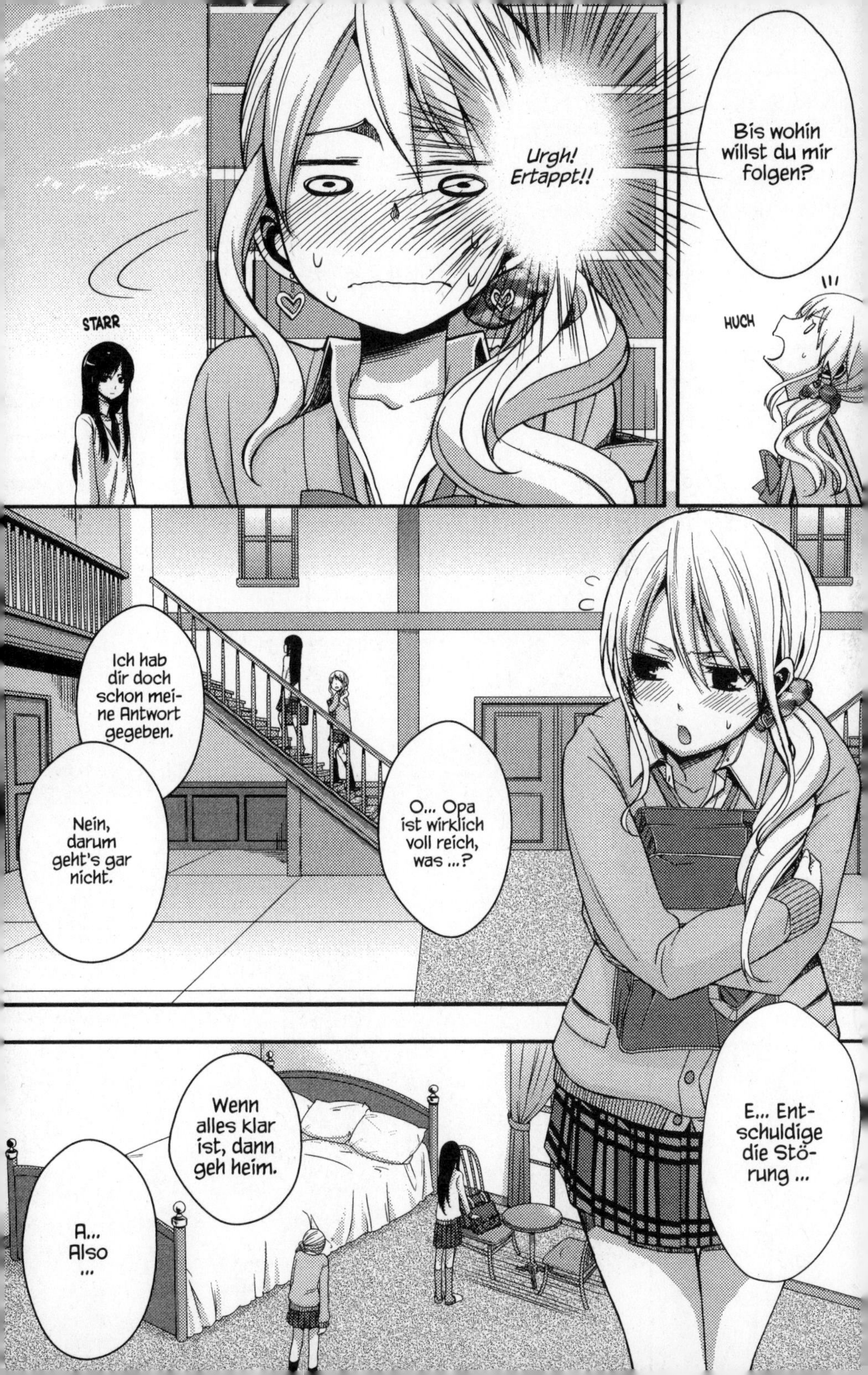
Bis wohin willst du mir folgen?
HUCH
Urgh! Ertappt!!
STARR
O... Opa ist wirklich voll reich, was ...?
Ich hab dir doch schon meine Antwort gegeben.
Nein, darum geht's gar nicht.
E... Entschuldige die Störung ...
Wenn alles klar ist, dann geh heim.
A... Also ...

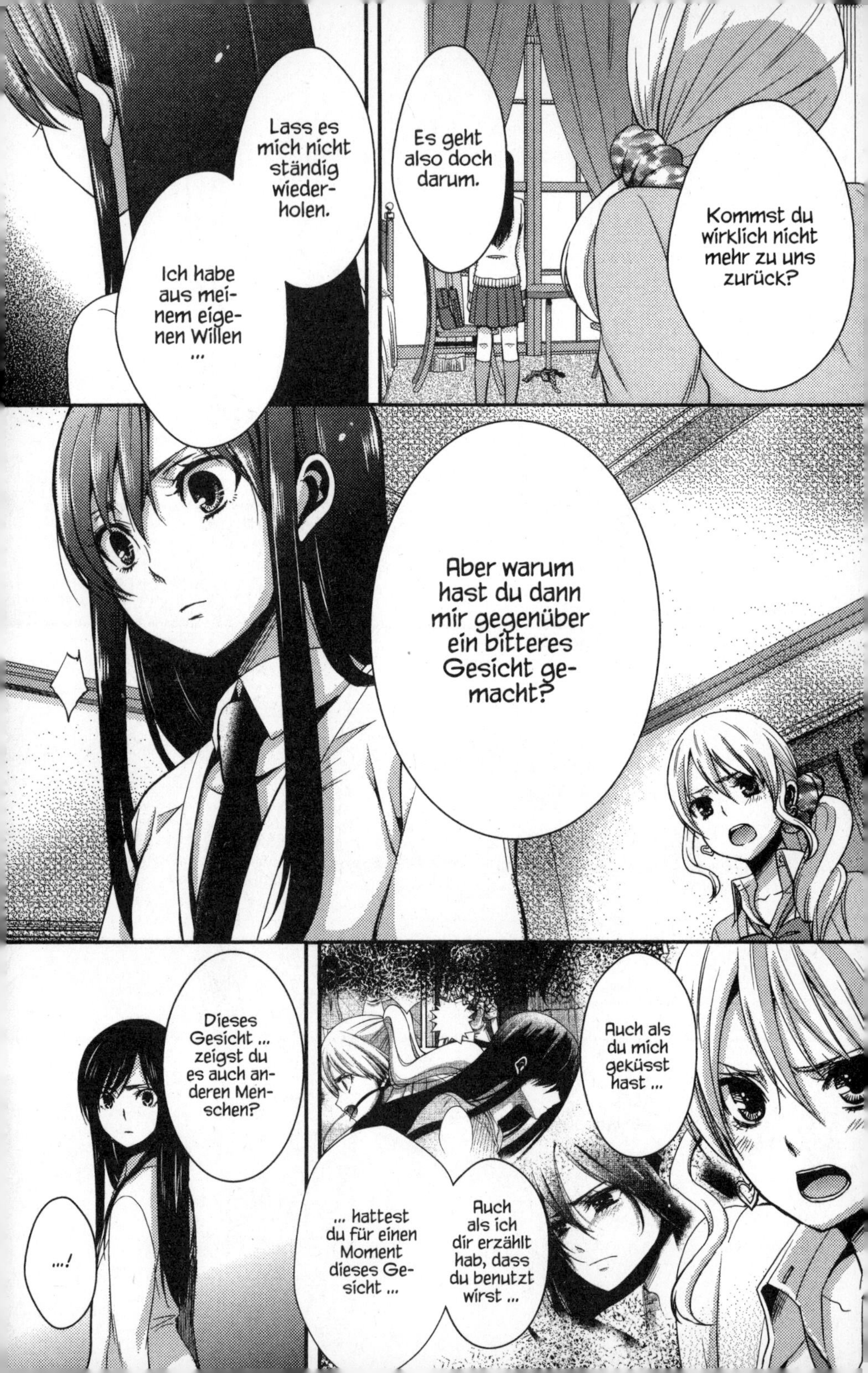
Kommst du wirklich nicht mehr zu uns zurück?
Es geht also doch darum.
Lass es mich nicht ständig wieder-holen.
Ich habe aus mei-nem eige-nen Willen ...
Aber warum hast du dann mir gegenüber ein bitteres Gesicht ge-macht?
Auch als du mich geküsst hast ...
Auch als ich dir erzählt hab, dass du benutzt wirst ...
... hattest du für einen Moment dieses Ge-sicht ...
Dieses Gesicht ... zeigst du es auch an-deren Men-schen?
...!

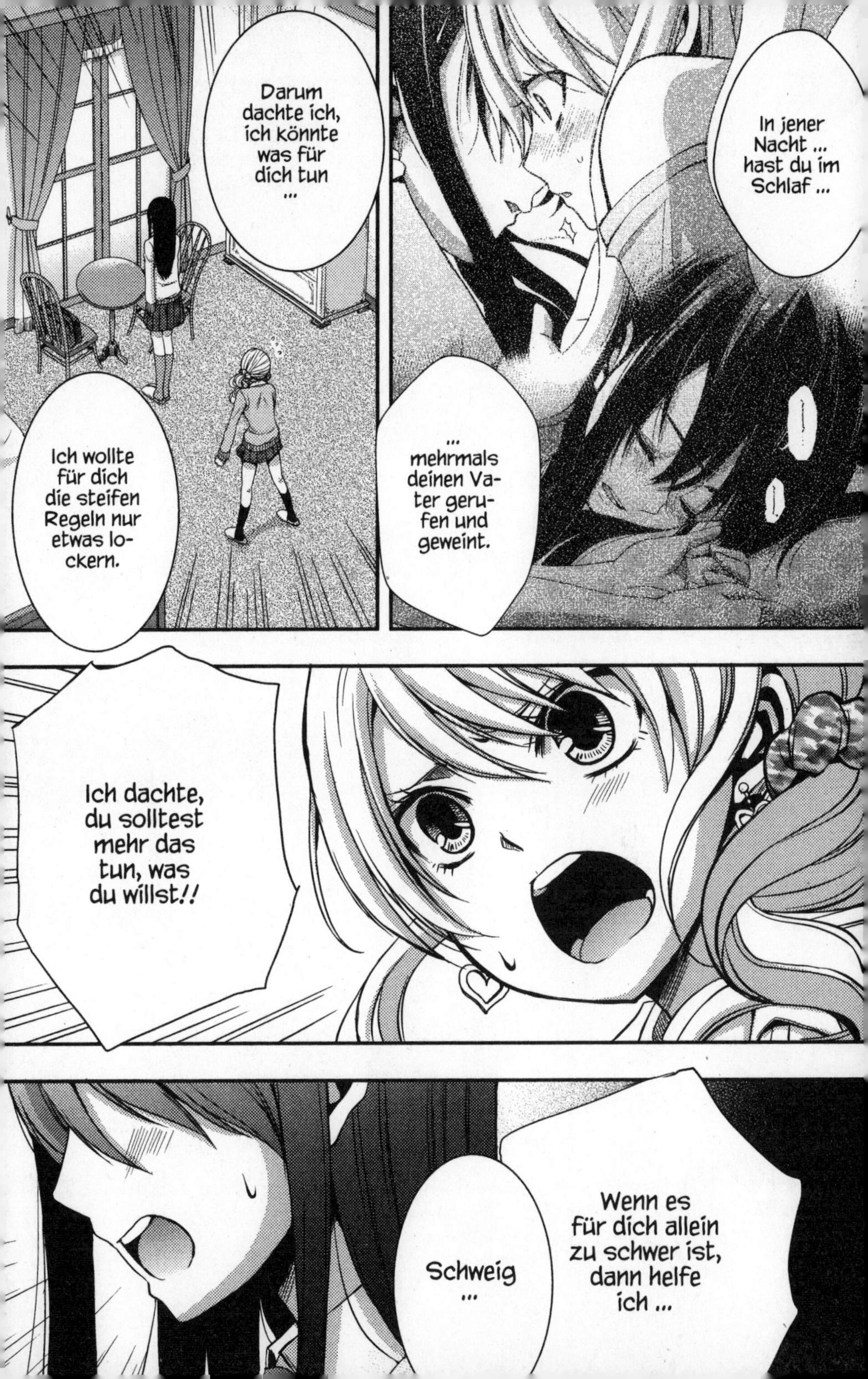
In jener Nacht ... hast du im Schlaf ...
... mehrmals deinen Vater gerufen und geweint.
Darum dachte ich, ich könnte was für dich tun ...
Ich wollte für dich die steifen Regeln nur etwas lockern.
Ich dachte, du solltest mehr das tun, was du willst!!
Wenn es für dich allein zu schwer ist, dann helfe ich ...
Schweig ...

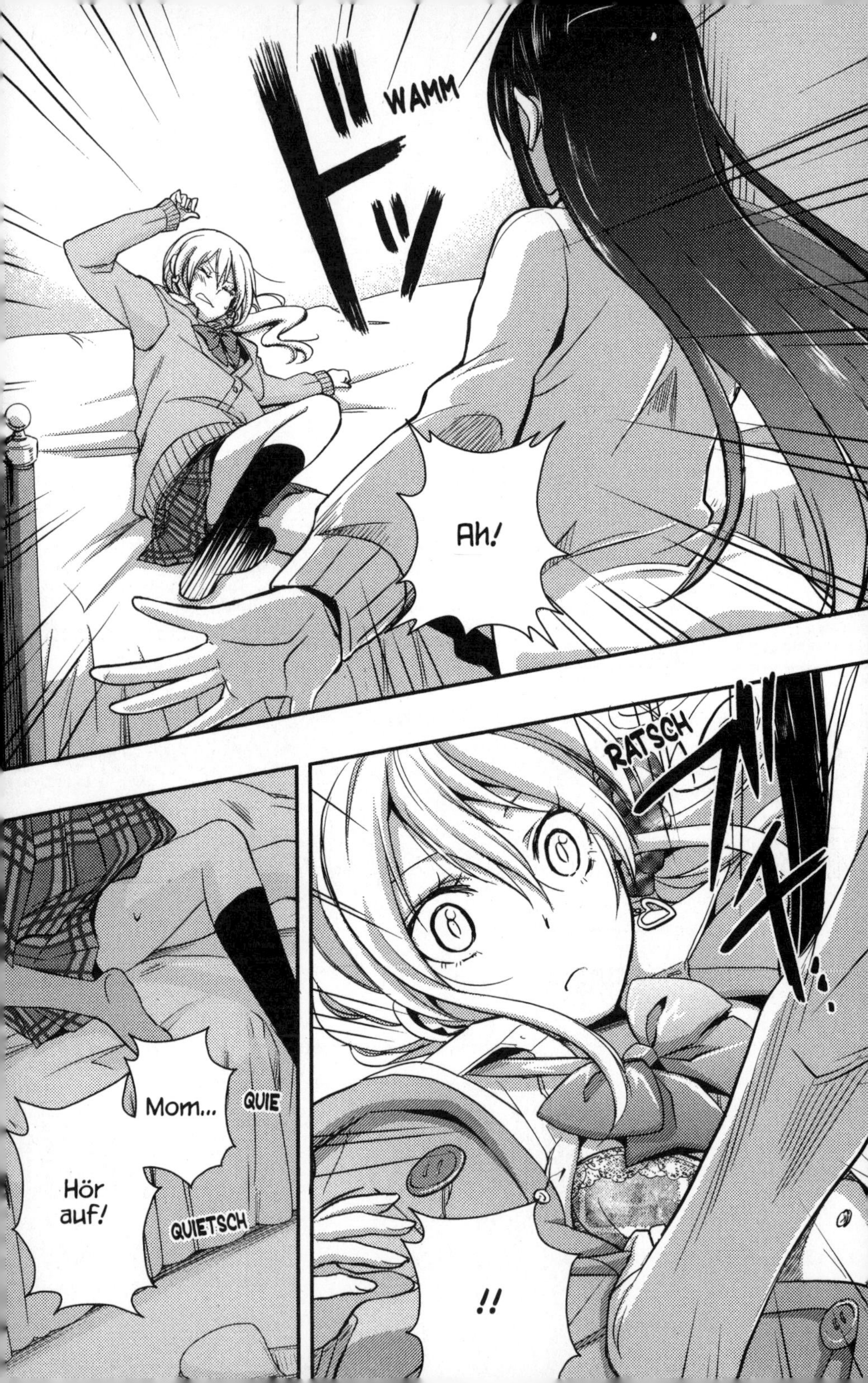
WAMM
Ah!
RATSCH
!!
QUIE
Mom...
Hör auf!
QUIETSCH

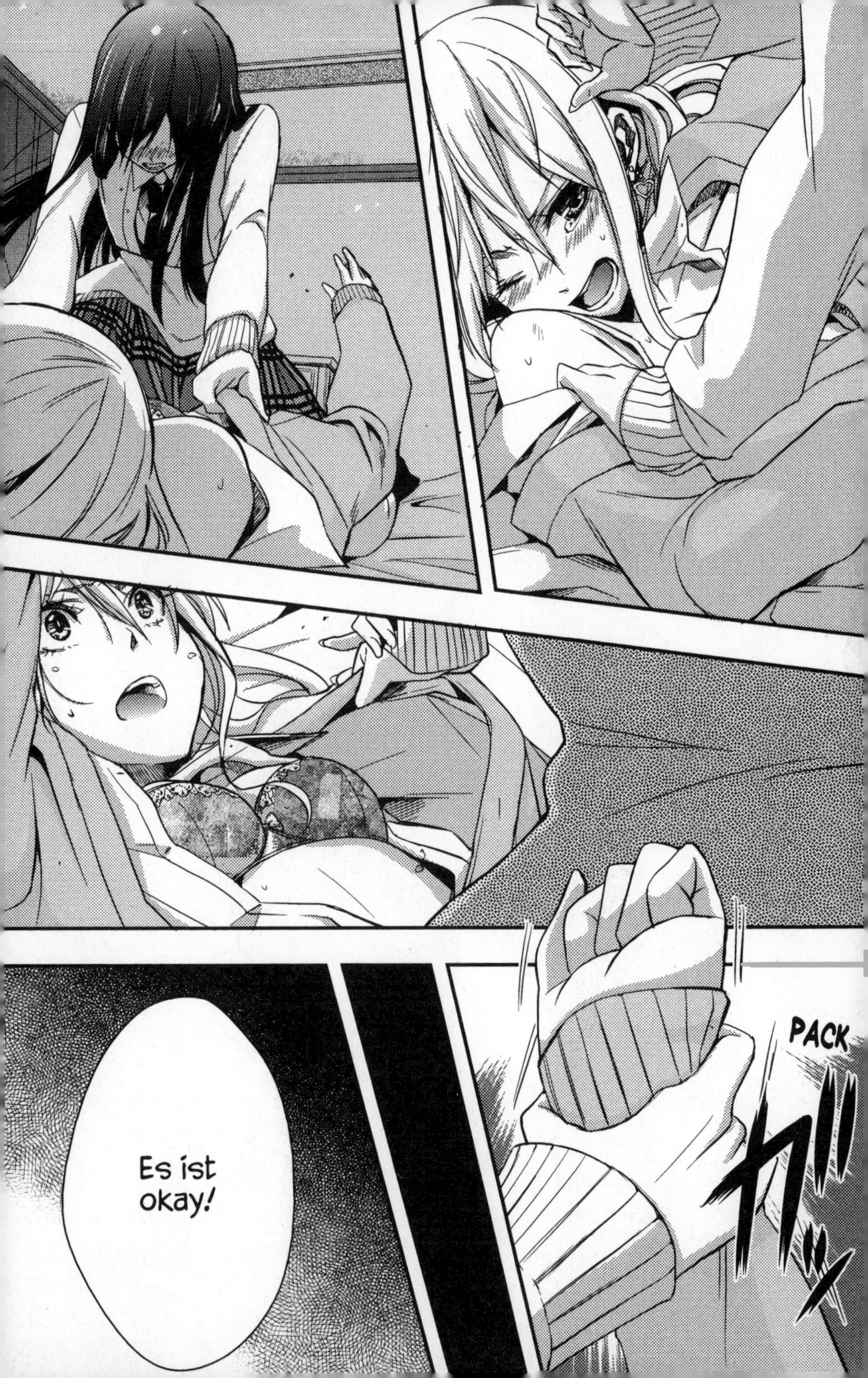
PACK
Es ist okay!

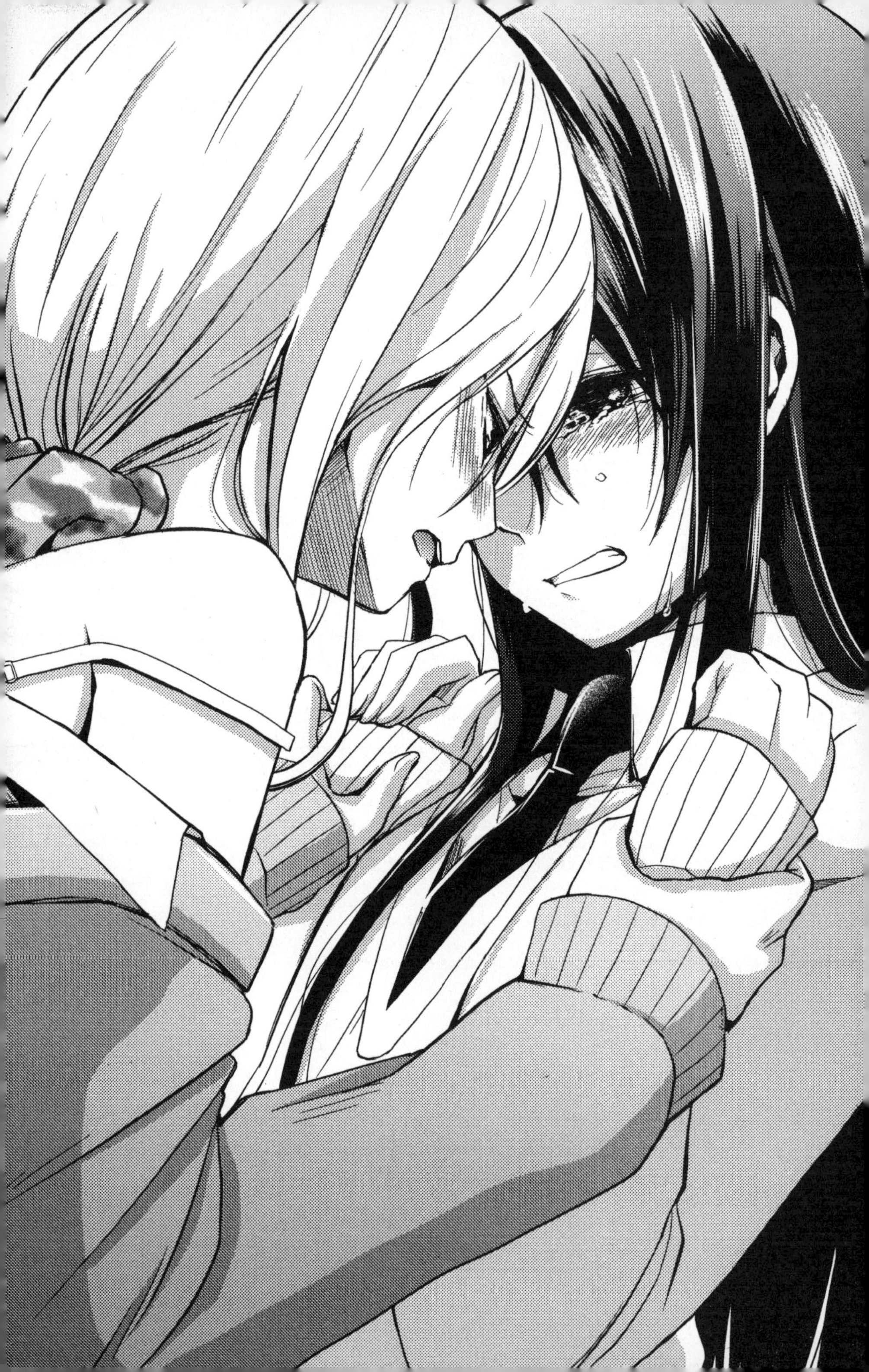

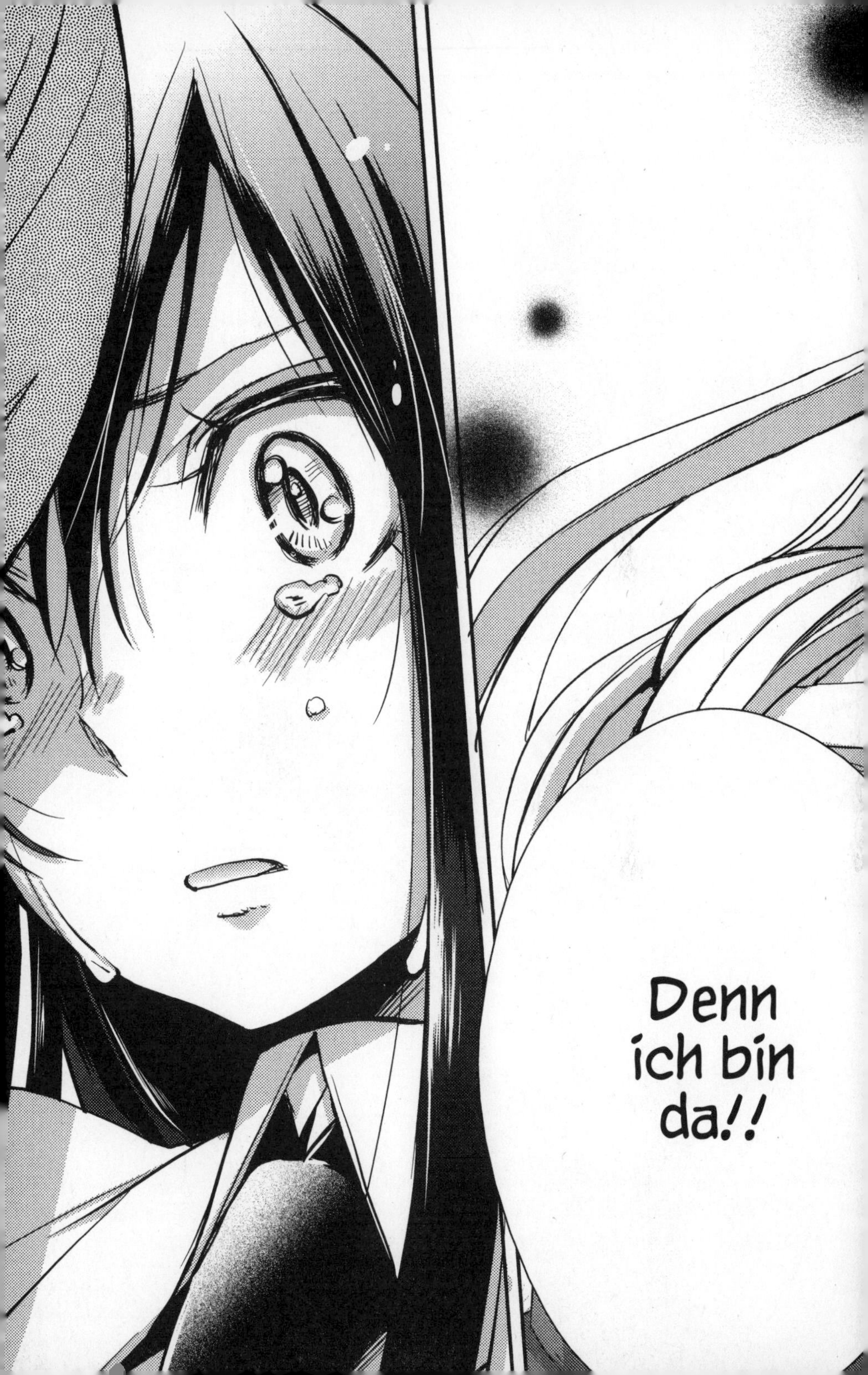
Denn ich bin da!!

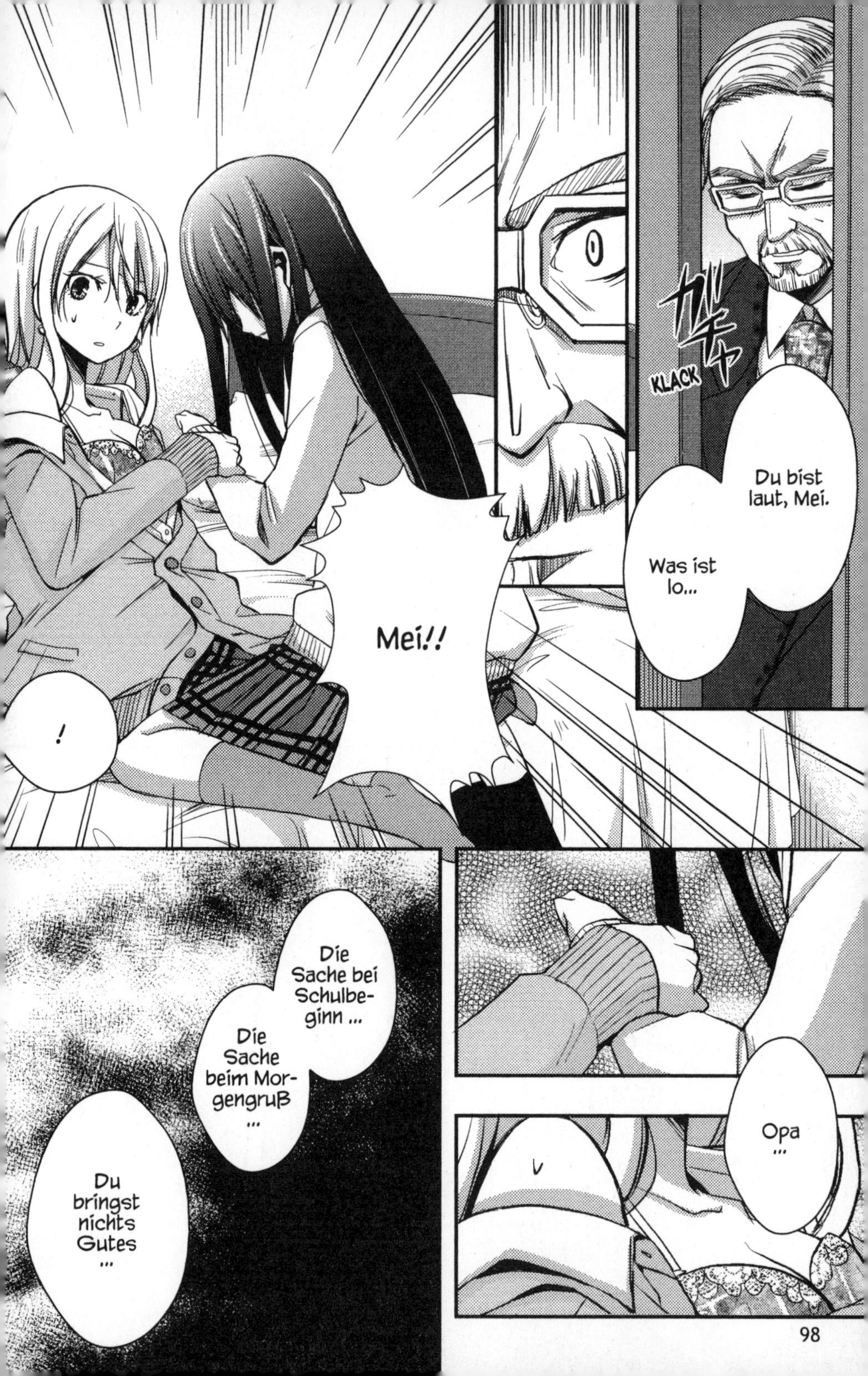
KLACK
Du bist laut, Mei.
Was ist lo...
Mei!!
!
Opa ...
Die Sache bei Schulbeginn ...
Die Sache beim Morgengruß ...
Du bringst nichts Gutes ...

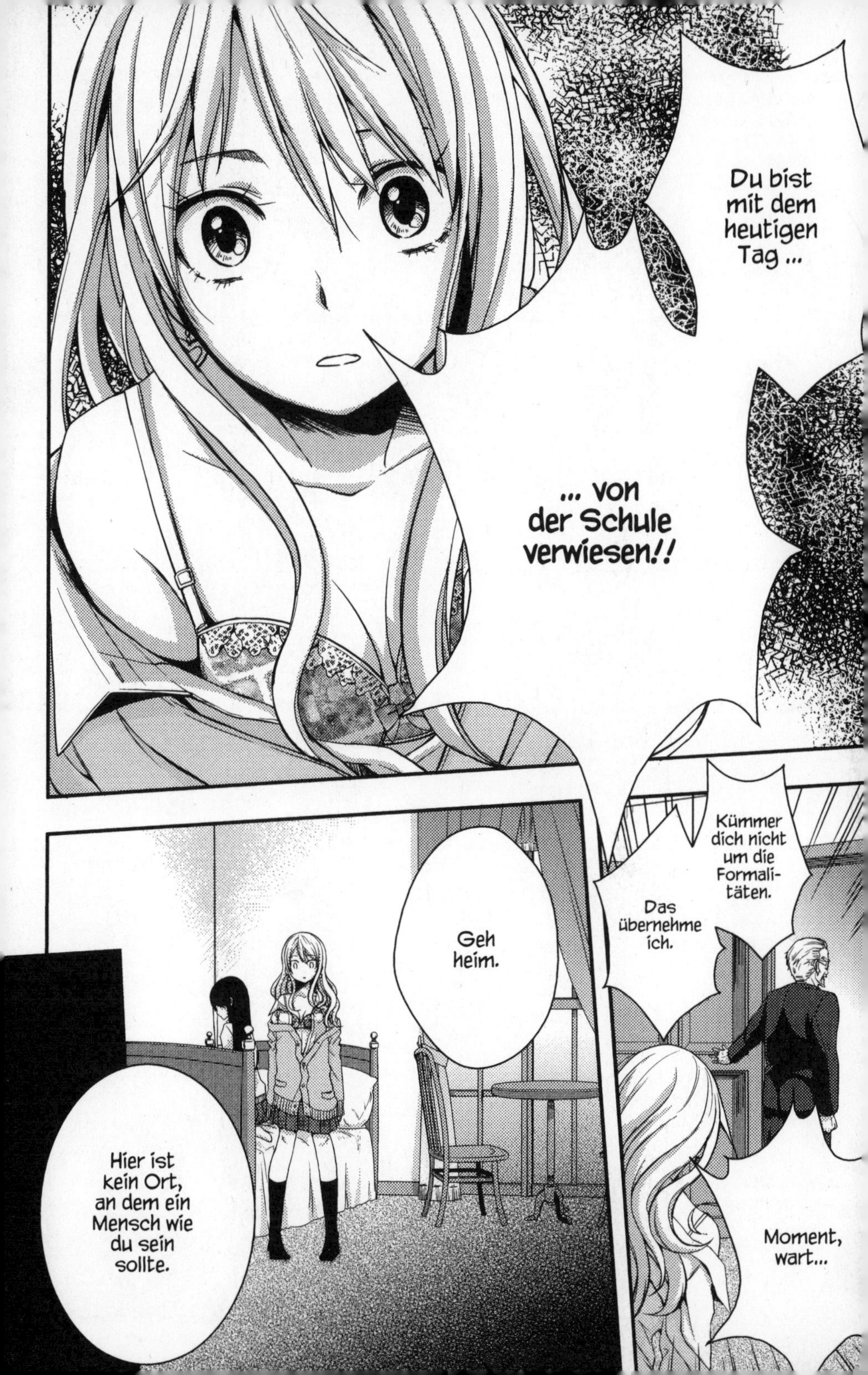
Du bist mit dem heutigen Tag ...
... von der Schule verwiesen!!
Kümmer dich nicht um die Formalitäten.
Das übernehme ich.
Geh heim.
Hier ist kein Ort, an dem ein Mensch wie du sein sollte.
Moment, wart...

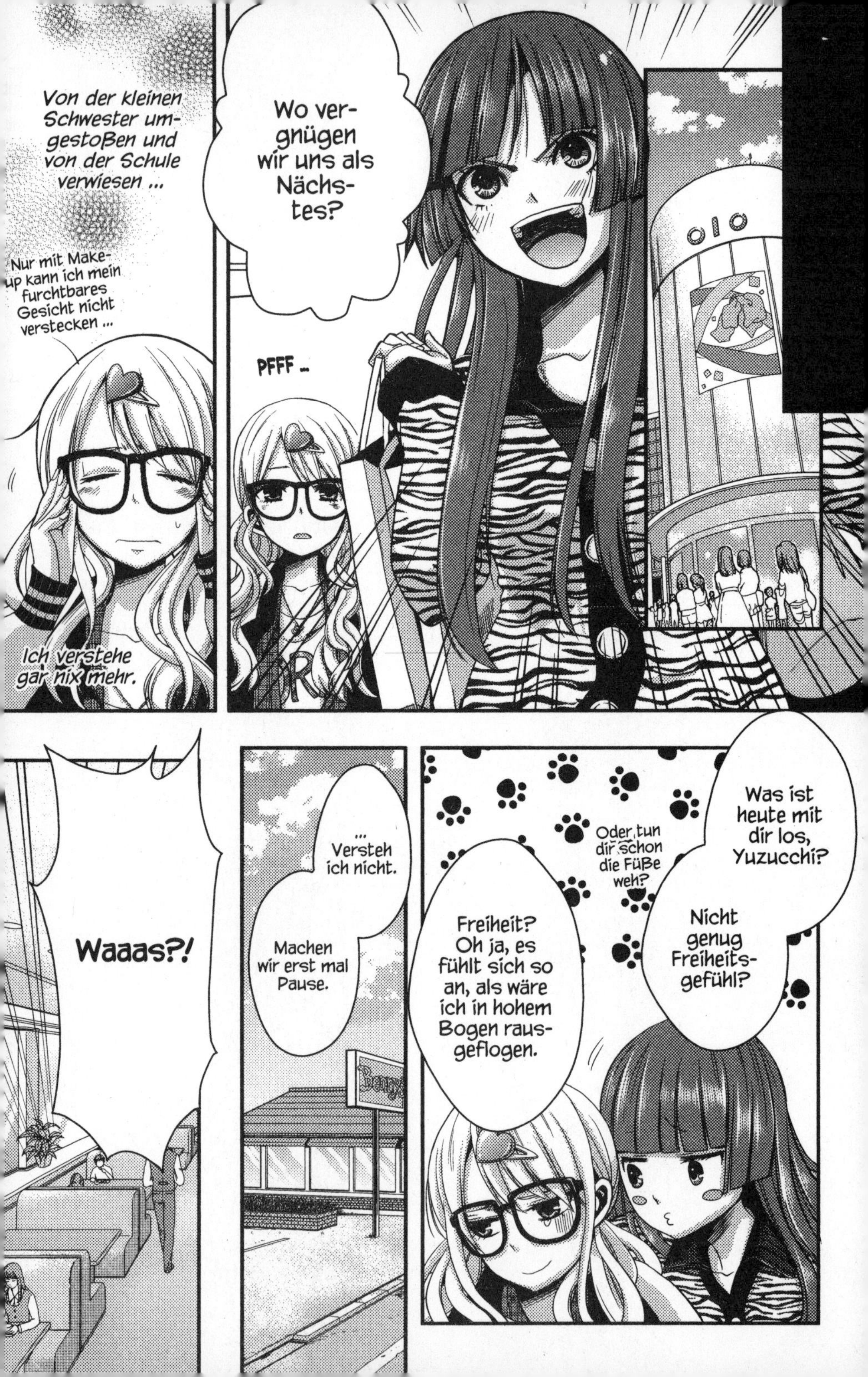
Wo vergnügen wir uns als Nächstes?
Von der kleinen Schwester umgestoßen und von der Schule verwiesen ...
Nur mit Make-up kann ich mein furchtbares Gesicht nicht verstecken ...
PFFF ...
Ich verstehe gar nix mehr.
Was ist heute mit dir los, Yuzucchi?
Oder tun dir schon die Füße weh?
Nicht genug Freiheitsgefühl?
Freiheit? Oh ja, es fühlt sich so an, als wäre ich in hohem Bogen rausgeflogen.
... Versteh ich nicht.
Machen wir erst mal Pause.
Waaas?!

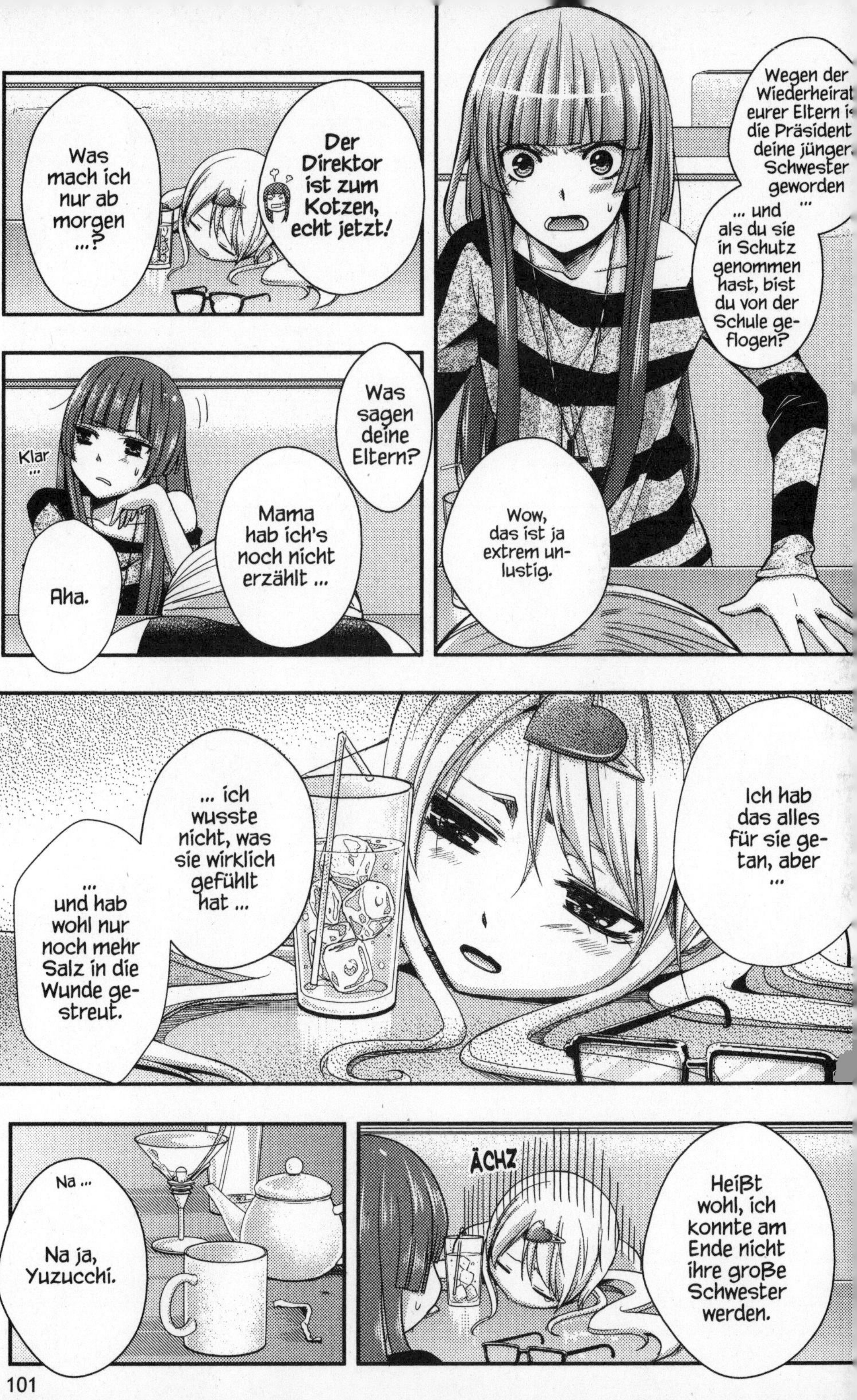

Wegen der Wiederheirat eurer Eltern is die Präsident deine jünger Schwester geworden ...
... und als du sie in Schutz genommen hast, bist du von der Schule geflogen?
Wow, das ist ja extrem unlustig.
Der Direktor ist zum Kotzen, echt jetzt!
Was mach ich nur ab morgen ...?
Was sagen deine Eltern?
Mama hab ich's noch nicht erzählt ...
Klar ...
Aha.
Ich hab das alles für sie getan, aber ...
... ich wusste nicht, was sie wirklich gefühlt hat ...
... und hab wohl nur noch mehr Salz in die Wunde gestreut.
ÄCHZ
Heißt wohl, ich konnte am Ende nicht ihre große Schwester werden.
Na ...
Na ja, Yuzucchi.

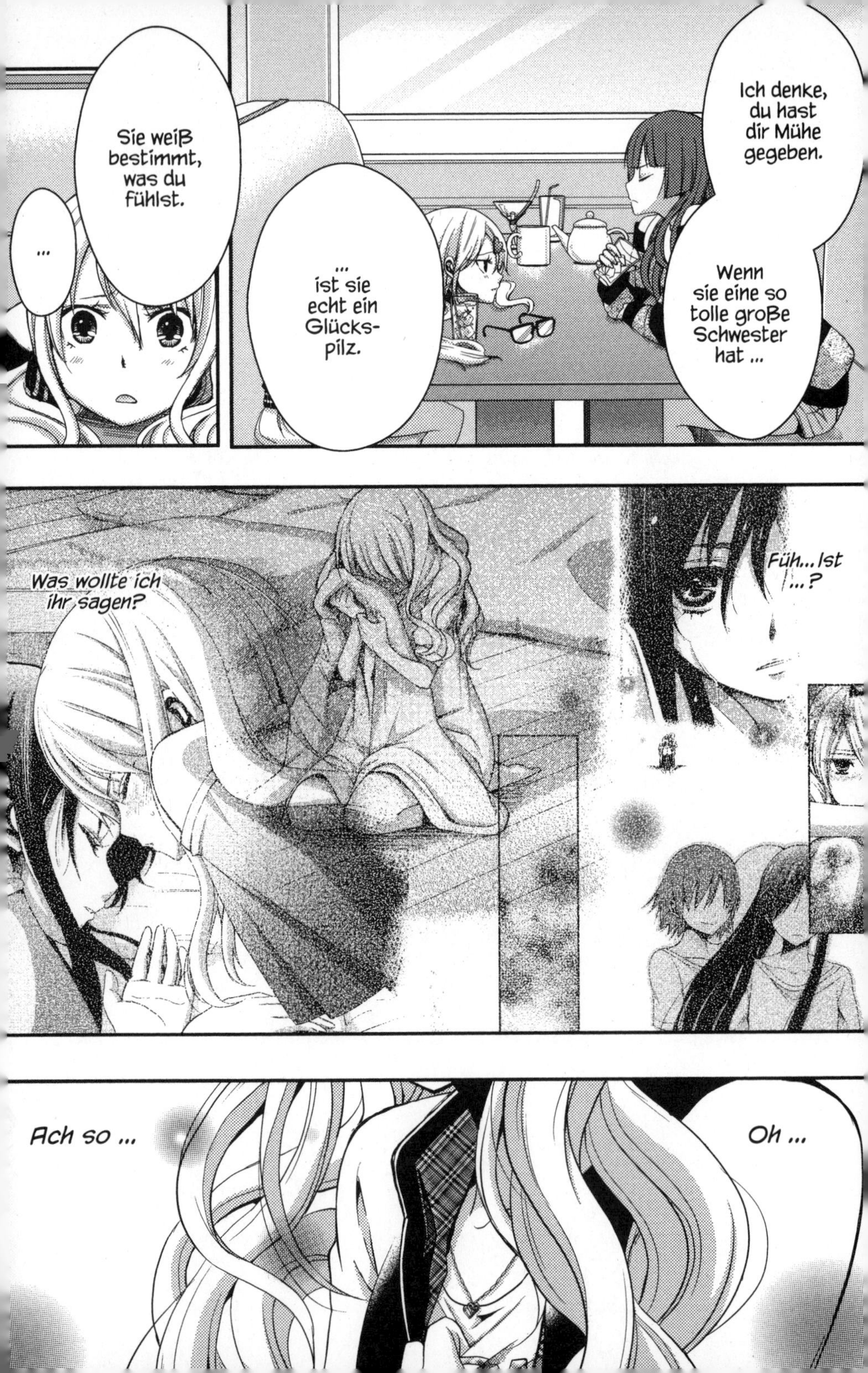
Ich denke, du hast dir Mühe gegeben.
Wenn sie eine so tolle große Schwester hat ...
... ist sie echt ein Glücks-pilz.
Sie weiß bestimmt, was du fühlst.
...
Füh...lst ...?
Was wollte ich ihr sagen?
Oh ...
Ach so ...

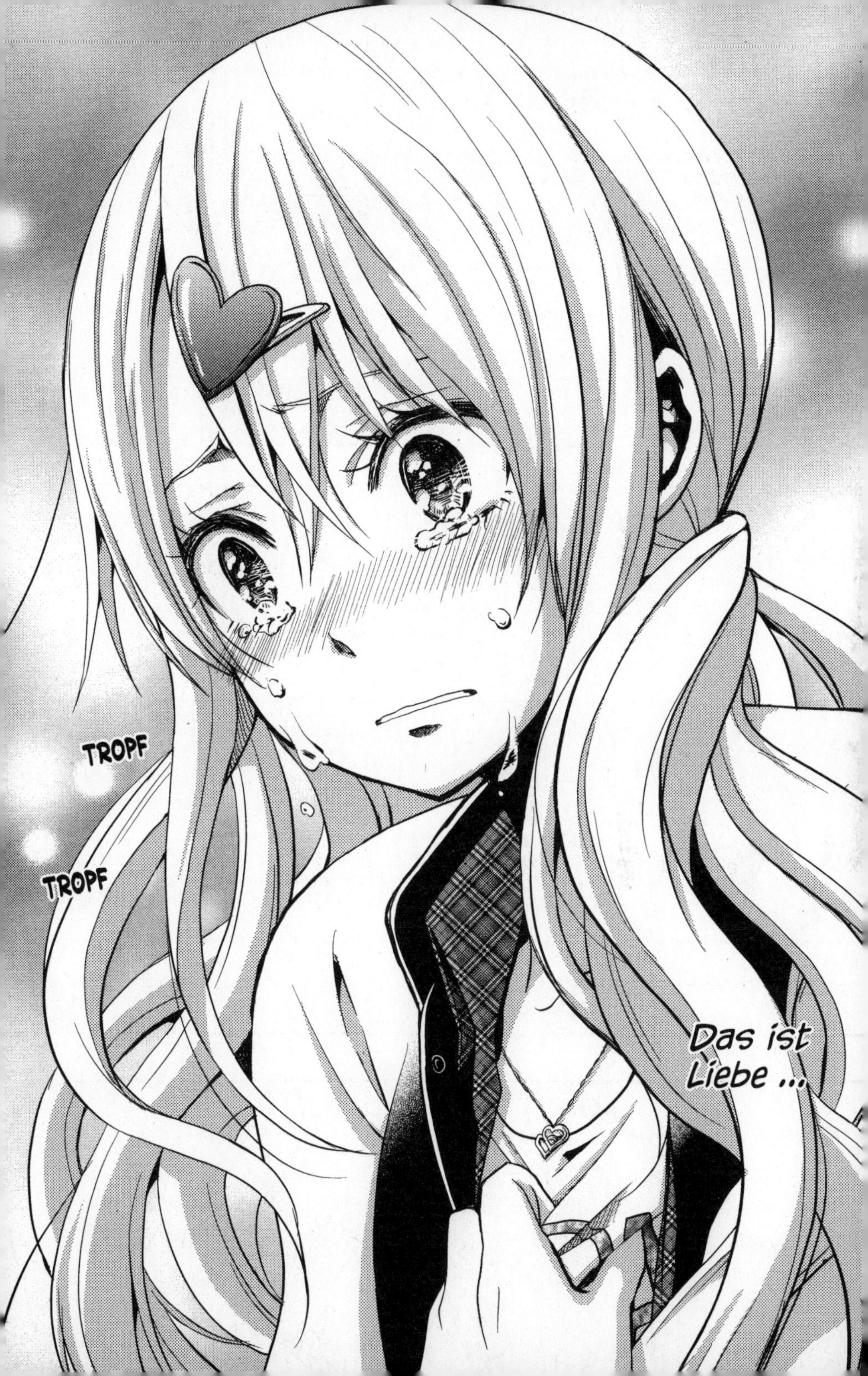
Das ist Liebe ...
TROPF
TROPF

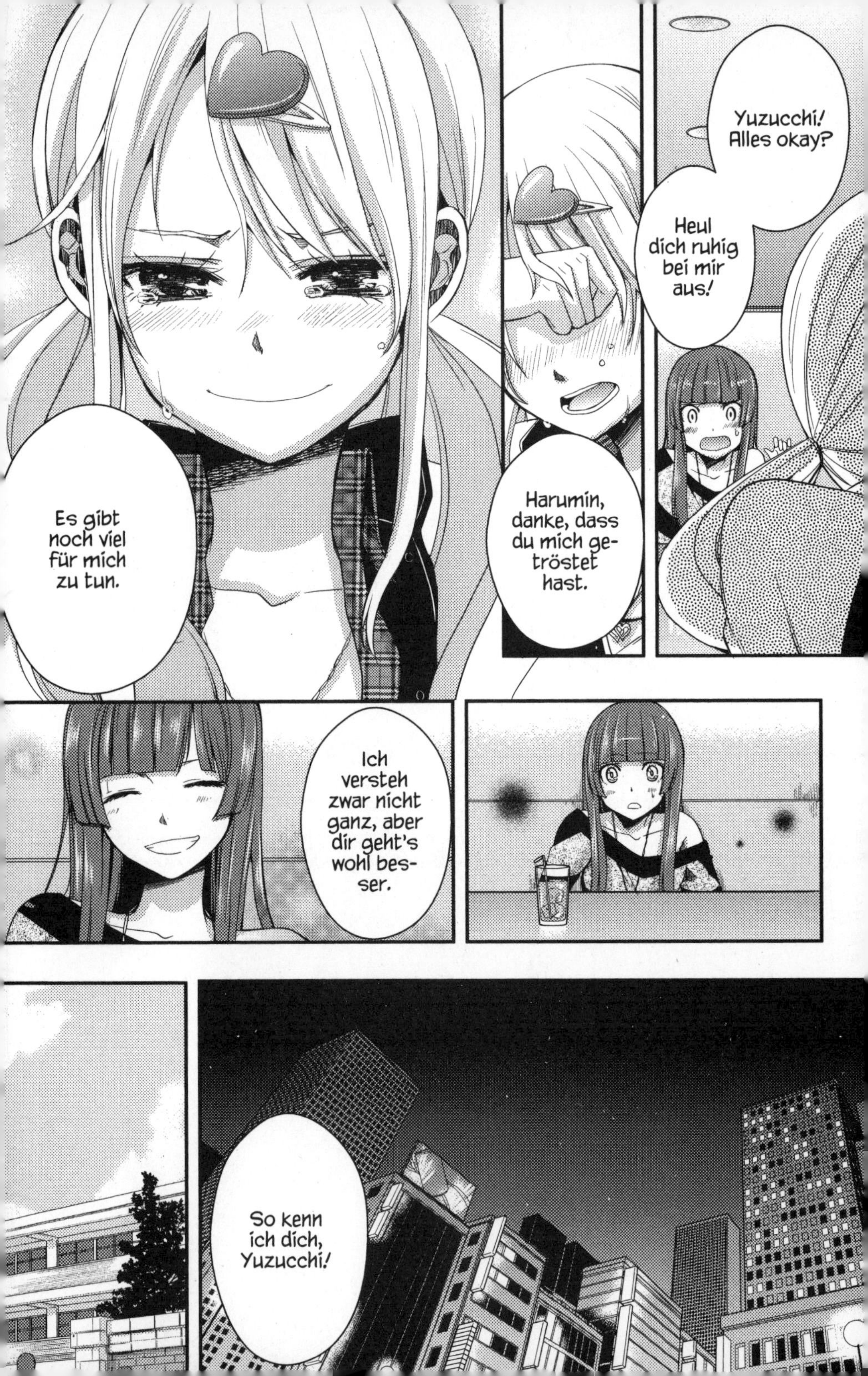
Yuzucchi! Alles okay?
Heul dich ruhig bei mir aus!
Harumin, danke, dass du mich getröstet hast.
Es gibt noch viel für mich zu tun.
Ich versteh zwar nicht ganz, aber dir geht's wohl besser.
So kenn ich dich, Yuzucchi!

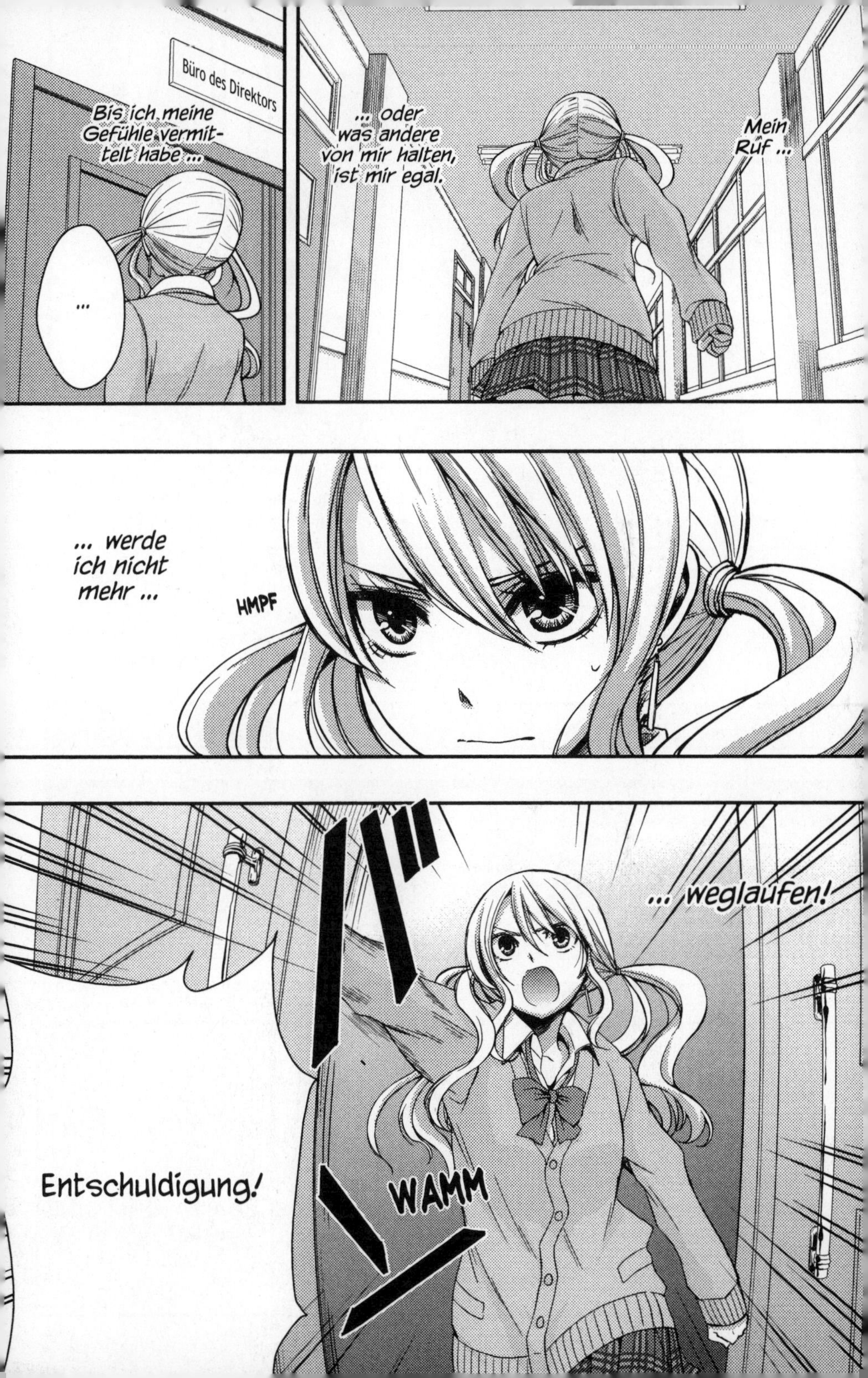
Mein
Ruf ...
... oder
was andere
von mir halten,
ist mir egal.
Büro des Direktors
Bis ich meine
Gefühle vermit-
telt habe ...
...
... werde
ich nicht
mehr ...
HMPF
... weglaufen!
WAMM
Entschuldigung!

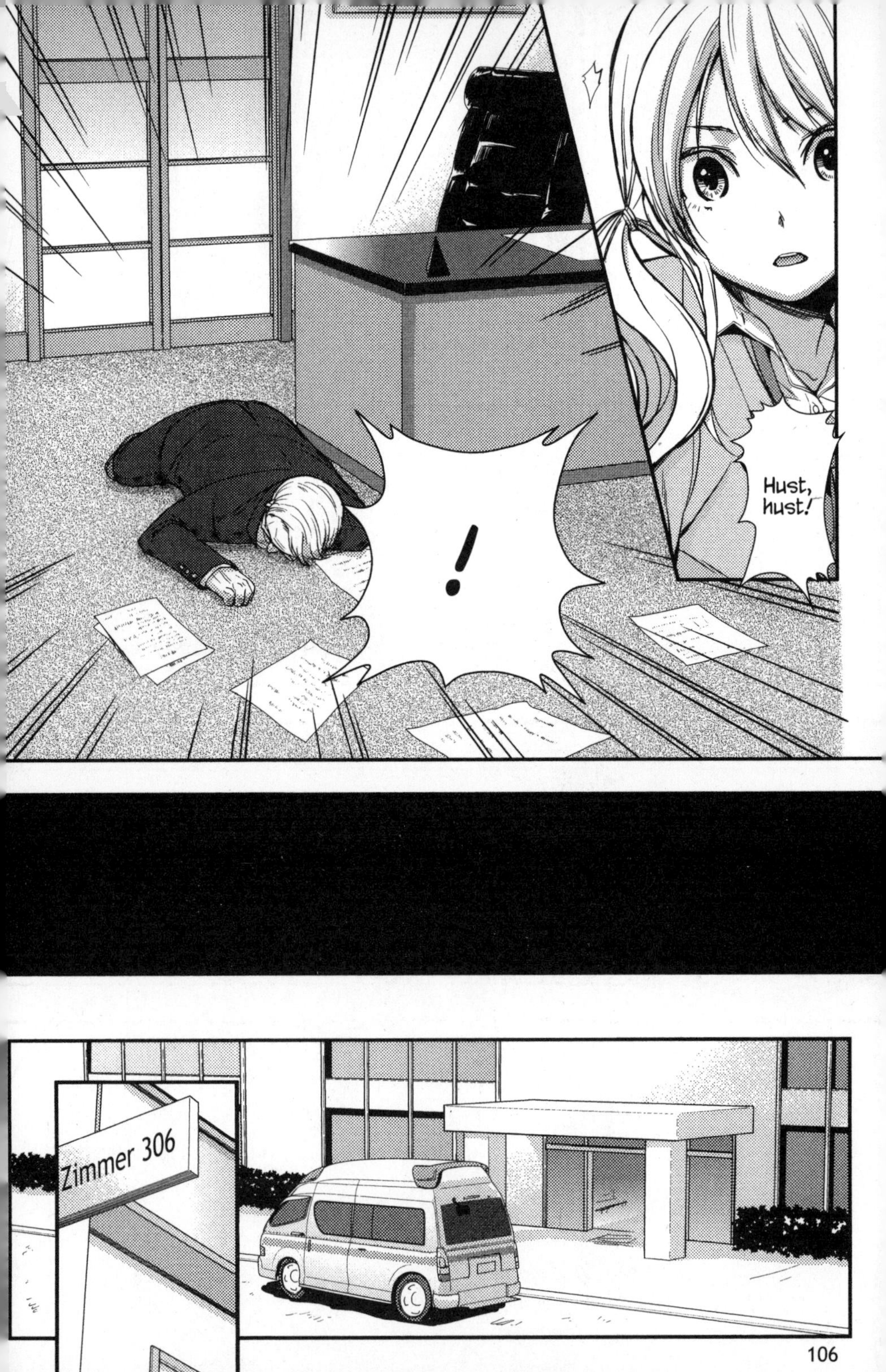
Hust, hust!
!
Zimmer 306

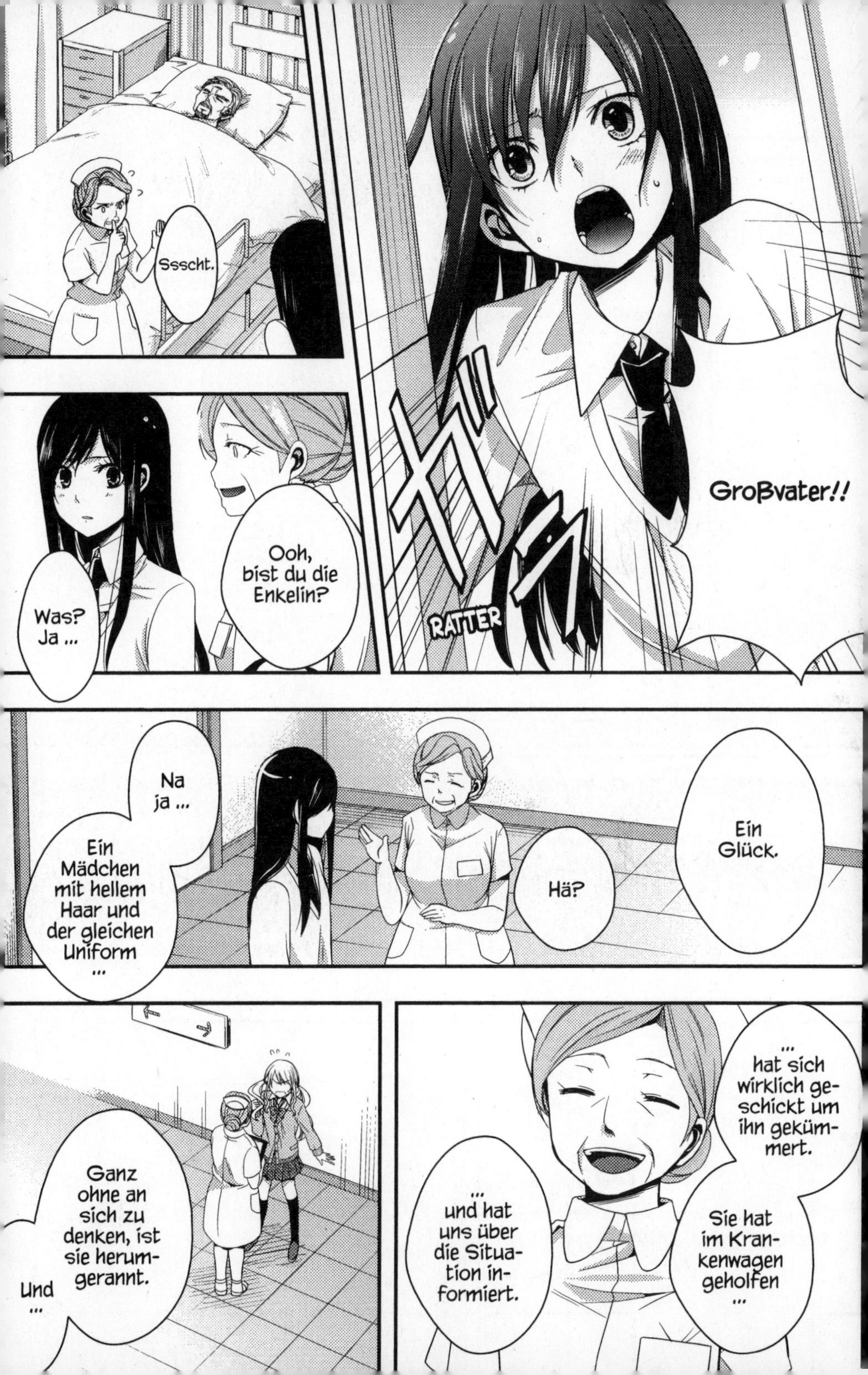
RATTER
Großvater!!
Ssscht.
Ooh, bist du die Enkelin?
Was? Ja ...
Ein Glück.
Hä?
Na ja ...
Ein Mädchen mit hellem Haar und der gleichen Uniform ...
... hat sich wirklich geschickt um ihn gekümmert.
Sie hat im Krankenwagen geholfen ...
... und hat uns über die Situation informiert.
Ganz ohne an sich zu denken, ist sie herumgerannt.
Und ...

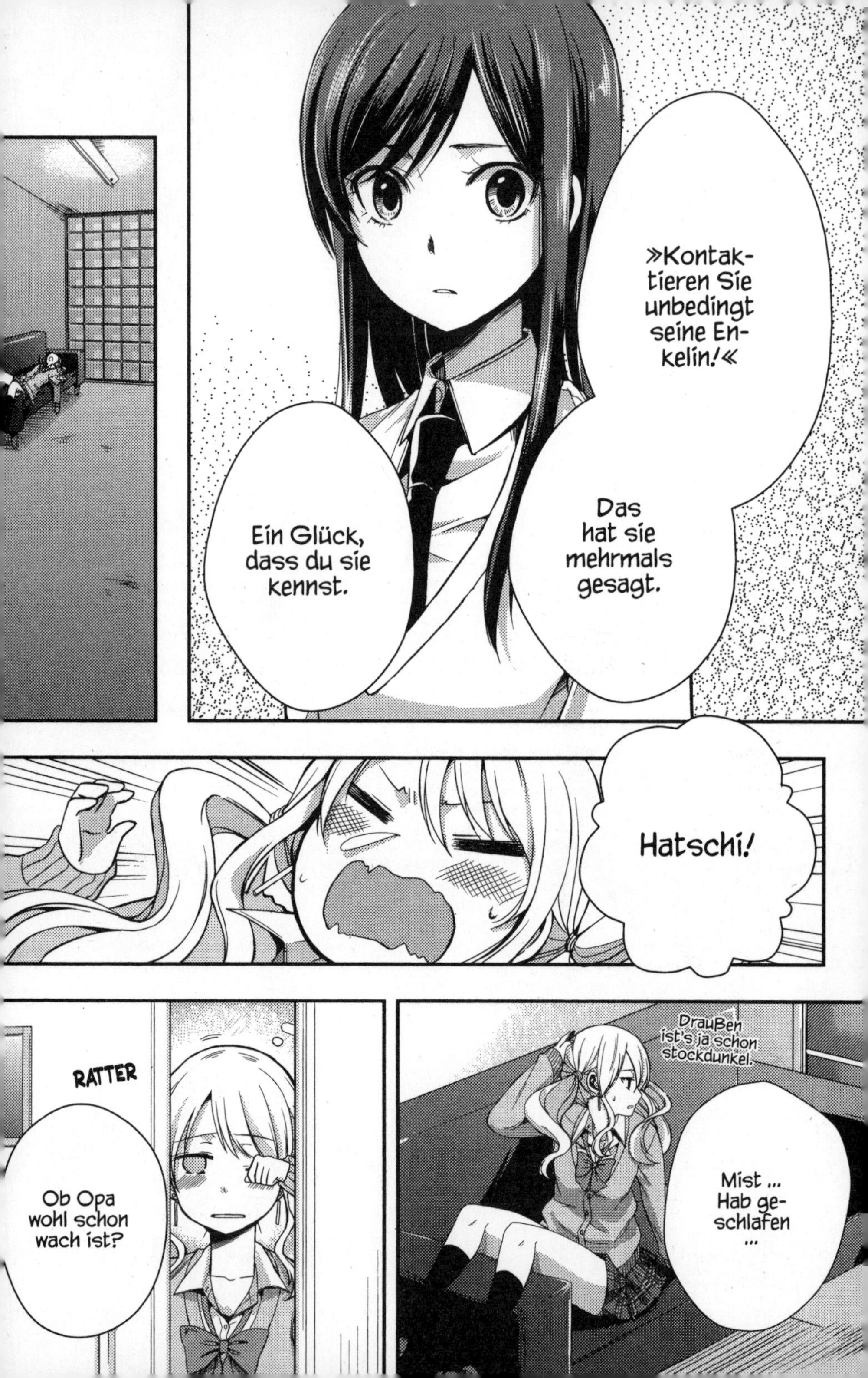
»Kontaktieren Sie unbedingt seine Enkelin!«
Das hat sie mehrmals gesagt.
Ein Glück, dass du sie kennst.
Hatschi!
Draußen ist's ja schon stockdunkel.
Mist ... Hab geschlafen ...
RATTER
Ob Opa wohl schon wach ist?

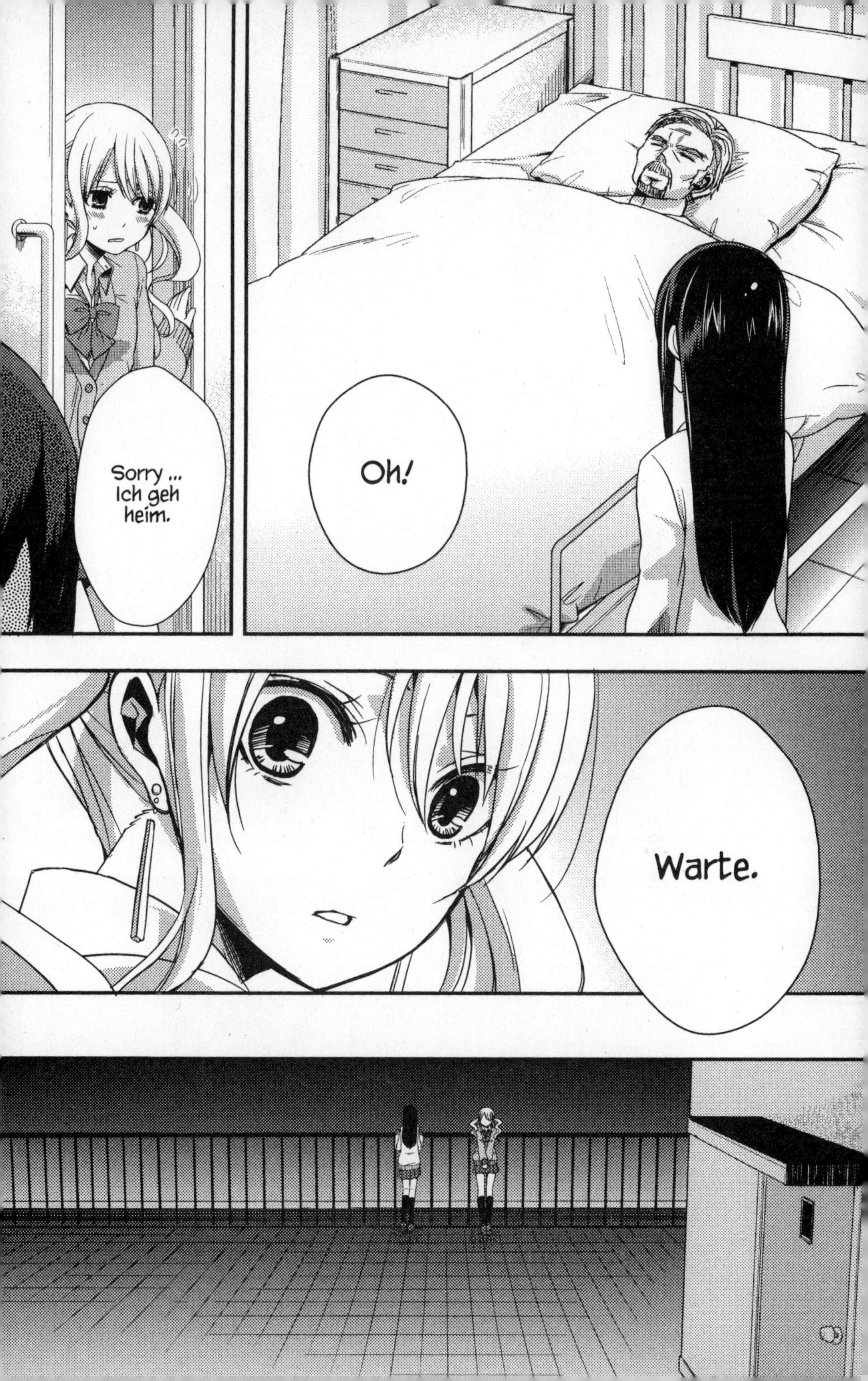
Oh!
Sorry ... Ich geh heim.
Warte.

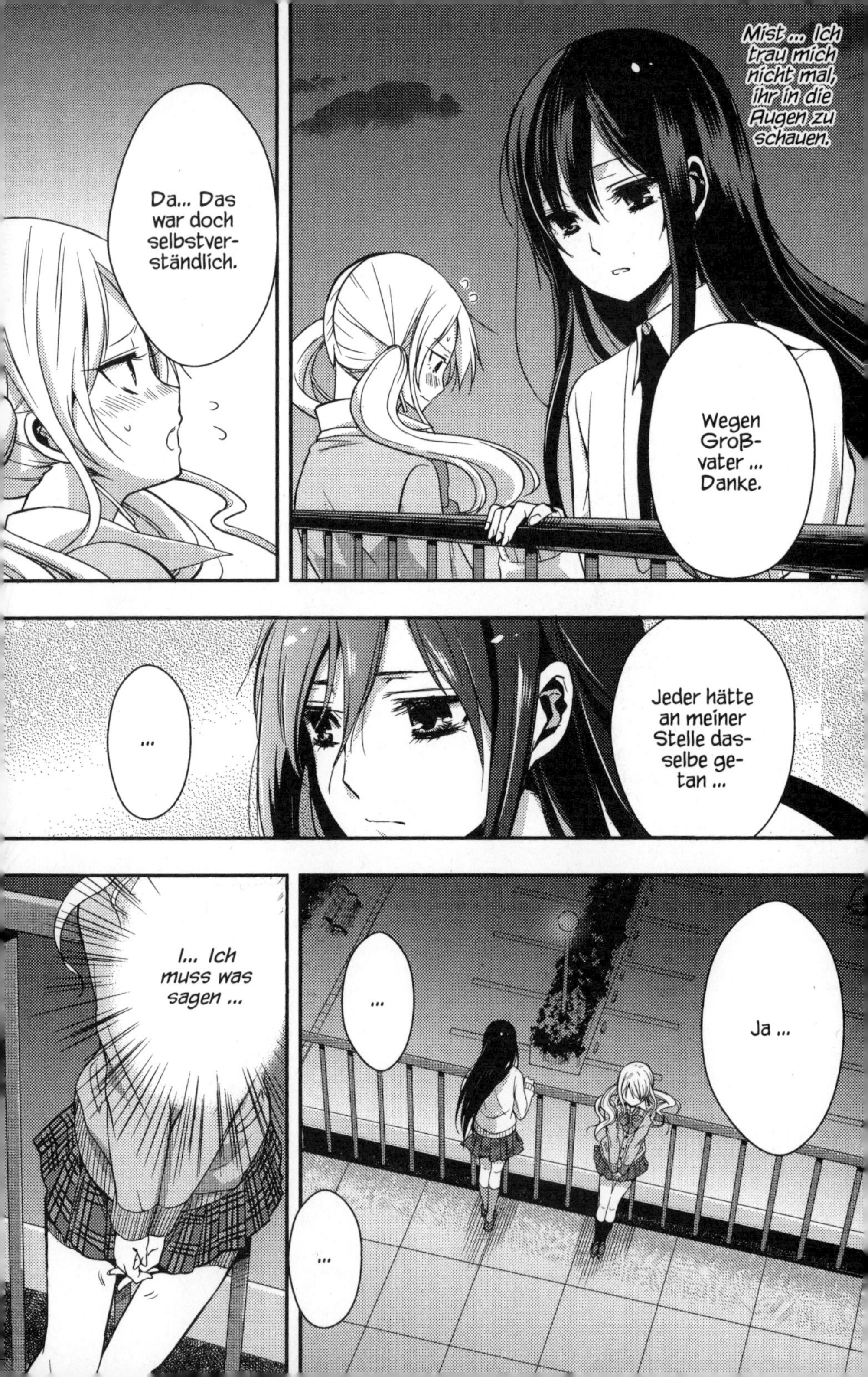
Mist ... Ich trau mich nicht mal, ihr in die Augen zu schauen.
Wegen Großvater ... Danke.
Da... Das war doch selbstverständlich.
Jeder hätte an meiner Stelle dasselbe getan ...
...
Ja ...
...
...
I... Ich muss was sagen ...

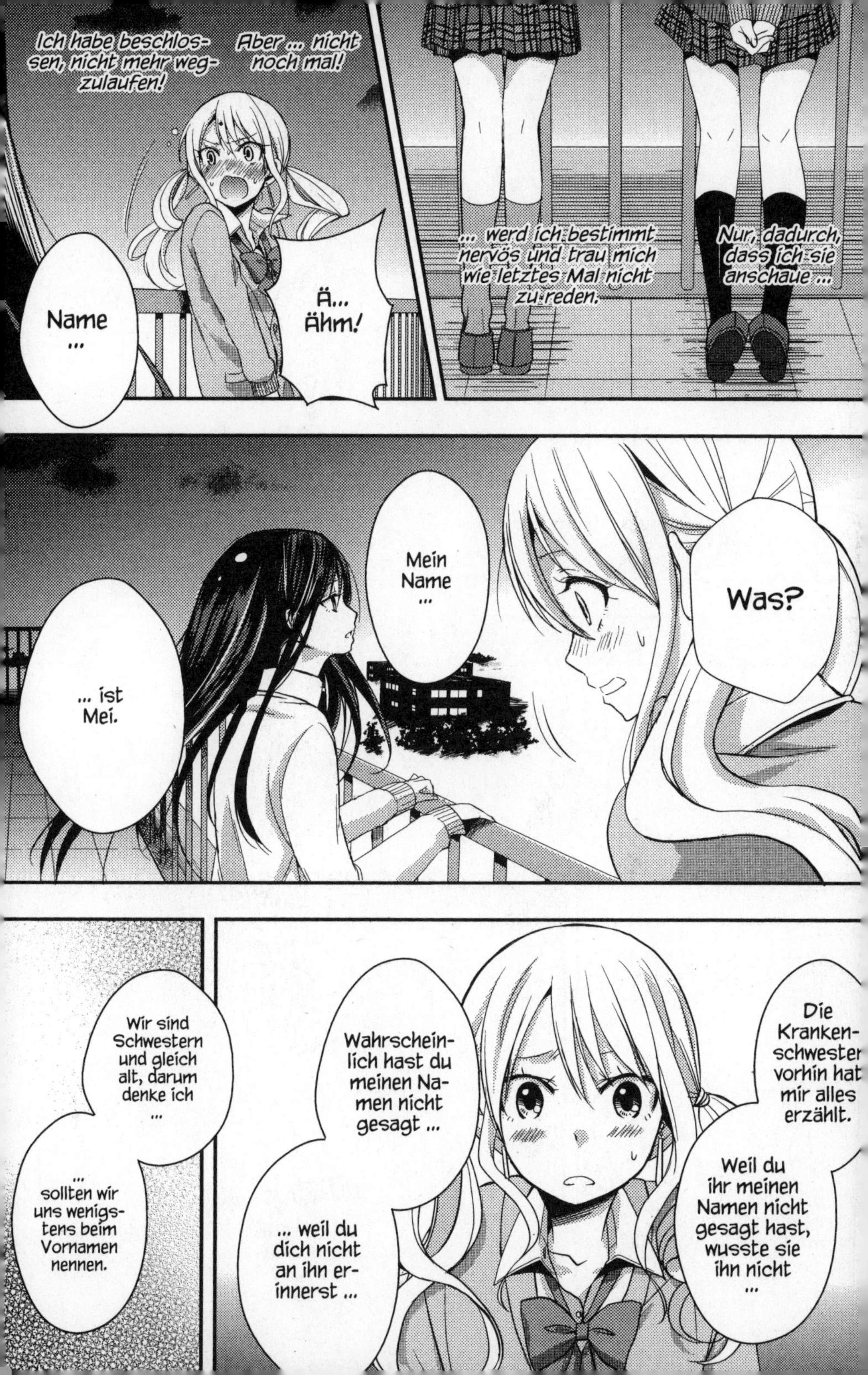
Nur, dadurch, dass ich sie anschaue ...
... werd ich bestimmt nervös und trau mich wie letztes Mal nicht zu reden.
Aber ... nicht noch mal!
Ich habe beschlossen, nicht mehr wegzulaufen!
Ä... Ähm!
Name ...
Was?
Mein Name ...
... ist Mei.
Die Krankenschwester vorhin hat mir alles erzählt.
Weil du ihr meinen Namen nicht gesagt hast, wusste sie ihn nicht ...
Wahrscheinlich hast du meinen Namen nicht gesagt ...
... weil du dich nicht an ihn erinnerst ...
Wir sind Schwestern und gleich alt, darum denke ich ...
... sollten wir uns wenigstens beim Vornamen nennen.

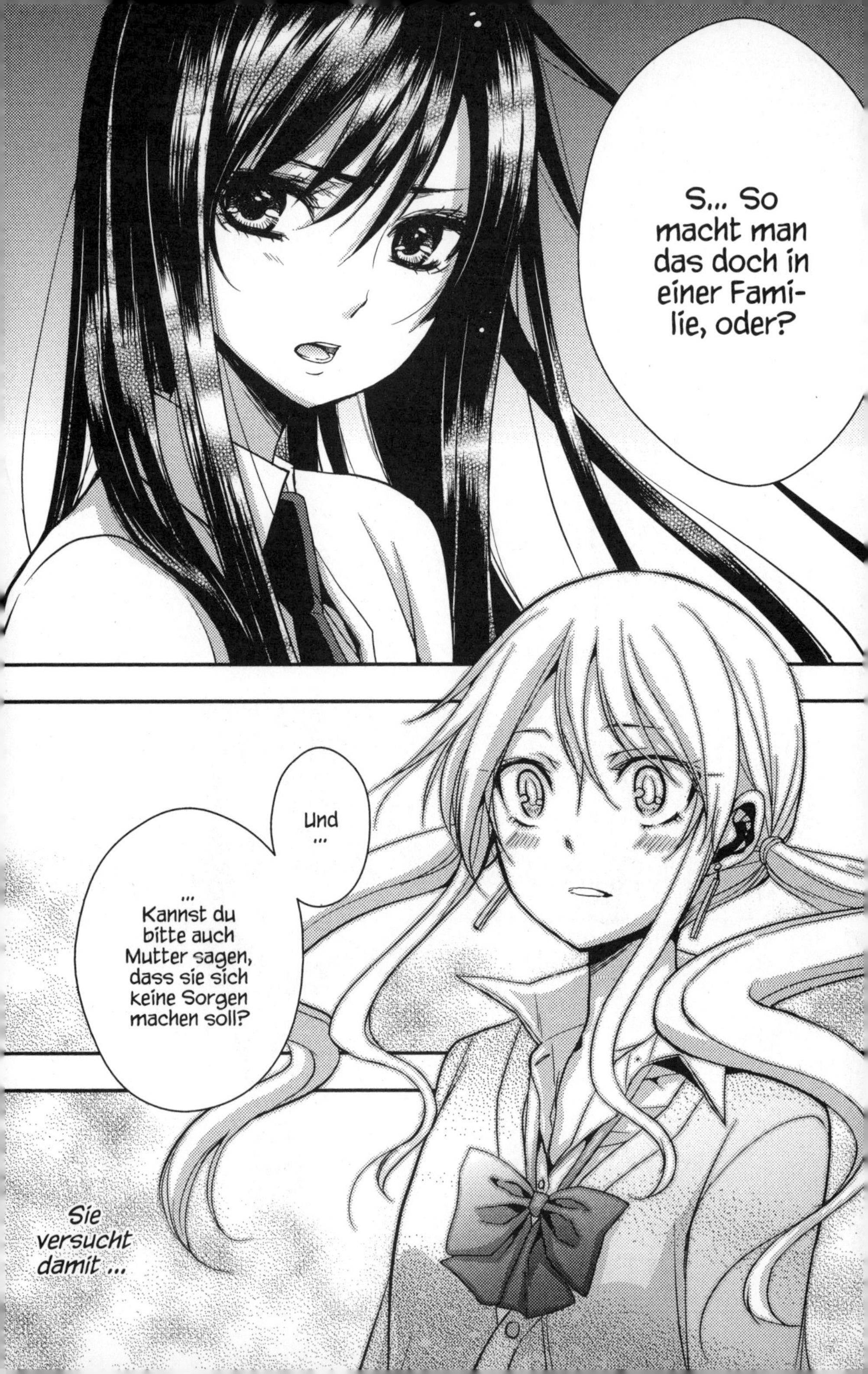
S... So macht man das doch in einer Fami-lie, oder?
Und ...
... Kannst du bitte auch Mutter sagen, dass sie sich keine Sorgen machen soll?
Sie versucht damit ...

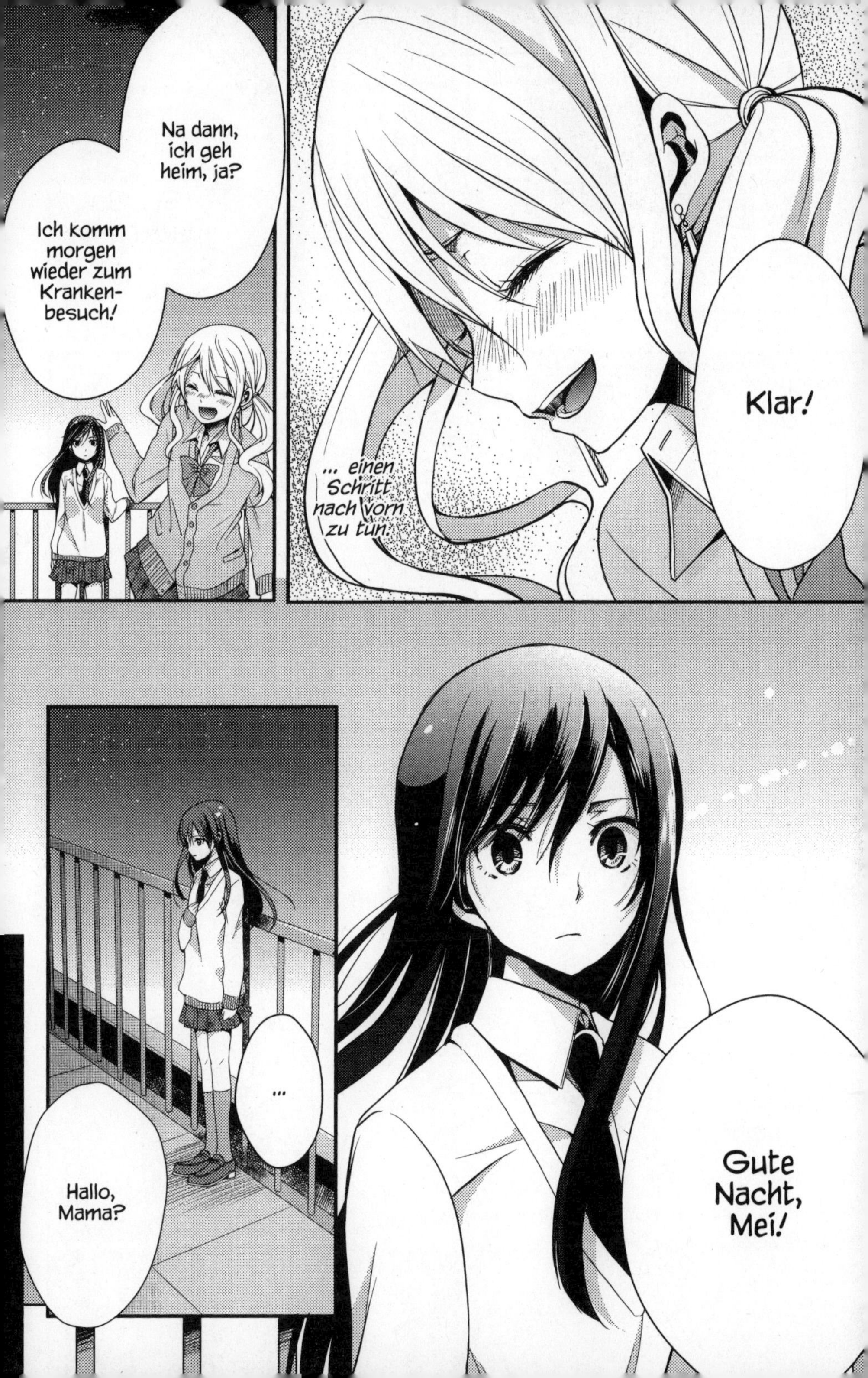
Klar!
... einen Schritt nach vorn zu tun.
Na dann, ich geh heim, ja?
Ich komm morgen wieder zum Kranken-besuch!
Gute Nacht, Mei!
...
Hallo, Mama?

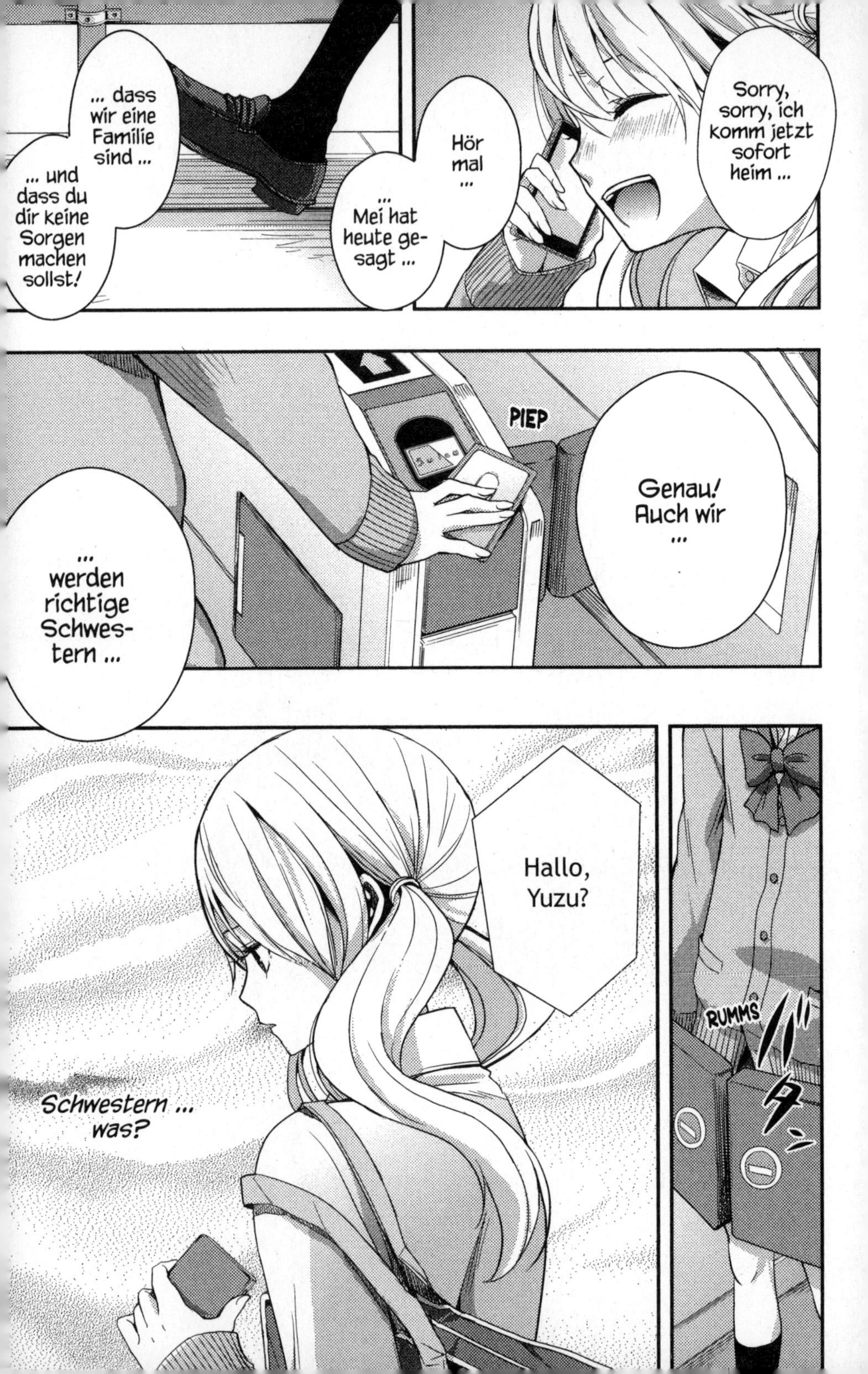
Sorry, sorry, ich komm jetzt sofort heim ...
Hör mal ...
... Mei hat heute gesagt ...
... dass wir eine Familie sind ...
... und dass du dir keine Sorgen machen sollst!
PIEP
Genau! Auch wir ...
... werden richtige Schwestern ...
RUMMS
Hallo, Yuzu?
Schwestern ... was?

citrus

citrus

1

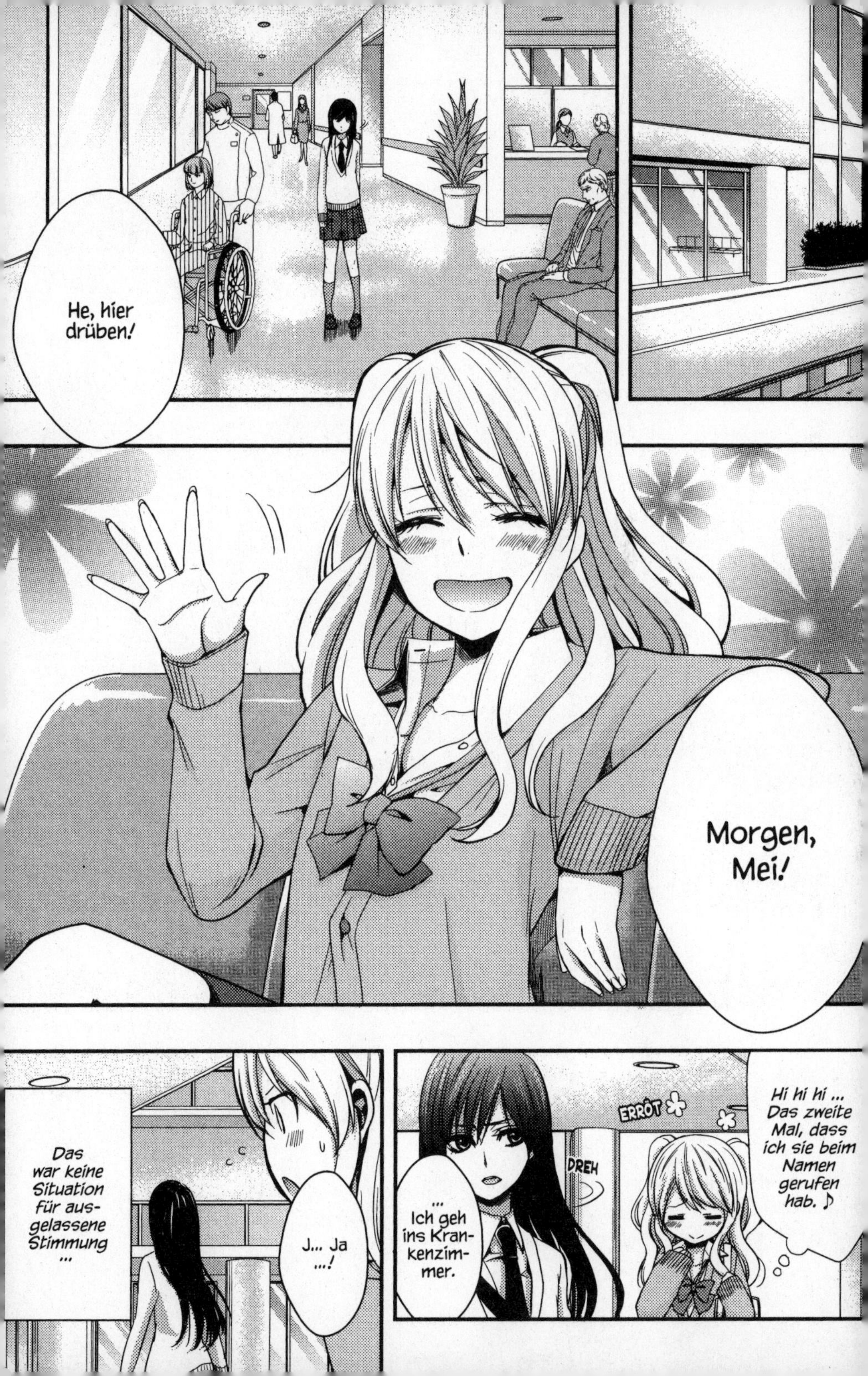
He, hier drüben!
Morgen, Mei!
Hi hi hi ... Das zweite Mal, dass ich sie beim Namen gerufen hab. ♪
ERRÖT
DREH
... Ich geh ins Krankenzimmer.
J... Ja ...!
Das war keine Situation für ausgelassene Stimmung ...

4. sisterly love?

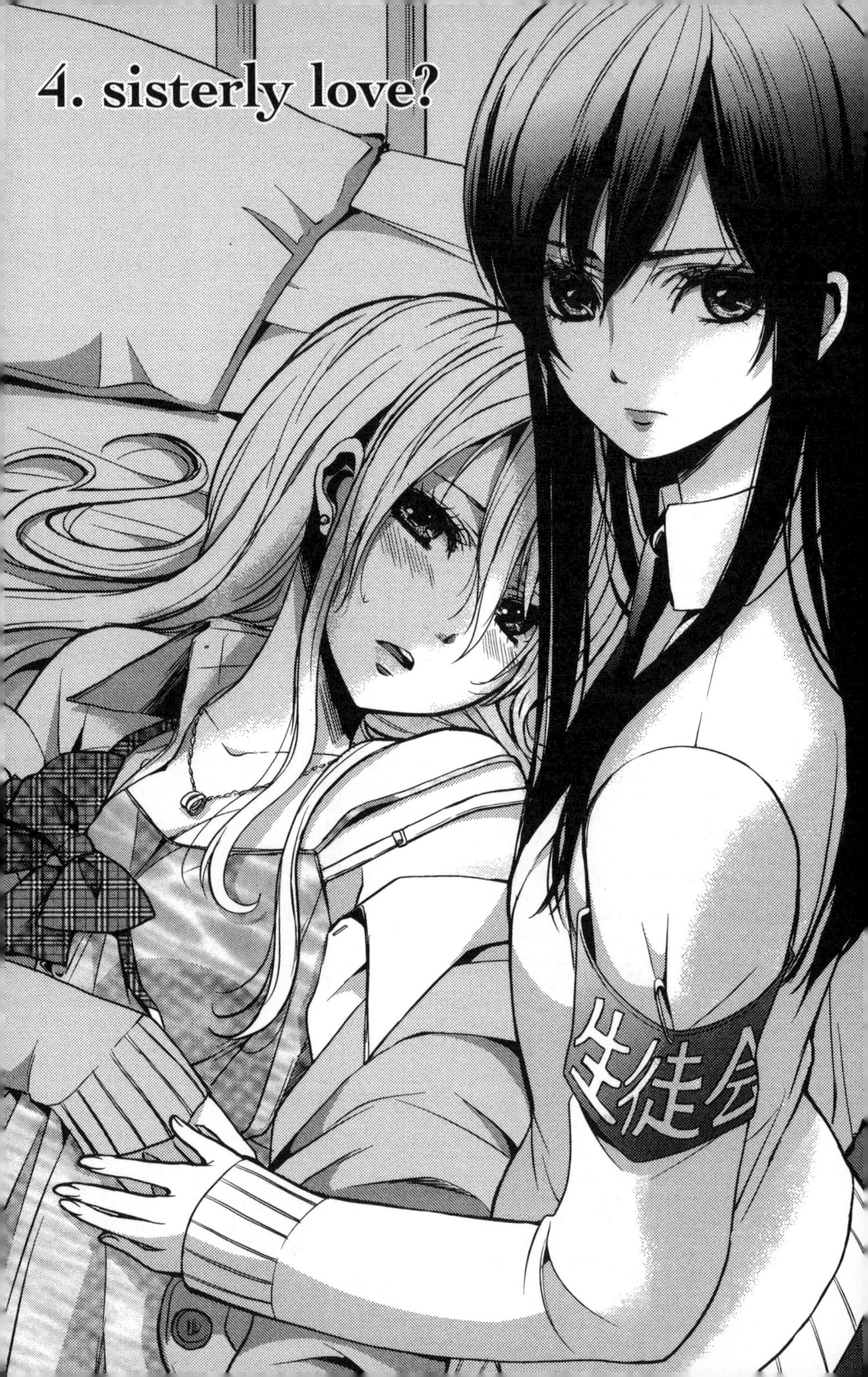

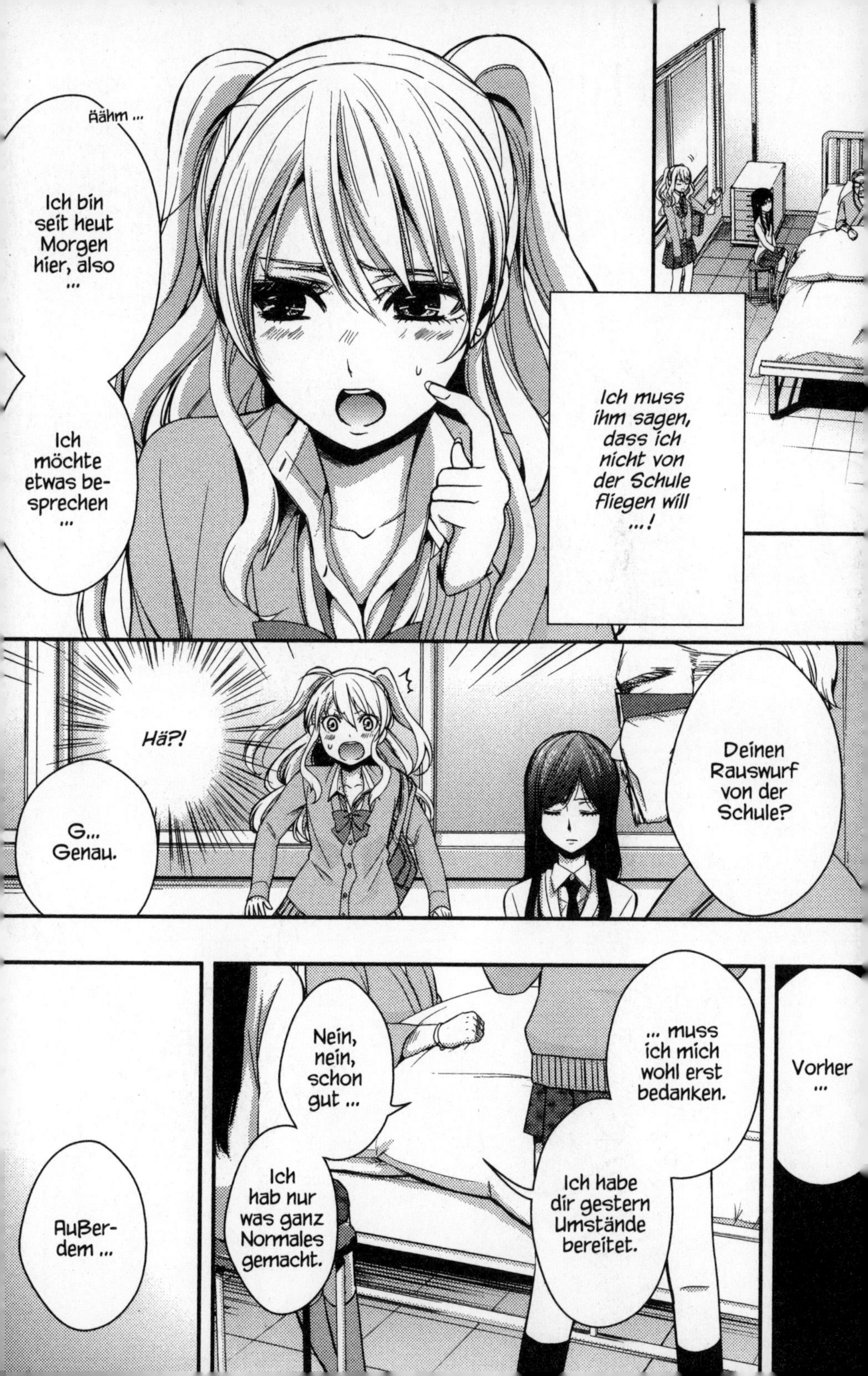
Ich muss ihm sagen, dass ich nicht von der Schule fliegen will ...!
Äähm ...
Ich bin seit heut Morgen hier, also ...
Ich möchte etwas besprechen ...
Deinen Rauswurf von der Schule?
Hä?!
G... Genau.
Vorher ...
... muss ich mich wohl erst bedanken.
Ich habe dir gestern Umstände bereitet.
Nein, nein, schon gut ...
Ich hab nur was ganz Normales gemacht.
Außerdem ...

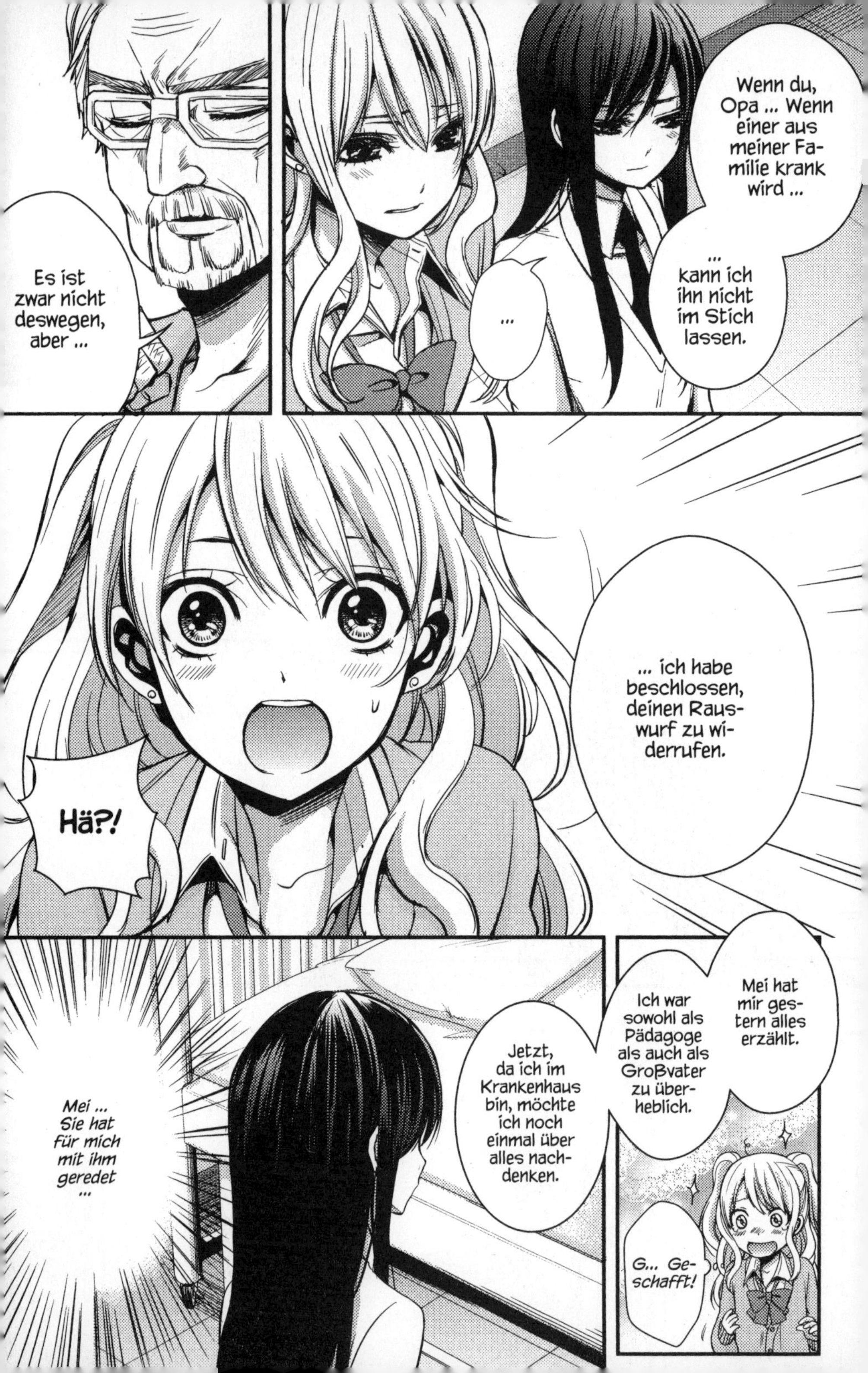
Wenn du, Opa ... Wenn einer aus meiner Familie krank wird ...
... kann ich ihn nicht im Stich lassen.
...
Es ist zwar nicht deswegen, aber ...
... ich habe beschlossen, deinen Rauswurf zu widerrufen.
Hä?!
Mei hat mir gestern alles erzählt.
Ich war sowohl als Pädagoge als auch als Großvater zu überheblich.
Jetzt, da ich im Krankenhaus bin, möchte ich noch einmal über alles nachdenken.
Mei ... Sie hat für mich mit ihm geredet ...
G... Geschafft!

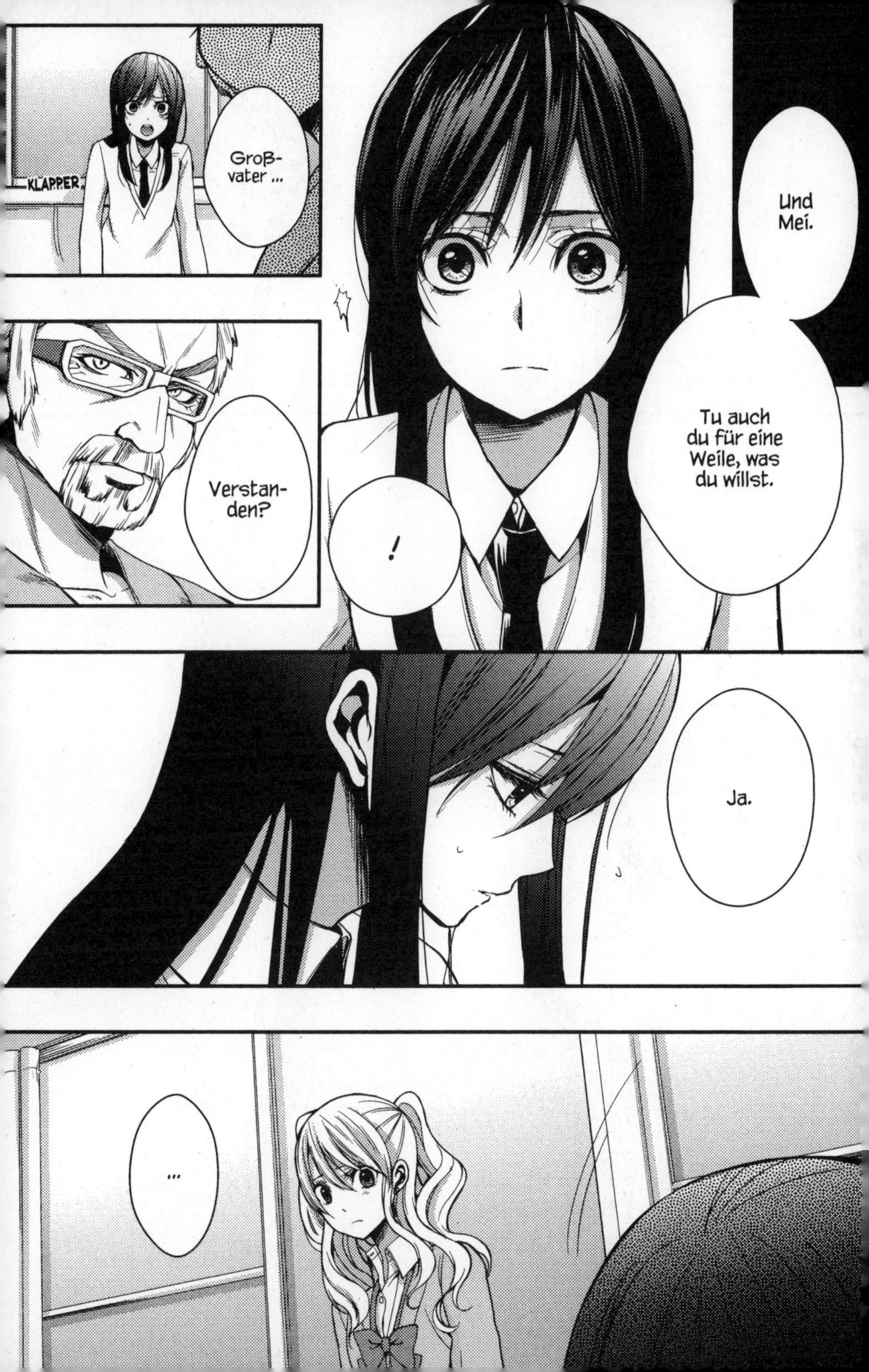
Und Mei.
Tu auch du für eine Weile, was du willst.
!
Groß-vater ...
KLAPPER
Verstan-den?
Ja.
...

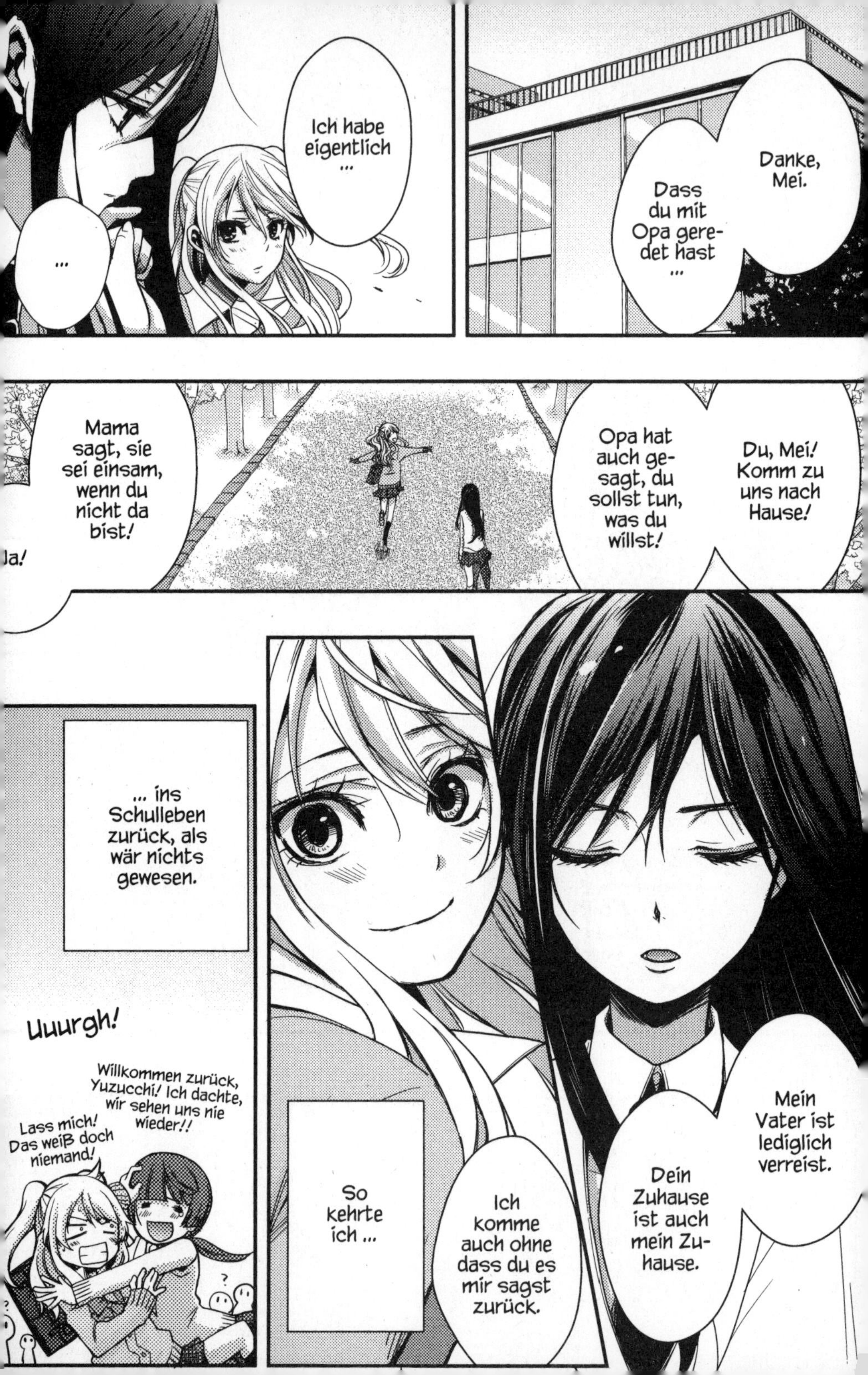
Danke, Mei.
Dass du mit Opa geredet hast ...
Ich habe eigentlich ...
...
Du, Mei! Komm zu uns nach Hause!
Opa hat auch gesagt, du sollst tun, was du willst!
Mama sagt, sie sei einsam, wenn du nicht da bist!
Ja!
Mein Vater ist lediglich verreist.
Dein Zuhause ist auch mein Zuhause.
Ich komme auch ohne dass du es mir sagst zurück.
So kehrte ich ...
... ins Schulleben zurück, als wär nichts gewesen.
Uuurgh!
Willkommen zurück, Yuzucchi! Ich dachte, wir sehen uns nie wieder!!
Lass mich! Das weiß doch niemand!

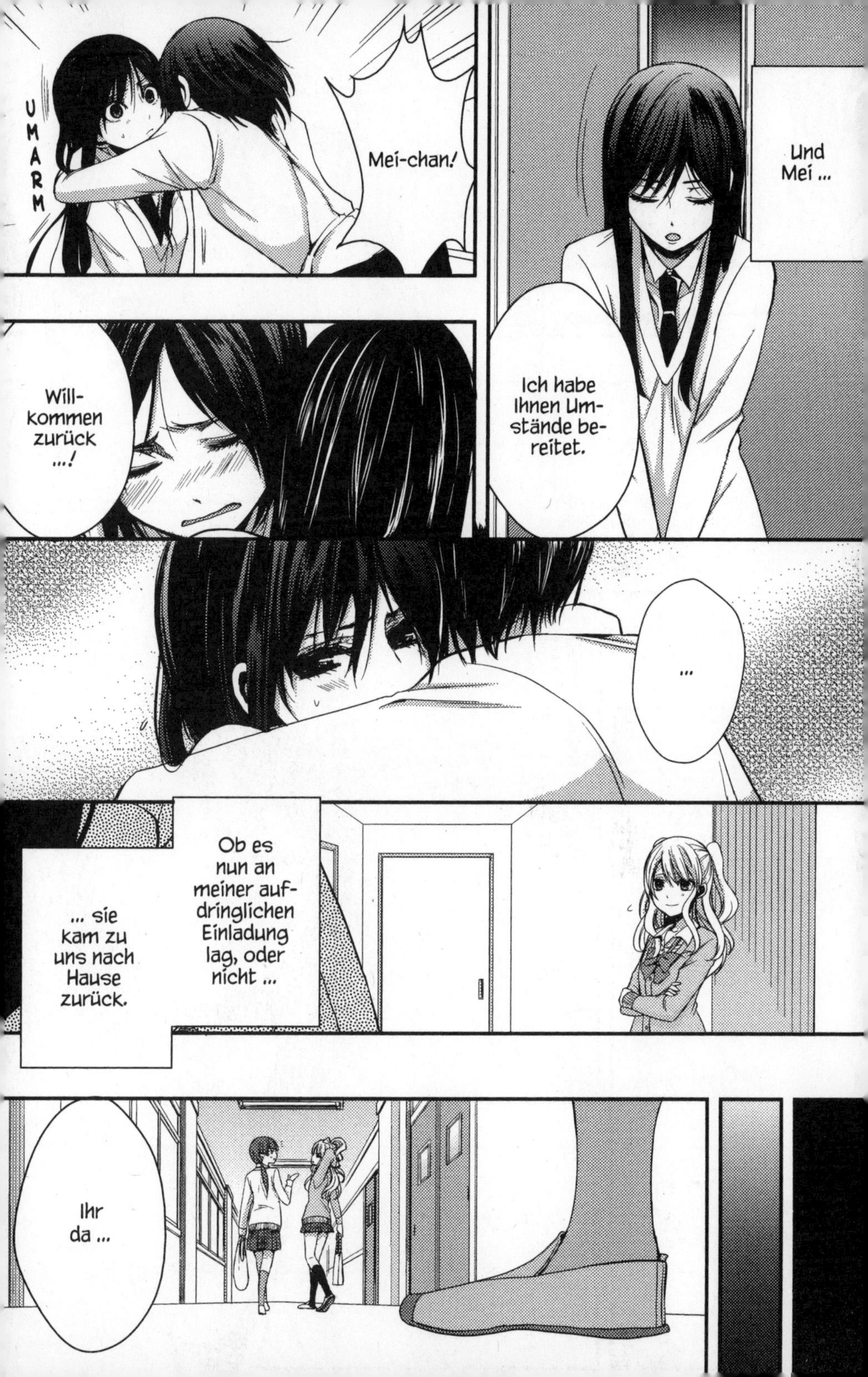
Und Mei ...
Mei-chan!
UMARM
Ich habe Ihnen Umstände bereitet.
Willkommen zurück ...!
...
Ob es nun an meiner aufdringlichen Einladung lag, oder nicht ...
... sie kam zu uns nach Hause zurück.
Ihr da ...

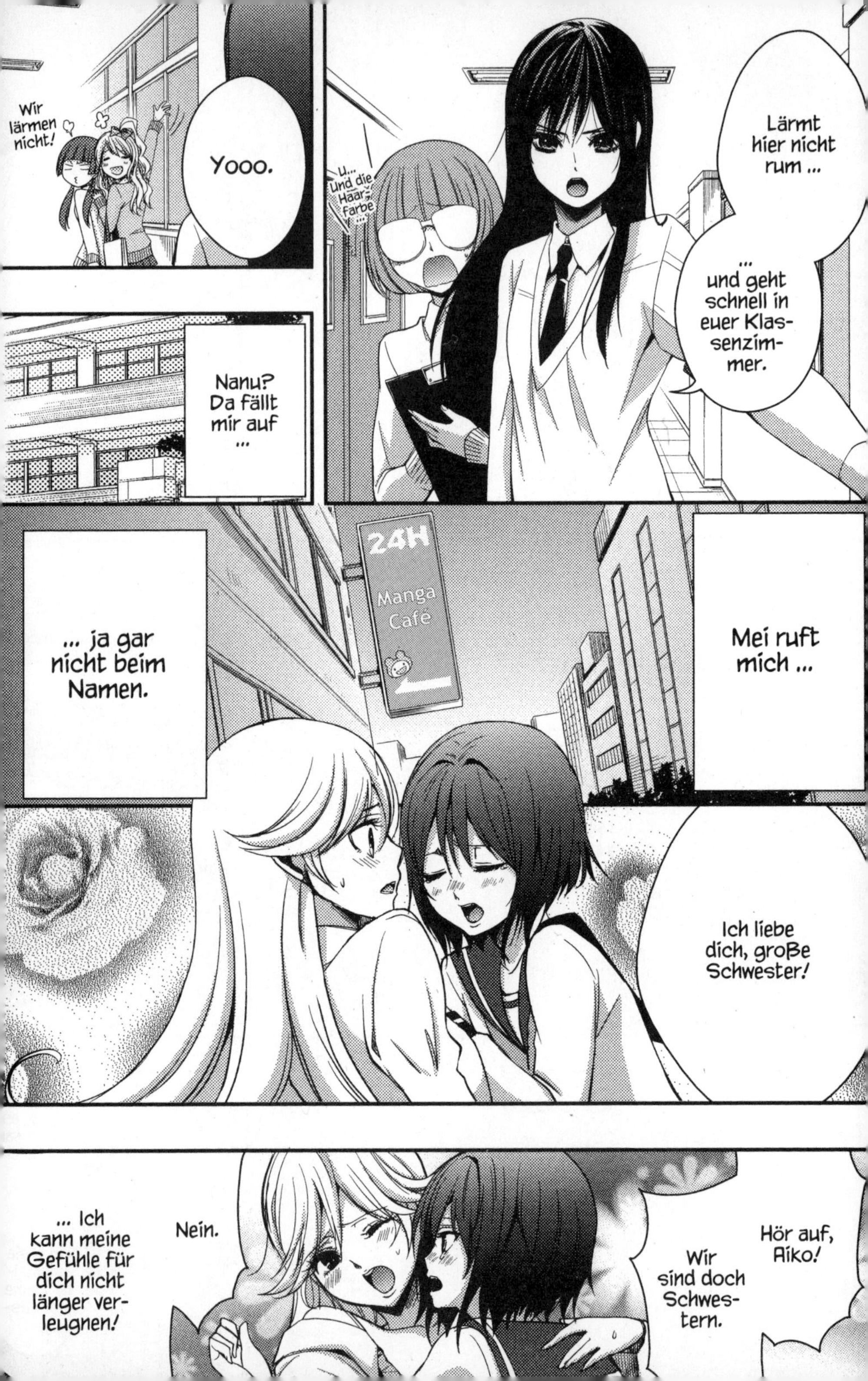
Lärmt hier nicht rum ...
... und geht schnell in euer Klassenzimmer.
U... Und die Haarfarbe ...
Yooo.
Wir lärmen nicht!
Nanu? Da fällt mir auf ...
Mei ruft mich ...
... ja gar nicht beim Namen.
24H
Manga Café
Ich liebe dich, große Schwester!
Hör auf, Aiko!
Wir sind doch Schwestern.
Nein.
... Ich kann meine Gefühle für dich nicht länger verleugnen!

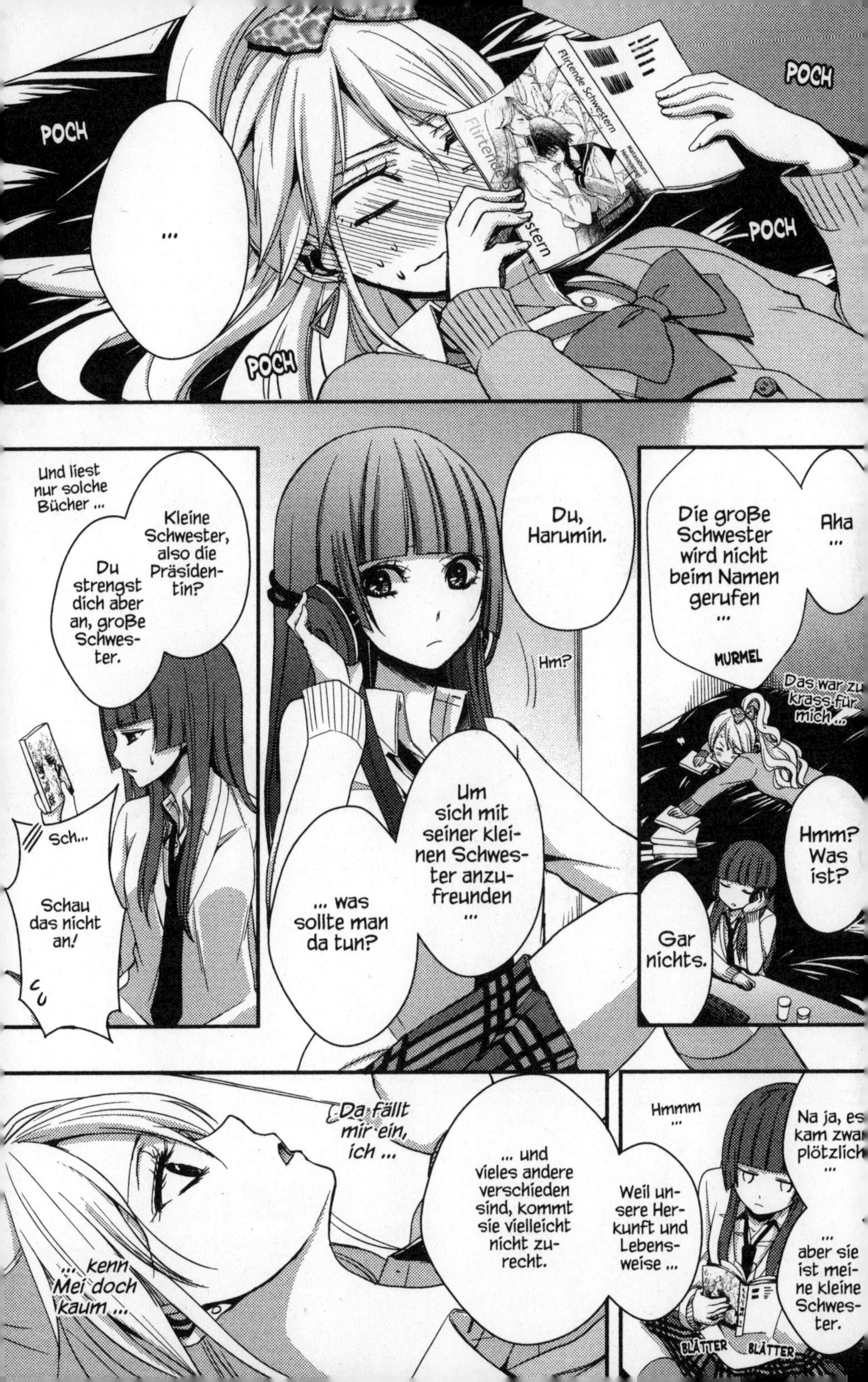
POCH
Flirtende Schwestern
POCH
...
POCH
POCH
Aha ...
Die große Schwester wird nicht beim Namen gerufen ...
MURMEL
Das war zu krass für mich ...
Hmm? Was ist?
Gar nichts.
Du, Harumin.
Hm?
Um sich mit seiner kleinen Schwester anzufreunden ...
... was sollte man da tun?
Kleine Schwester, also die Präsidentin?
Und liest nur solche Bücher ...
Du strengst dich aber an, große Schwester.
Sch...
Schau das nicht an!
Na ja, es kam zwar plötzlich ...
... aber sie ist meine kleine Schwester.
Hmmm ...
BLÄTTER BLÄTTER
Weil unsere Herkunft und Lebensweise ...
... und vieles andere verschieden sind, kommt sie vielleicht nicht zurecht.
Da fällt mir ein, ich ...
... kenn Mei doch kaum ...

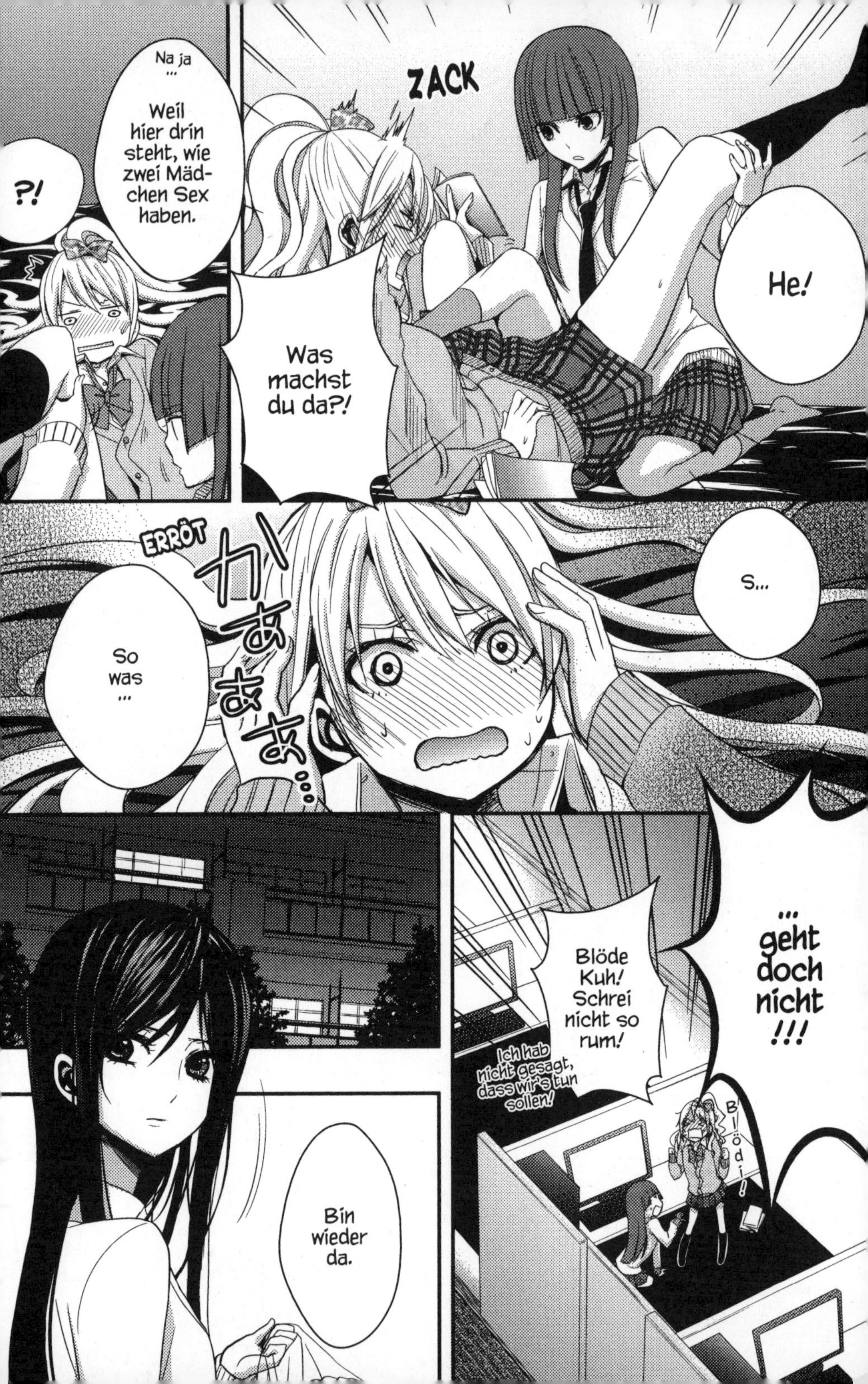

ZACK
He!
Was machst du da?!
Na ja ...
Weil hier drin steht, wie zwei Mädchen Sex haben.
?!
S...
ERRÖT
So was ...
... geht doch nicht !!!
Blöde Kuh! Schrei nicht so rum!
Ich hab nicht gesagt, dass wir's tun sollen!
Blöd!
Bin wieder da.

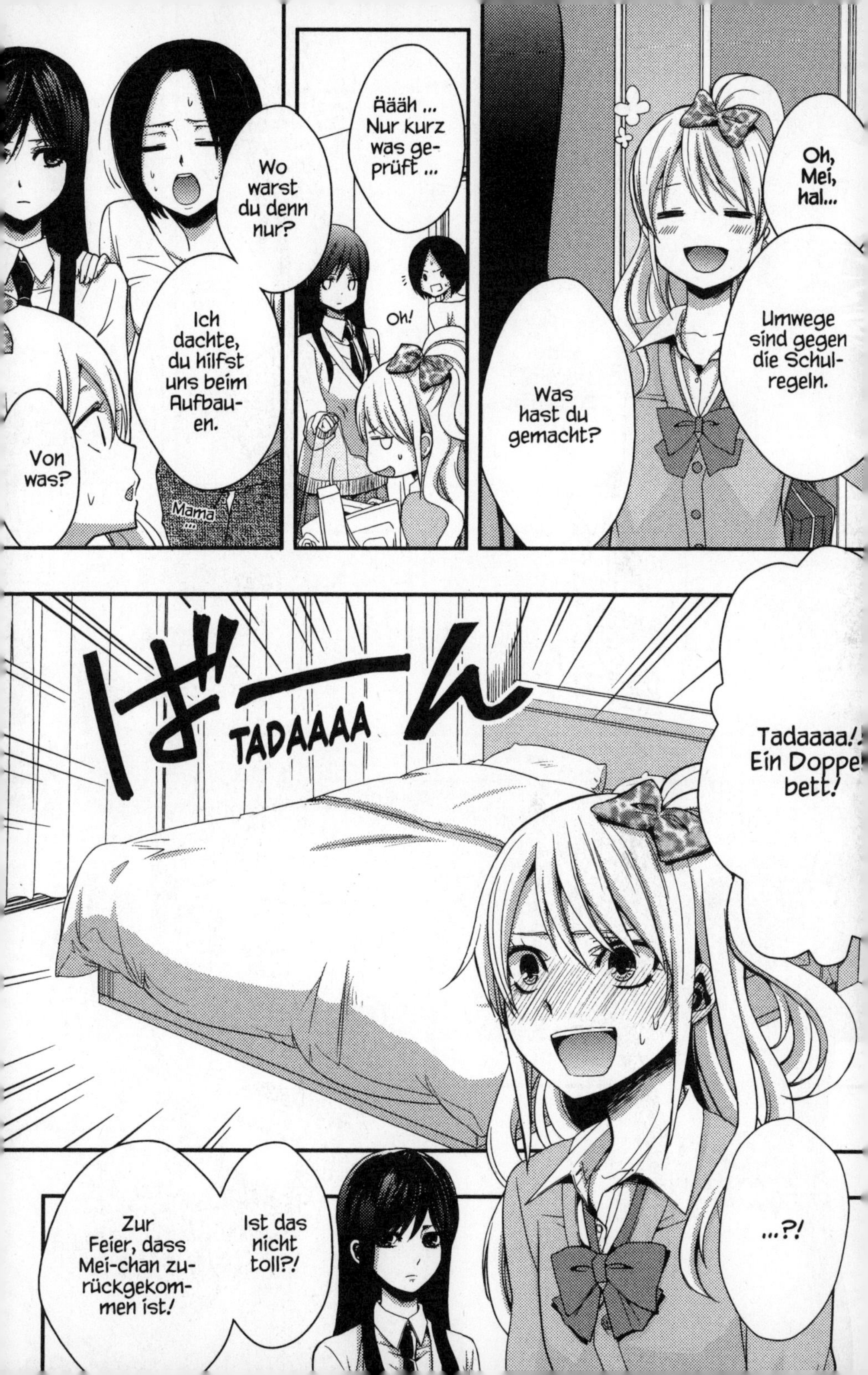
Oh, Mei, hal...
Umwege sind gegen die Schulregeln.
Was hast du gemacht?
Äääh ... Nur kurz was geprüft ...
Oh!
Wo warst du denn nur?
Ich dachte, du hilfst uns beim Aufbauen.
Von was?
Mama ...
TADAAAA
Tadaaaa!! Ein Doppe bett!
...?!
Ist das nicht toll?!
Zur Feier, dass Mei-chan zurückgekommen ist!

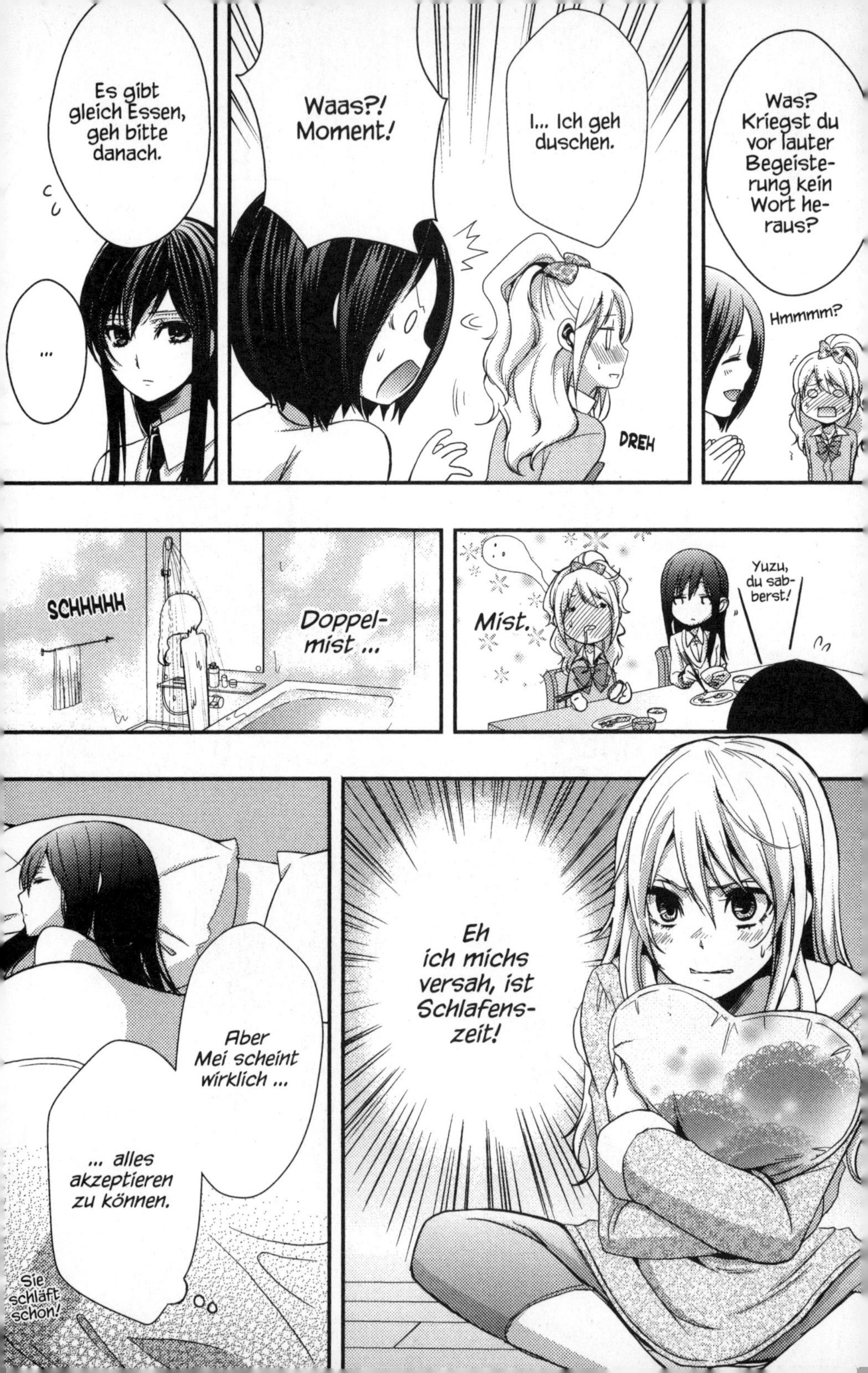
Was? Kriegst du vor lauter Begeiste-rung kein Wort he-raus?
Hmmmm?
I... Ich geh duschen.
DREH
Waas?! Moment!
Es gibt gleich Essen, geh bitte danach.
...
Yuzu, du sab-berst!
Mist.
Doppel-mist ...
SCHHHHH
Eh ich michs versah, ist Schlafens-zeit!
Aber Mei scheint wirklich ...
... alles akzeptieren zu können.
Sie schläft schon!

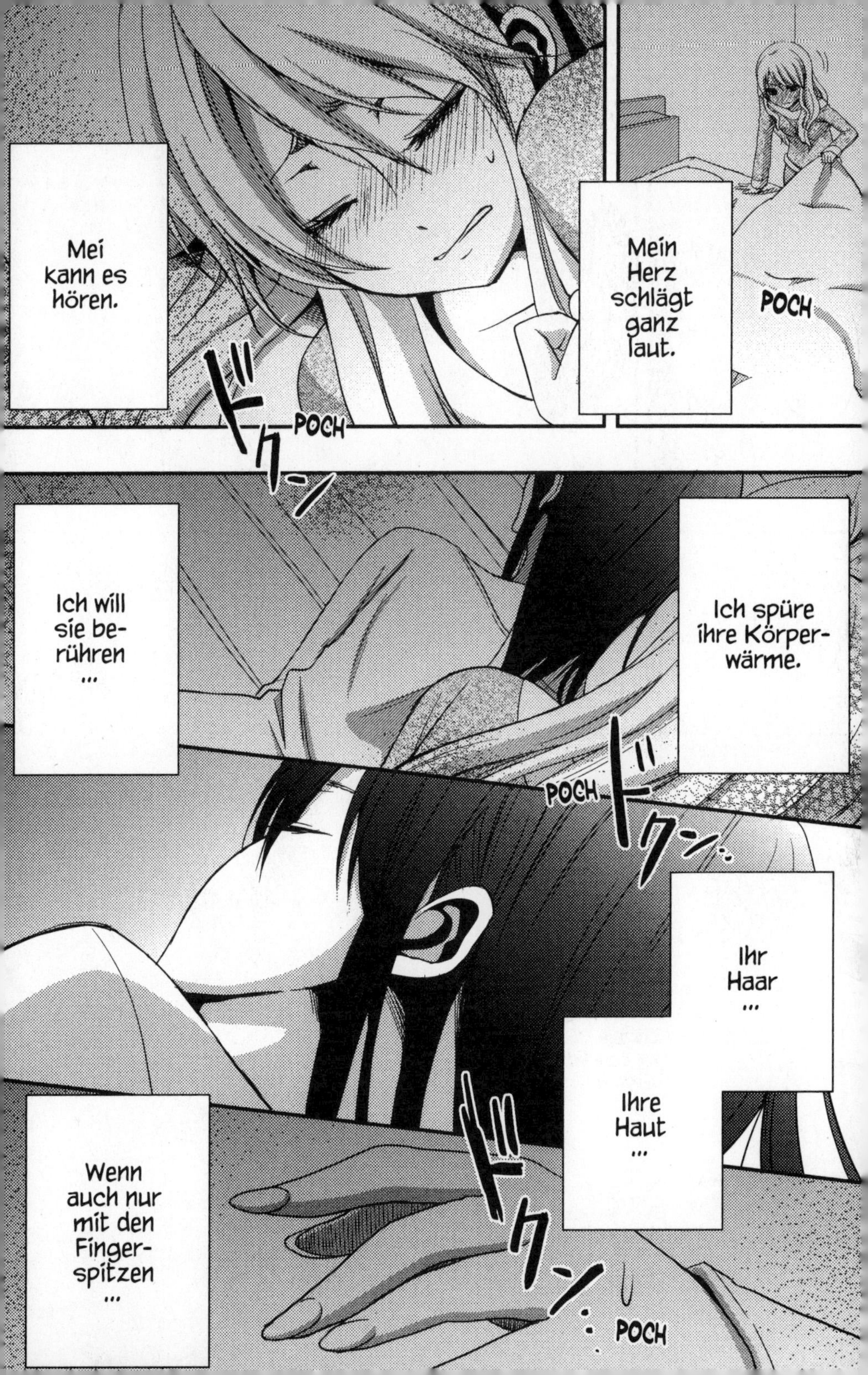
Mein Herz schlägt ganz laut.
POCH
Mei kann es hören.
POCH
Ich spüre ihre Körperwärme.
Ich will sie berühren ...
POCH
Ihr Haar ...
Ihre Haut ...
Wenn auch nur mit den Fingerspitzen ...
POCH

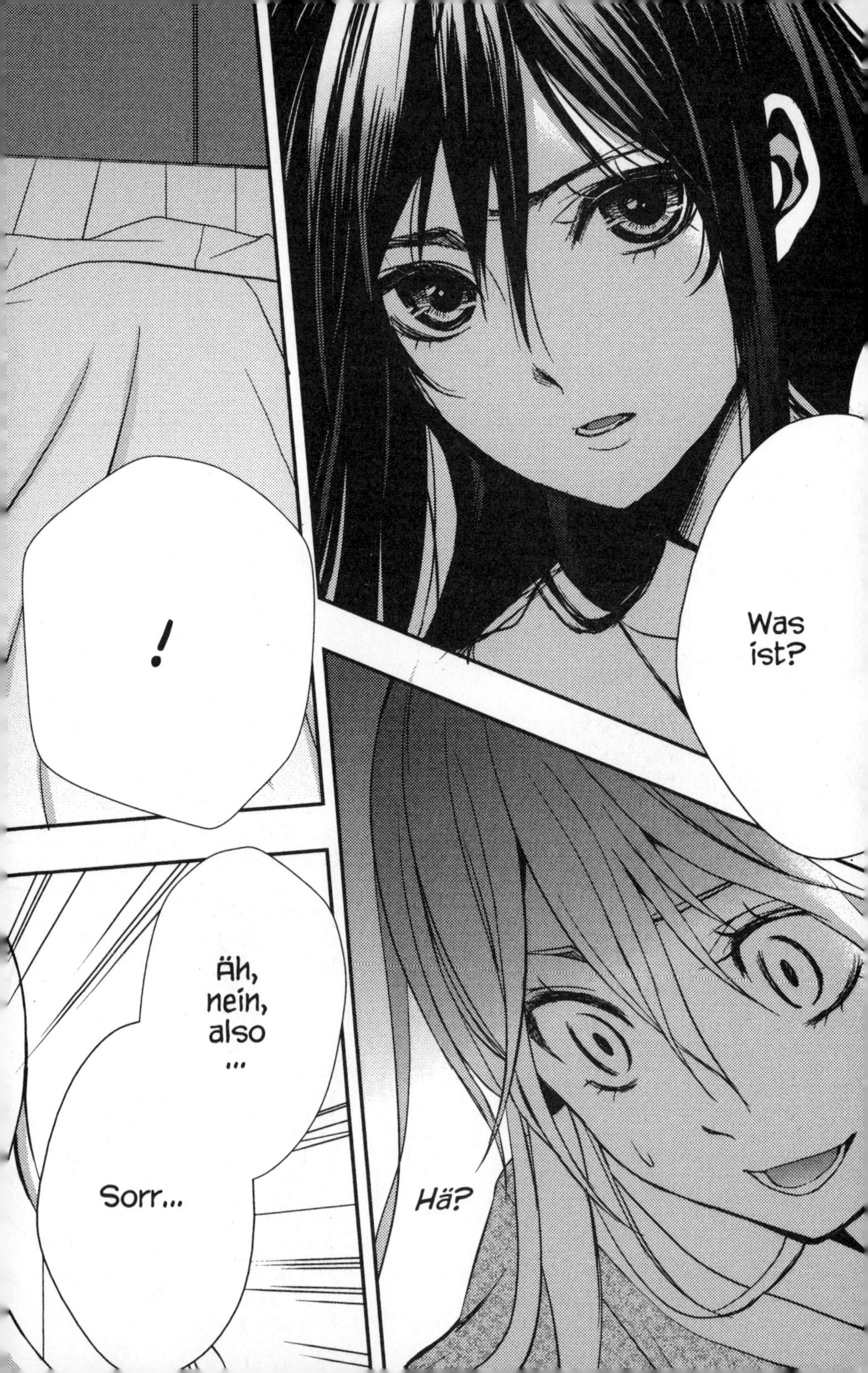
Was ist?
!
Hä?
Äh, nein, also ...
Sorr...

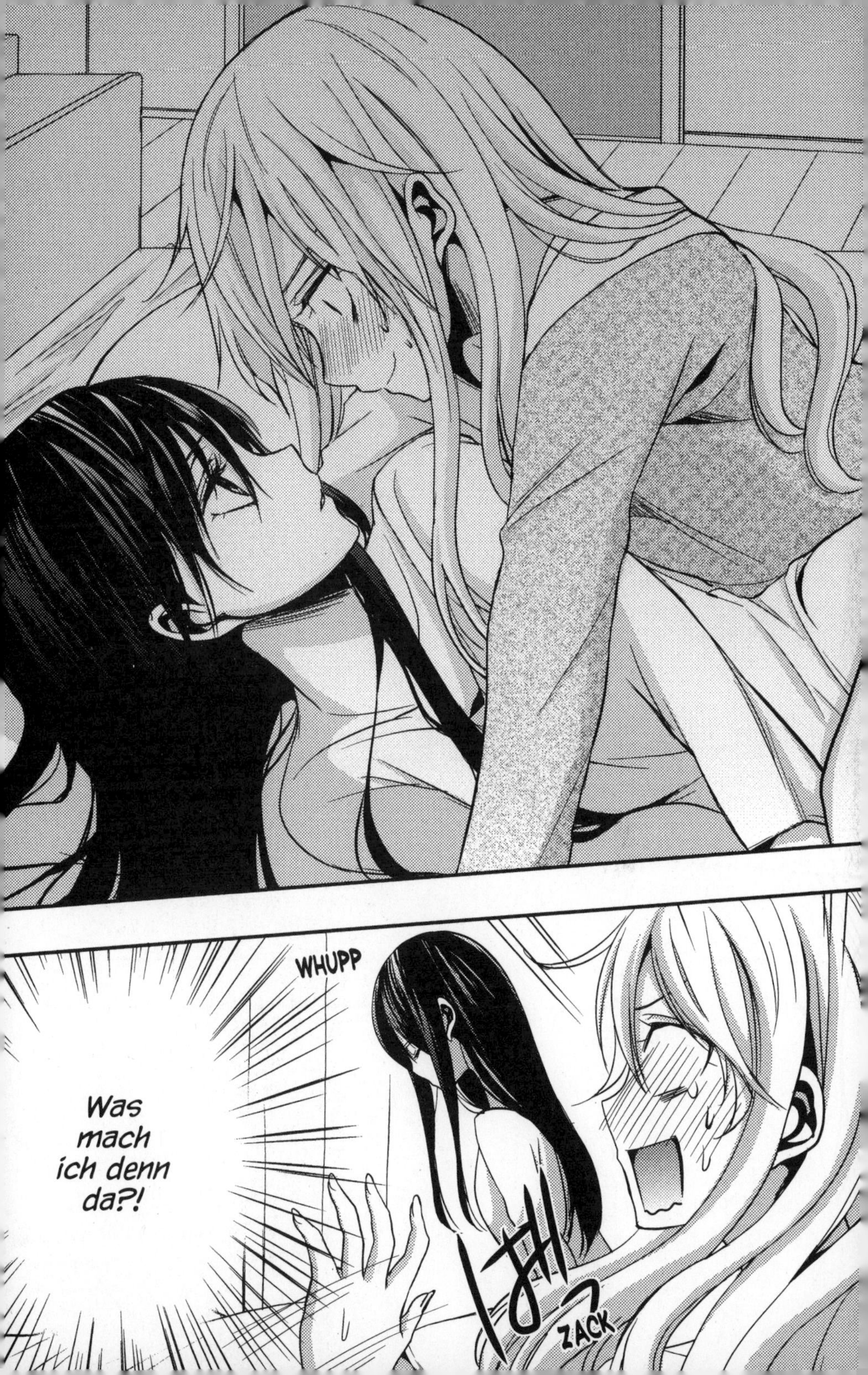
WHUPP
Was mach ich denn da?!
ZACK

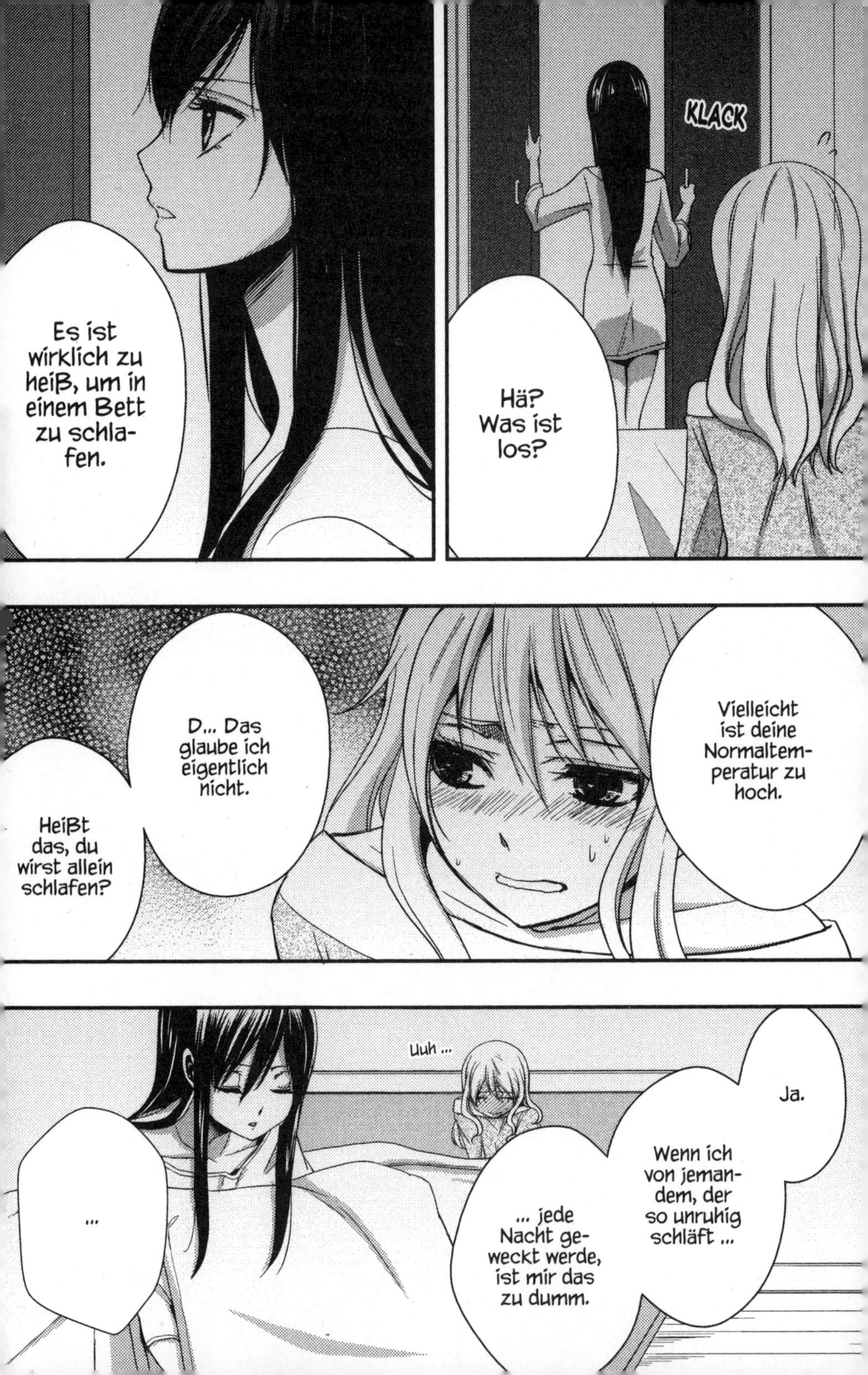

KLACK
Hä? Was ist los?
Es ist wirklich zu heiß, um in einem Bett zu schlafen.
Vielleicht ist deine Normaltemperatur zu hoch.
D... Das glaube ich eigentlich nicht.
Heißt das, du wirst allein schlafen?
Ja.
Wenn ich von jemandem, der so unruhig schläft ...
... jede Nacht geweckt werde, ist mir das zu dumm.
uuh ...
...

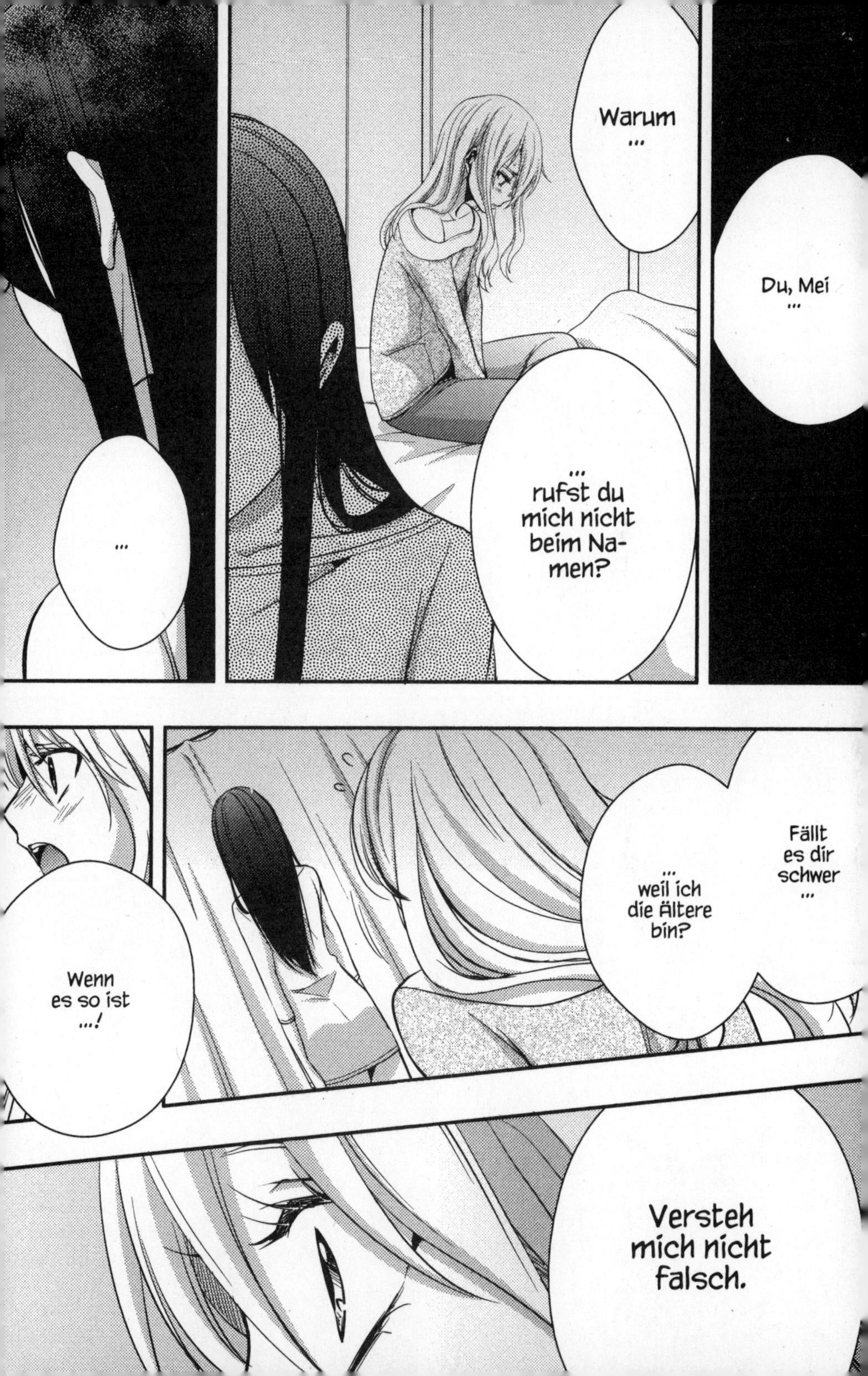
Du, Mei ...
Warum ...
... rufst du mich nicht beim Namen?
...
Fällt es dir schwer ...
... weil ich die Ältere bin?
Wenn es so ist ...!
Versteh mich nicht falsch.

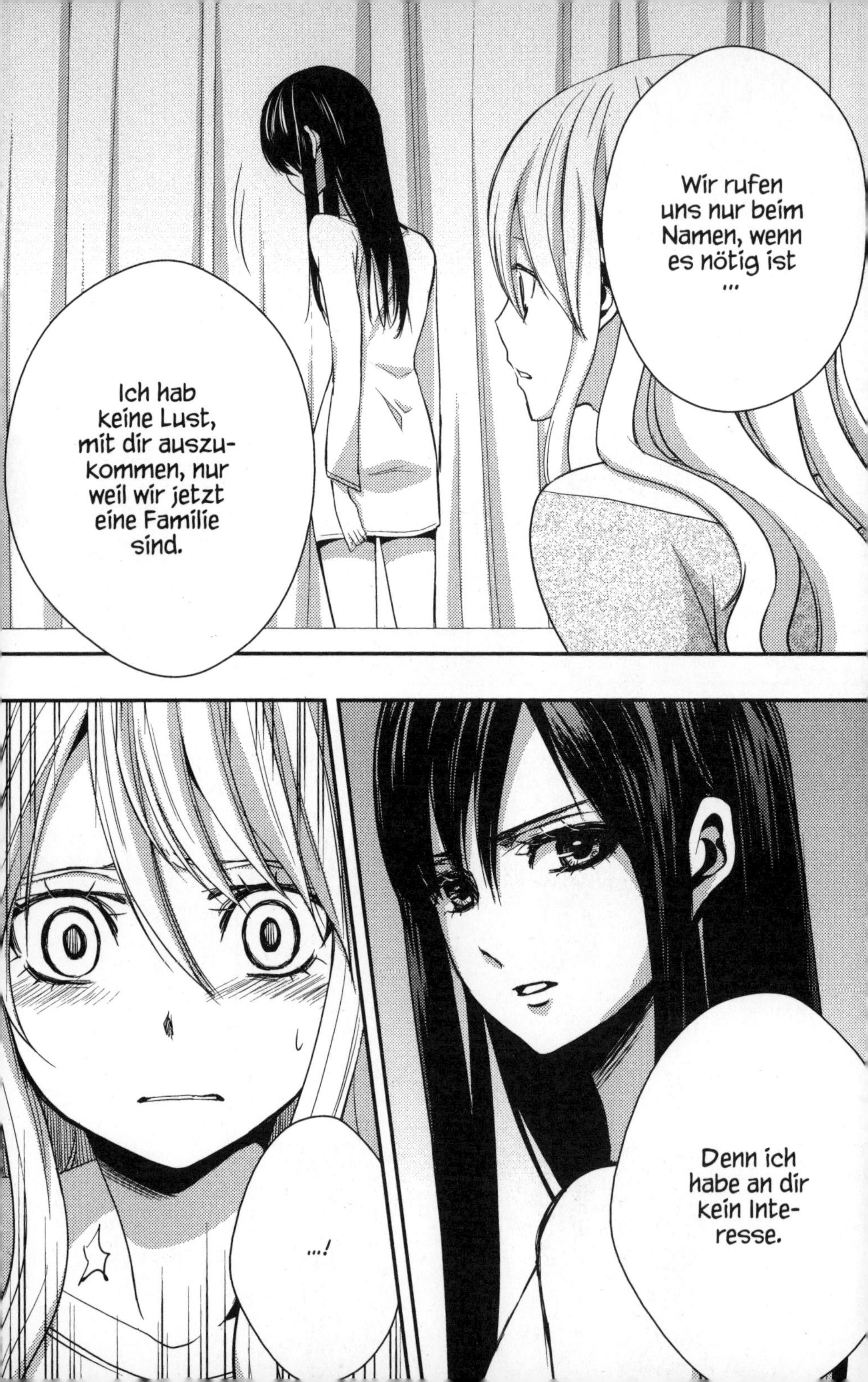

Wir rufen uns nur beim Namen, wenn es nötig ist ...
Ich hab keine Lust, mit dir auszukommen, nur weil wir jetzt eine Familie sind.
Denn ich habe an dir kein Interesse.
...!

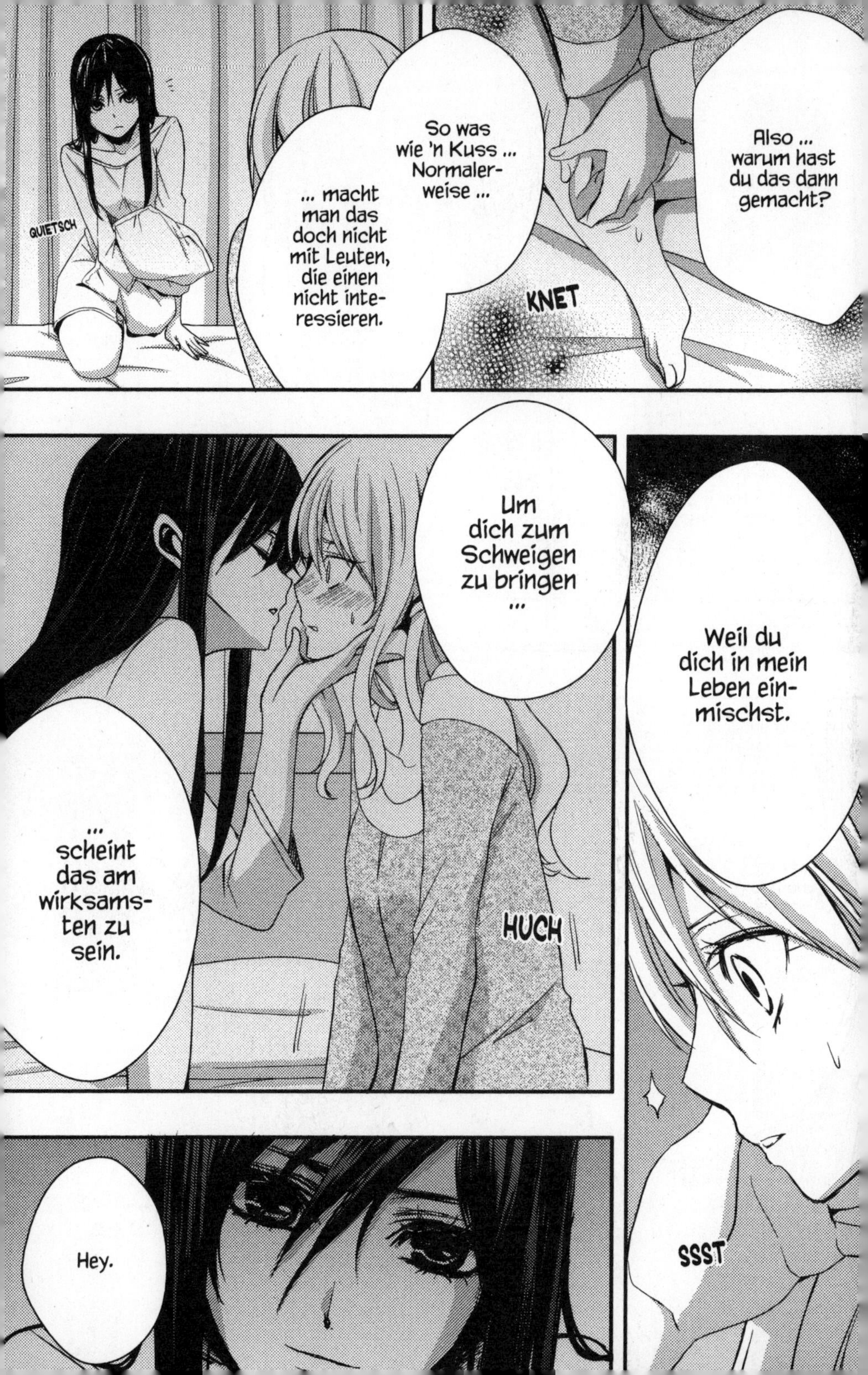
Also ... warum hast du das dann gemacht?
KNET
So was wie 'n Kuss ... Normalerweise ...
... macht man das doch nicht mit Leuten, die einen nicht interessieren.
QUIETSCH
Weil du dich in mein Leben einmischst.
Um dich zum Schweigen zu bringen ...
... scheint das am wirksamsten zu sein.
HUCH
SSST
Hey.

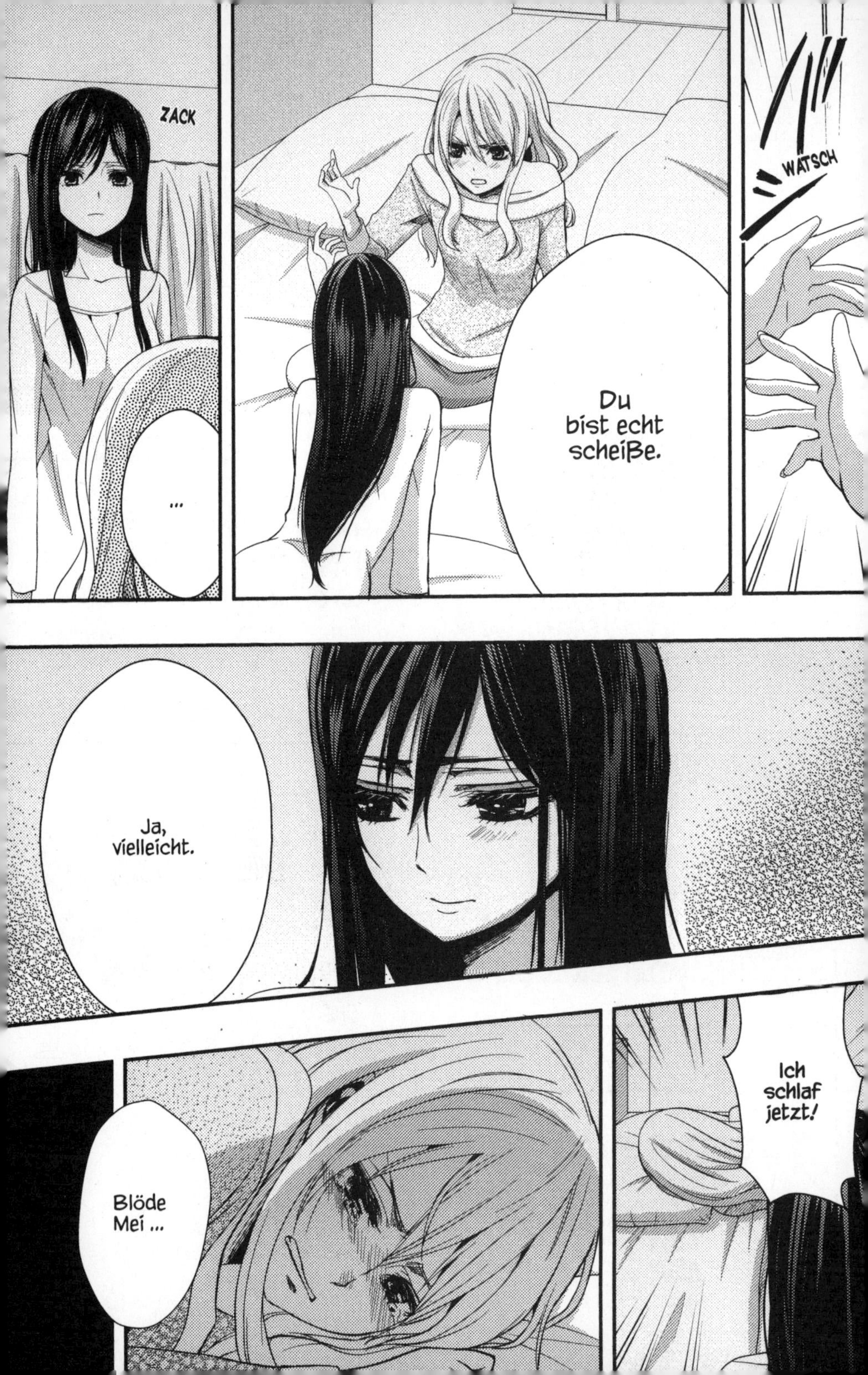
WATSCH
Du bist echt scheiße.
ZACK
...
Ja, vielleicht.
Ich schlaf jetzt!
Blöde Mei ...

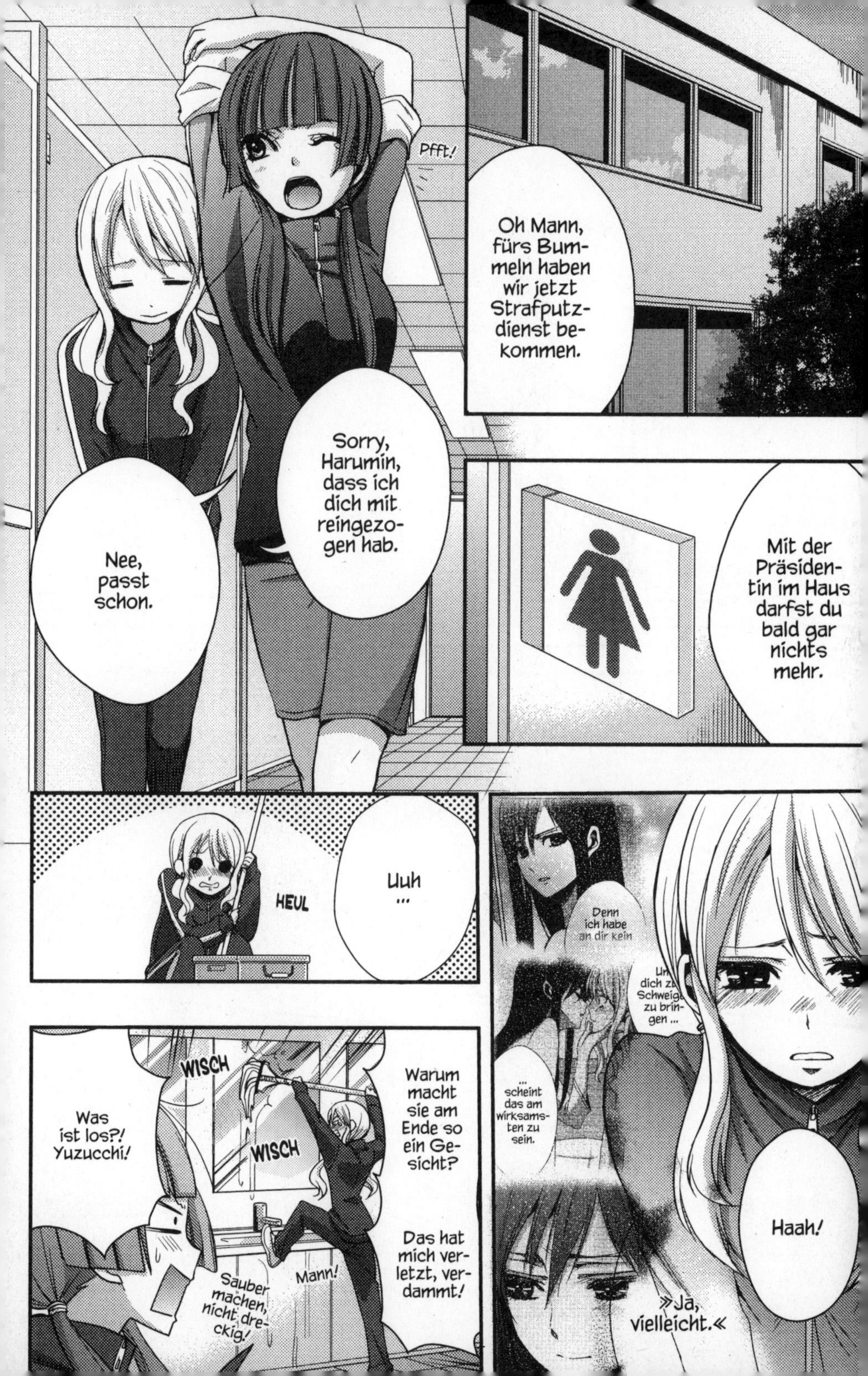

Oh Mann, fürs Bummeln haben wir jetzt Strafputzdienst bekommen.
Pfft!
Sorry, Harumin, dass ich dich mit reingezogen hab.
Nee, passt schon.
Mit der Präsidentin im Haus darfst du bald gar nichts mehr.
Denn ich habe an dir kein
... scheint das am wirksamsten zu sein.
»Ja, vielleicht.«
Haah!
Uuh ...
HEUL
WISCH
WISCH
Warum macht sie am Ende so ein Gesicht?
Das hat mich verletzt, verdammt!
Mann!
Was ist los?! Yuzucchi!
Sauber machen, nicht dreckig!

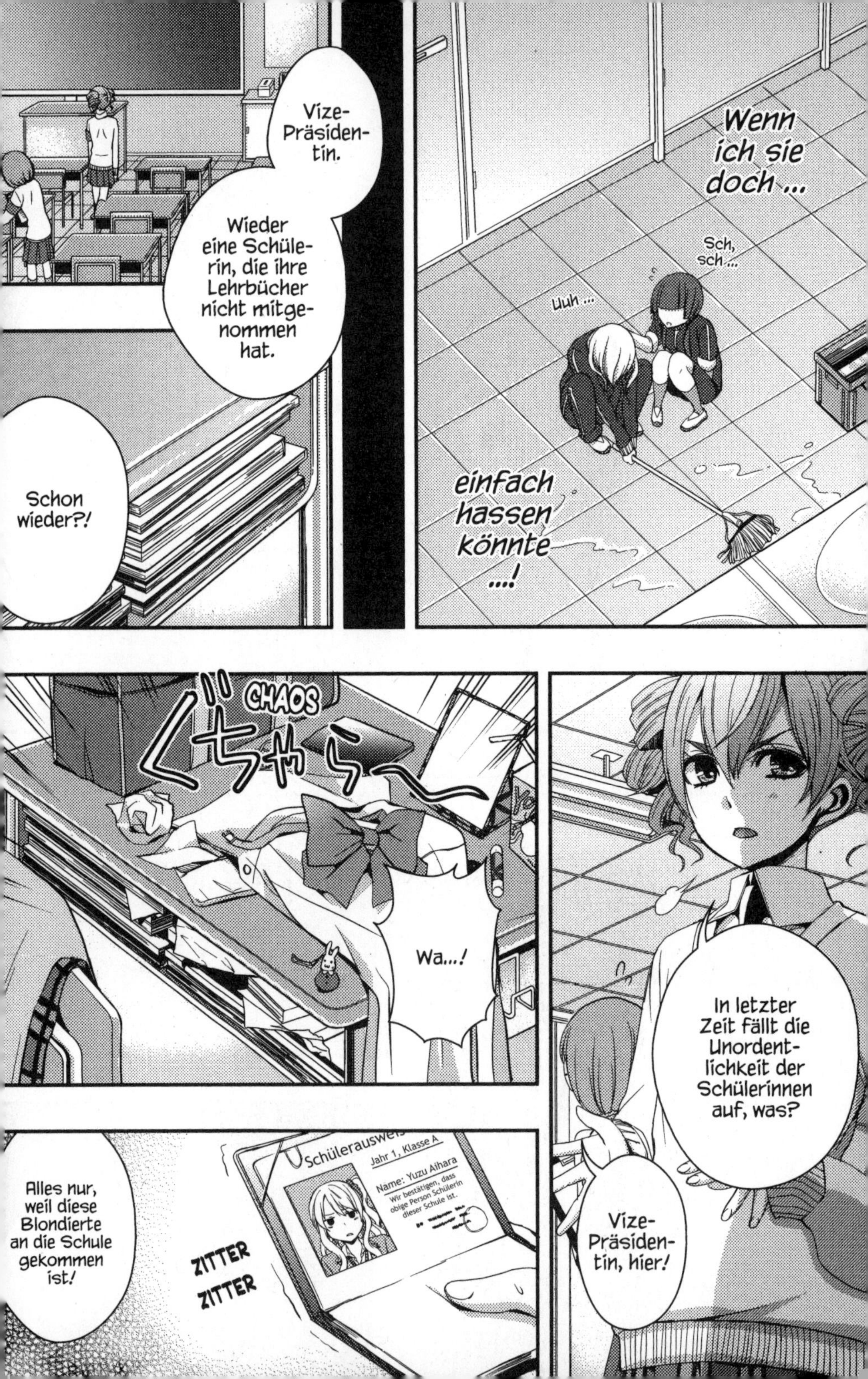
Wenn ich sie doch ...
Sch, sch ...
Üüh ...
einfach hassen könnte ...!
Vize-Präsidentin.
Wieder eine Schülerin, die ihre Lehrbücher nicht mitgenommen hat.
Schon wieder?!
In letzter Zeit fällt die Unordentlichkeit der Schülerinnen auf, was?
Vize-Präsidentin, hier!
CHAOS
Wa...!
Schülerausweis
Jahr 1, Klasse A
Name: Yuzu Aihara
Wir bestätigen, dass obige Person Schülerin dieser Schule ist.
ZITTER ZITTER
Alles nur, weil diese Blondierte an die Schule gekommen ist!

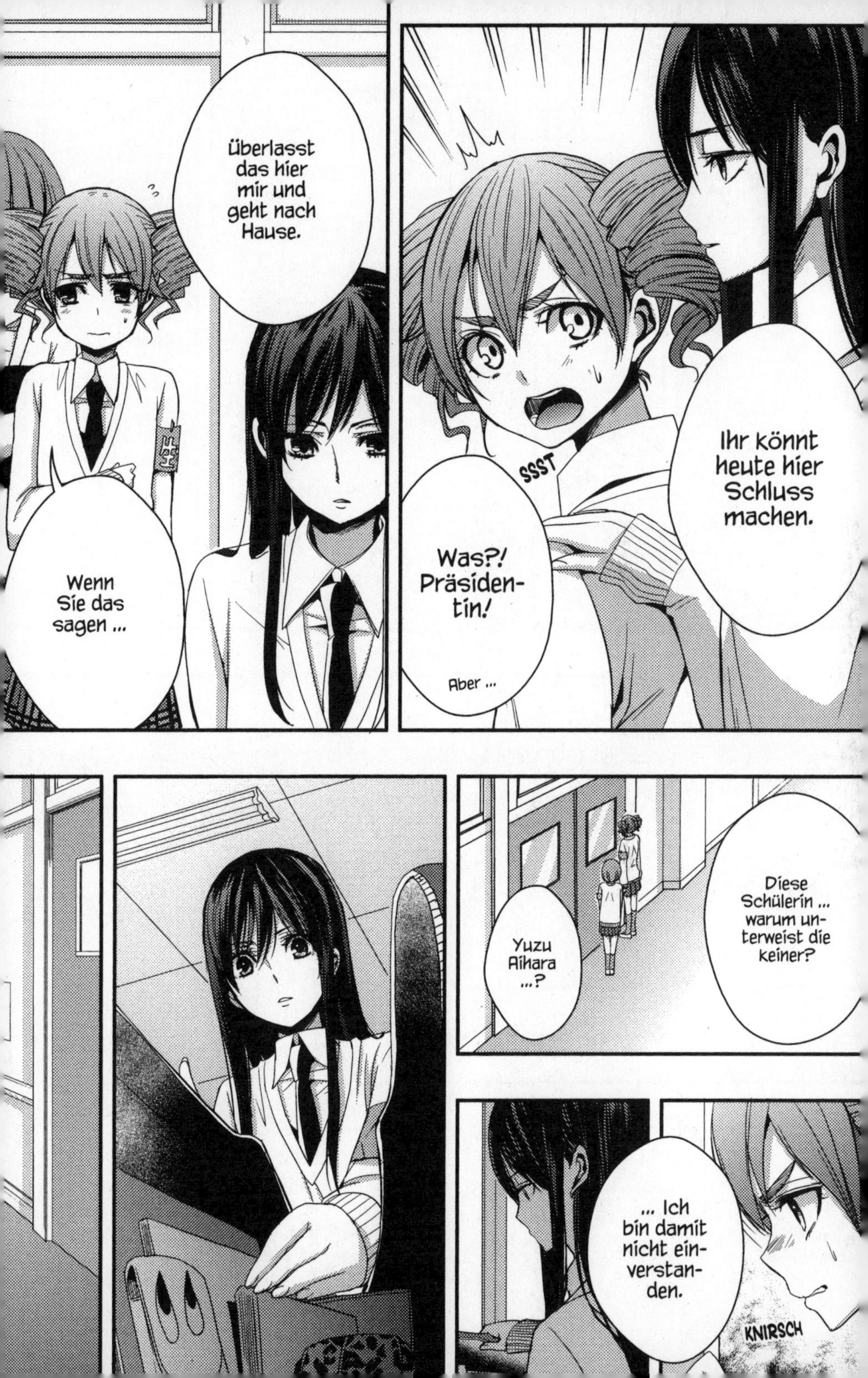
Ihr könnt heute hier Schluss machen.
SSST
Was?! Präsidentin!
Aber ...
Überlasst das hier mir und geht nach Hause.
Wenn Sie das sagen ...
Diese Schülerin ... warum unterweist die keiner?
Yuzu Aihara ...?
... Ich bin damit nicht einverstanden.
KNIRSCH

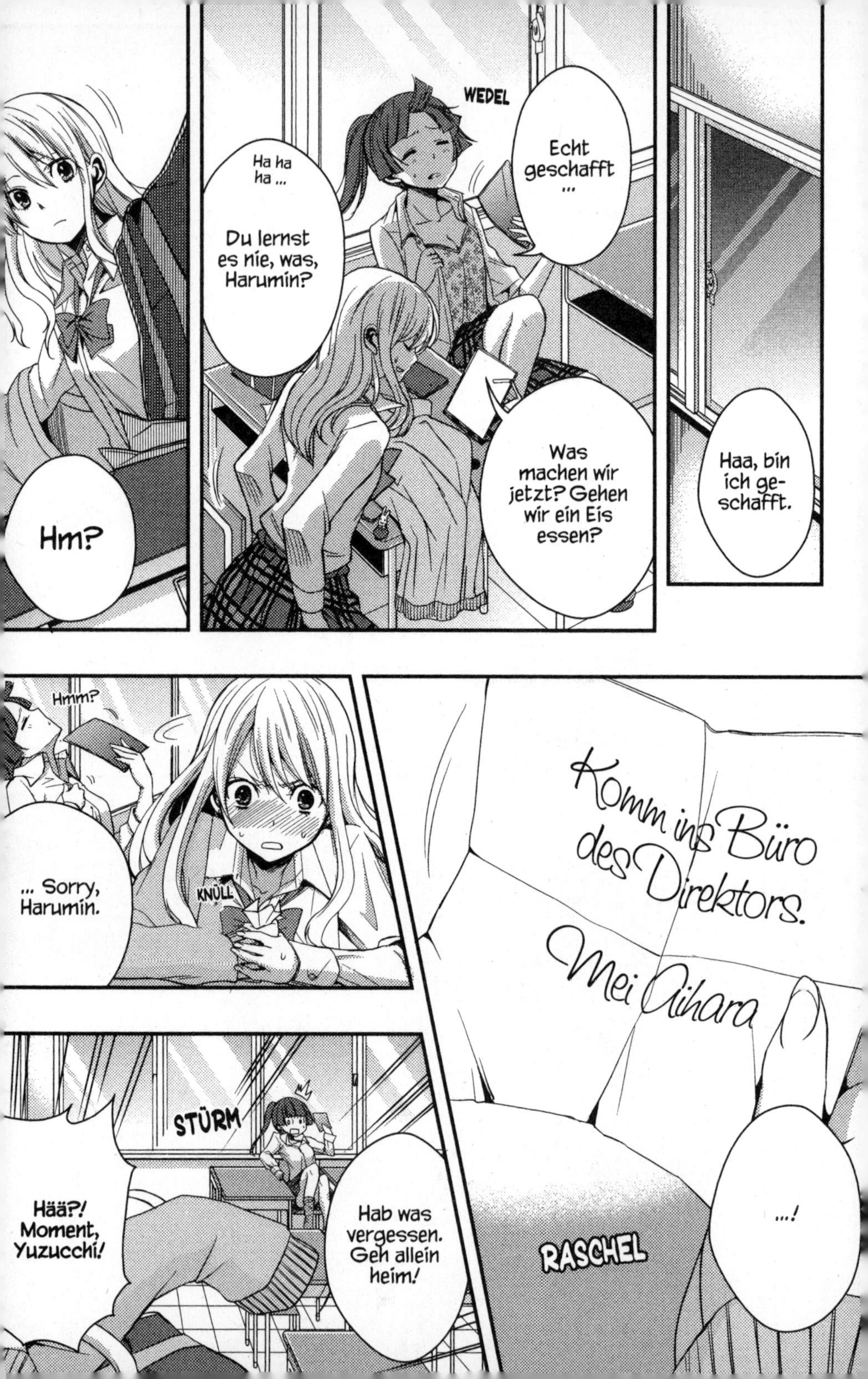
Haa, bin ich geschafft.
WEDEL
Echt geschafft ...
Was machen wir jetzt? Gehen wir ein Eis essen?
Ha ha ha ...
Du lernst es nie, was, Harumin?
Hm?
Komm ins Büro des Direktors.
Mei Aihara
Hmm?
KNÜLL
... Sorry, Harumin.
...!
RASCHEL
Hab was vergessen. Geh allein heim!
STÜRM
Hää?! Moment, Yuzucchi!

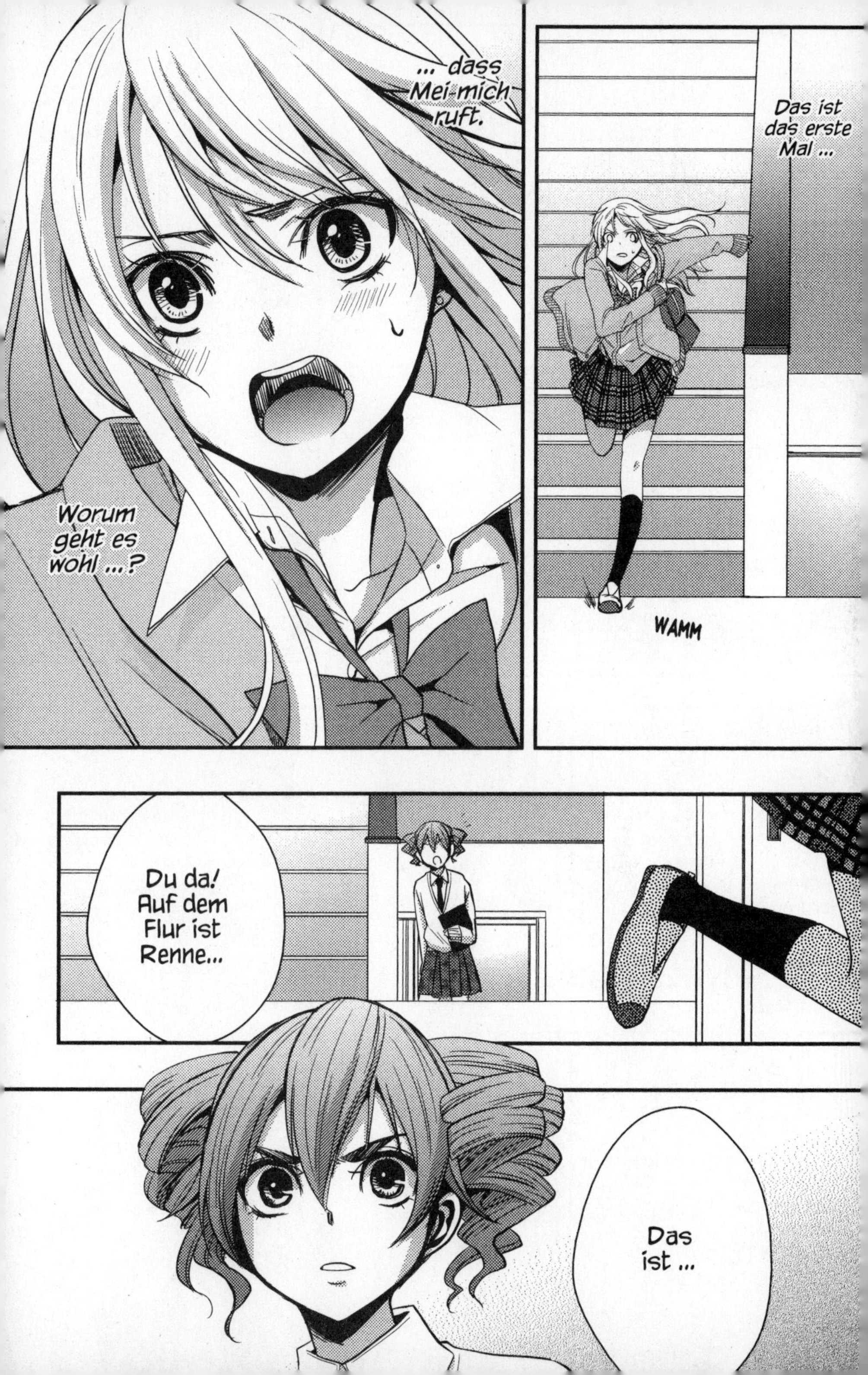
Das ist das erste Mal ...
WAMM
... dass Mei mich ruft.
Worum geht es wohl ...?
Du da! Auf dem Flur ist Renne...
Das ist ...

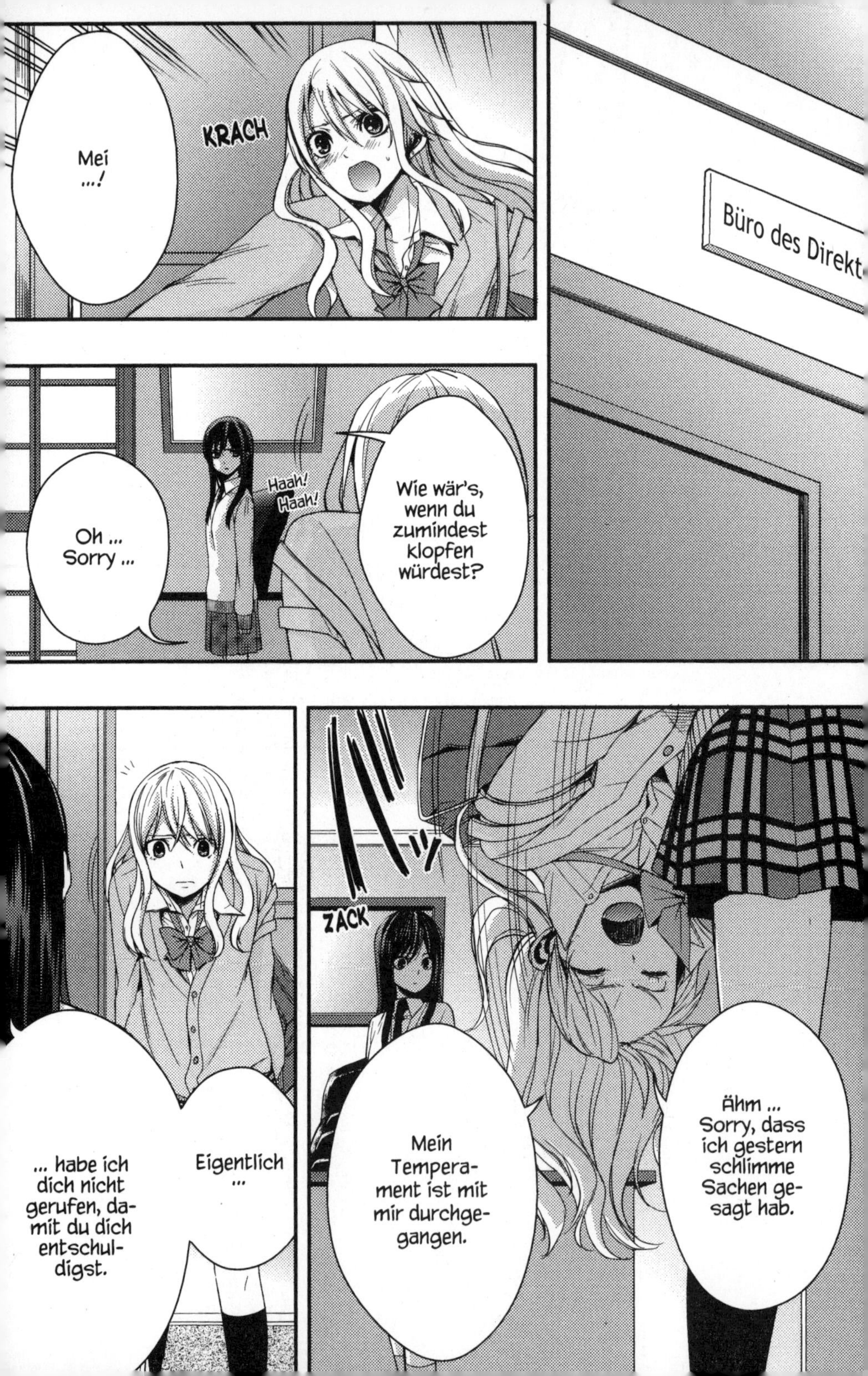
Büro des Direkt
KRACH
Mei ...!
Wie wär's, wenn du zumindest klopfen würdest?
Haah! Haah!
Oh ... Sorry ...
ZACK
Ähm ... Sorry, dass ich gestern schlimme Sachen gesagt hab.
Mein Temperament ist mit mir durchgegangen.
Eigentlich ...
... habe ich dich nicht gerufen, damit du dich entschuldigst.

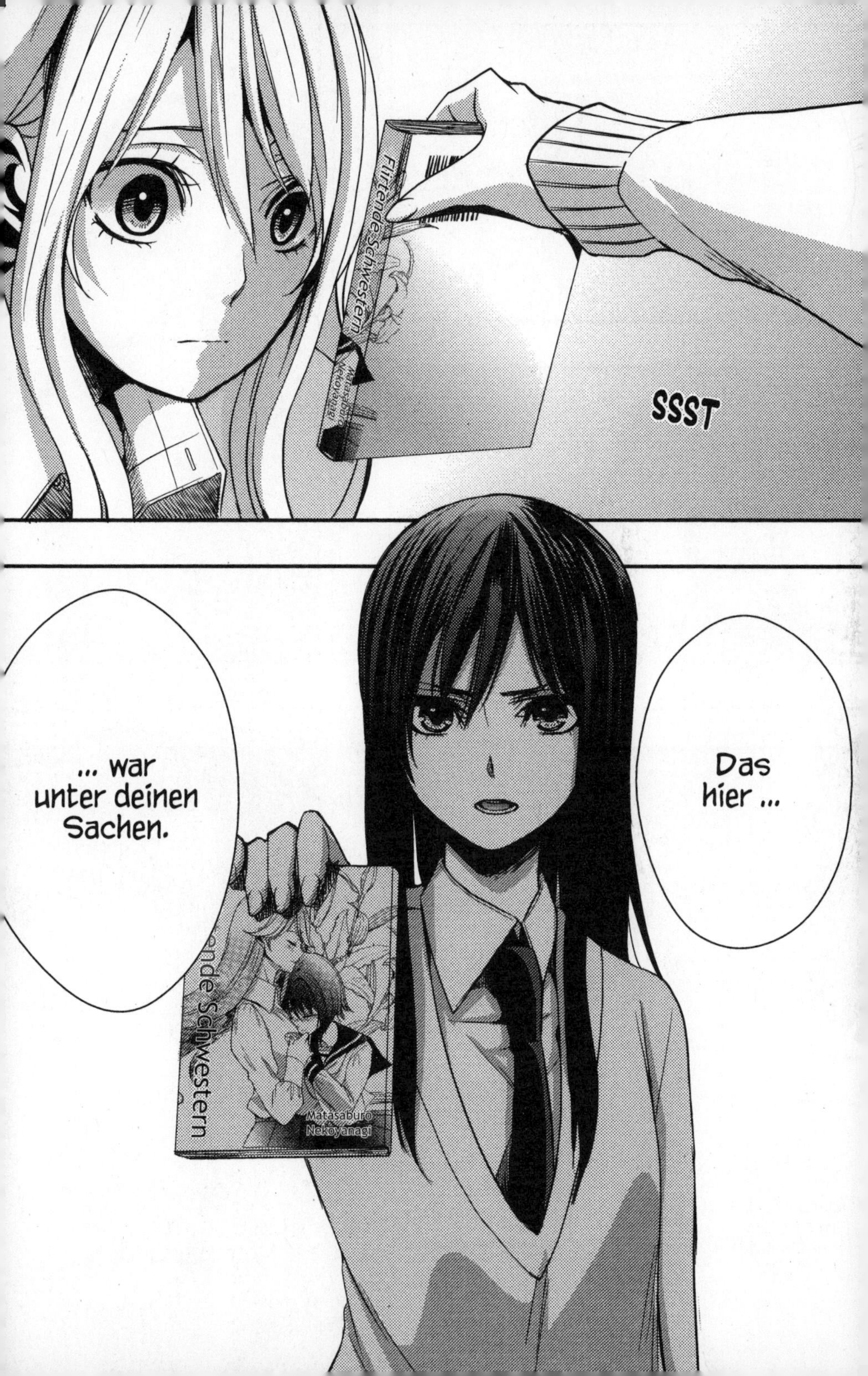
Flirtende Schwestern
Matasaburo Nekoyanagi
SSST
Das hier ...
... war unter deinen Sachen.
Matasaburo Nekoyanagi

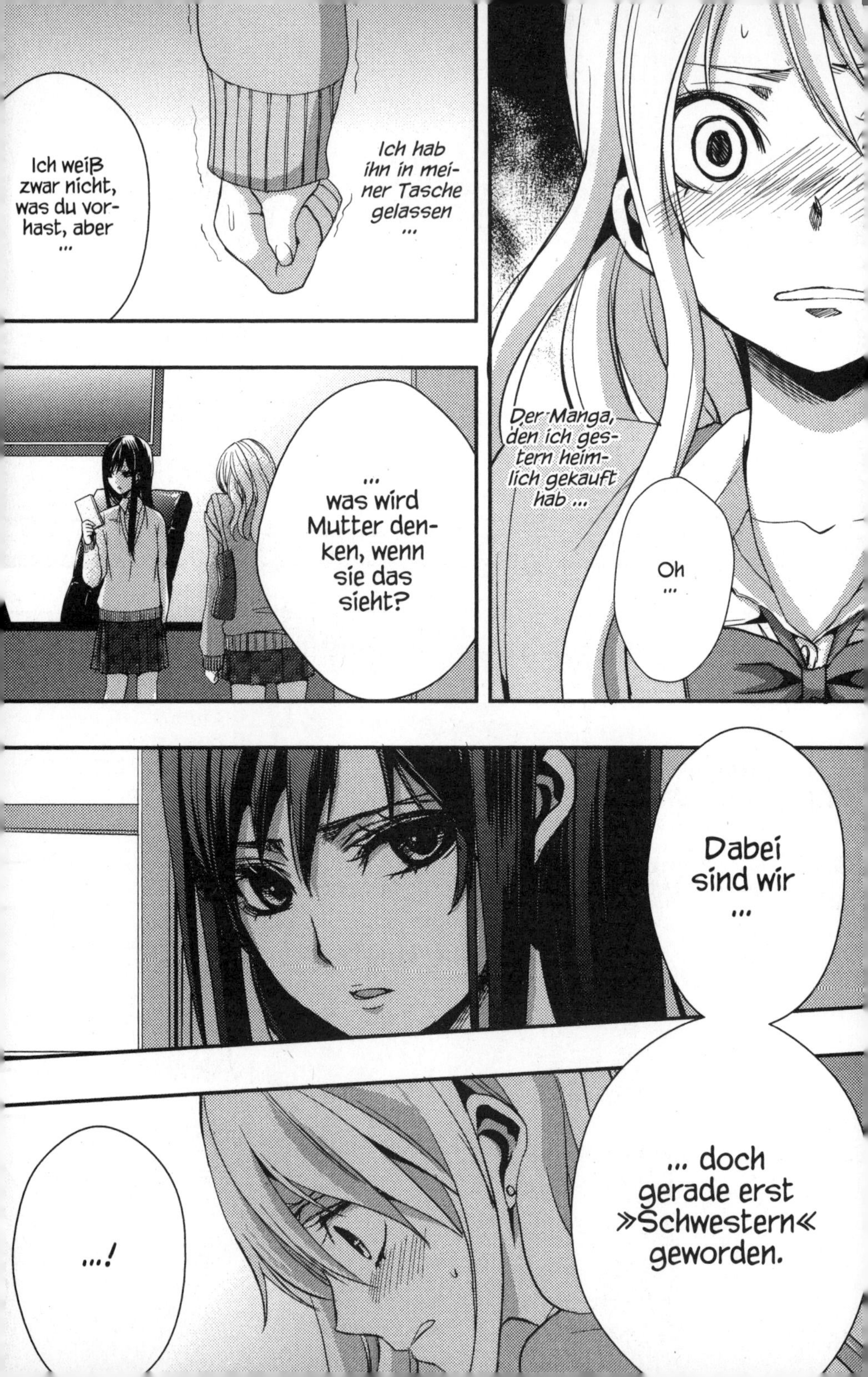
Ich hab ihn in meiner Tasche gelassen ...
Ich weiß zwar nicht, was du vorhast, aber ...
Der Manga, den ich gestern heimlich gekauft hab ...
Oh ...
... was wird Mutter denken, wenn sie das sieht?
Dabei sind wir ...
... doch gerade erst »Schwestern« geworden.
...!

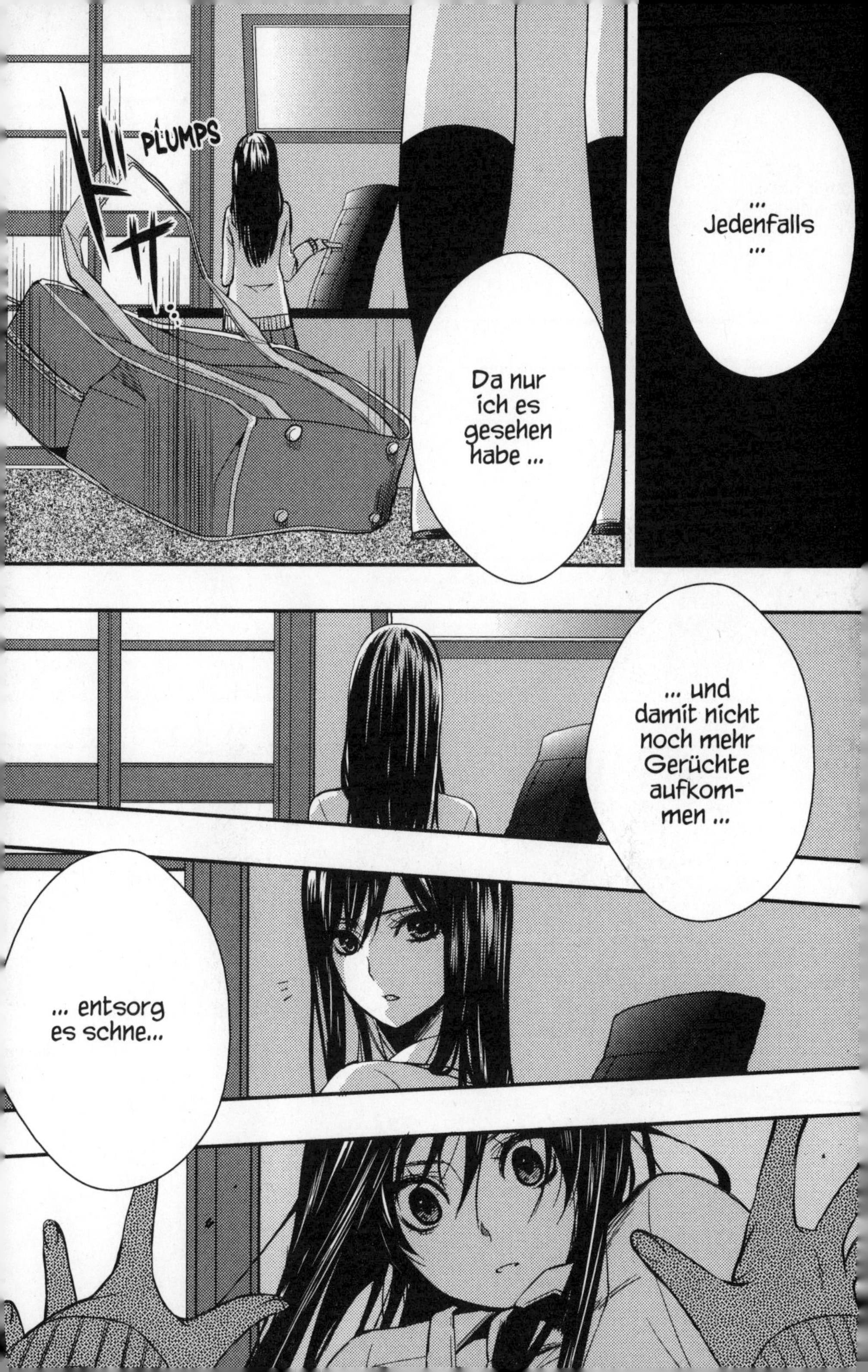
... Jedenfalls ...
Da nur ich es gesehen habe ...
PLUMPS
... und damit nicht noch mehr Gerüchte aufkommen ...
... entsorg es schne...

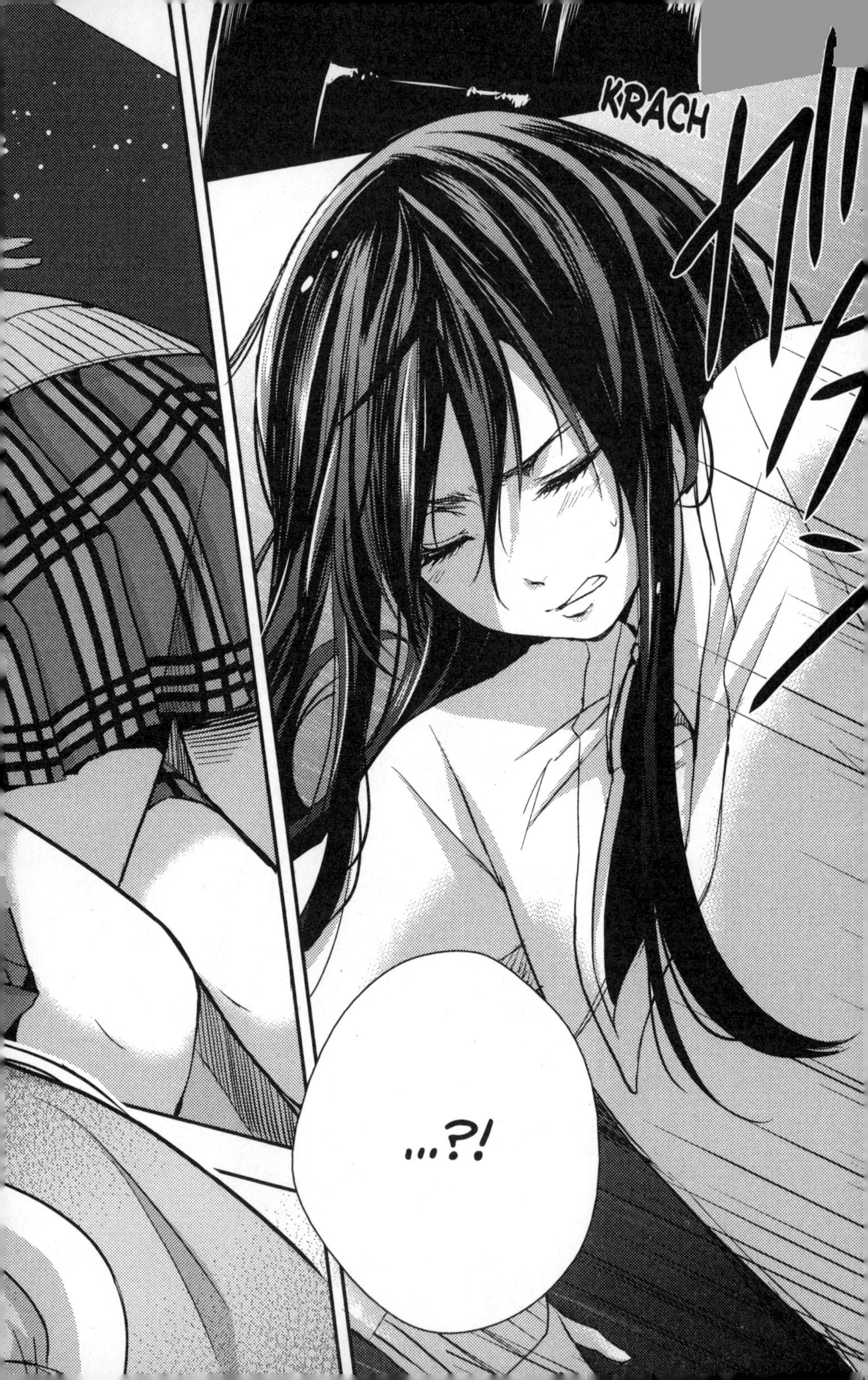
KRACH
...?!

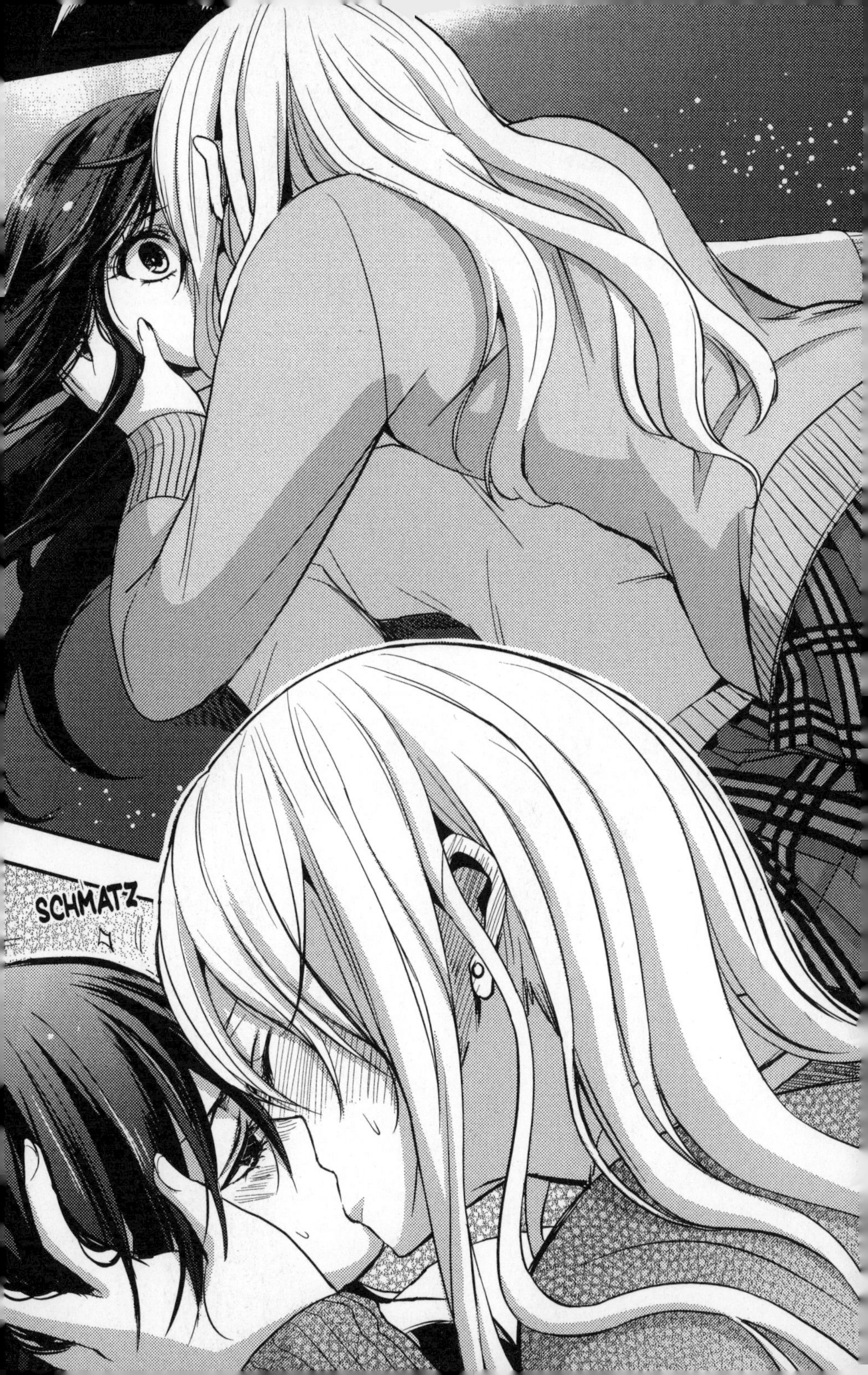
SCHMATZ

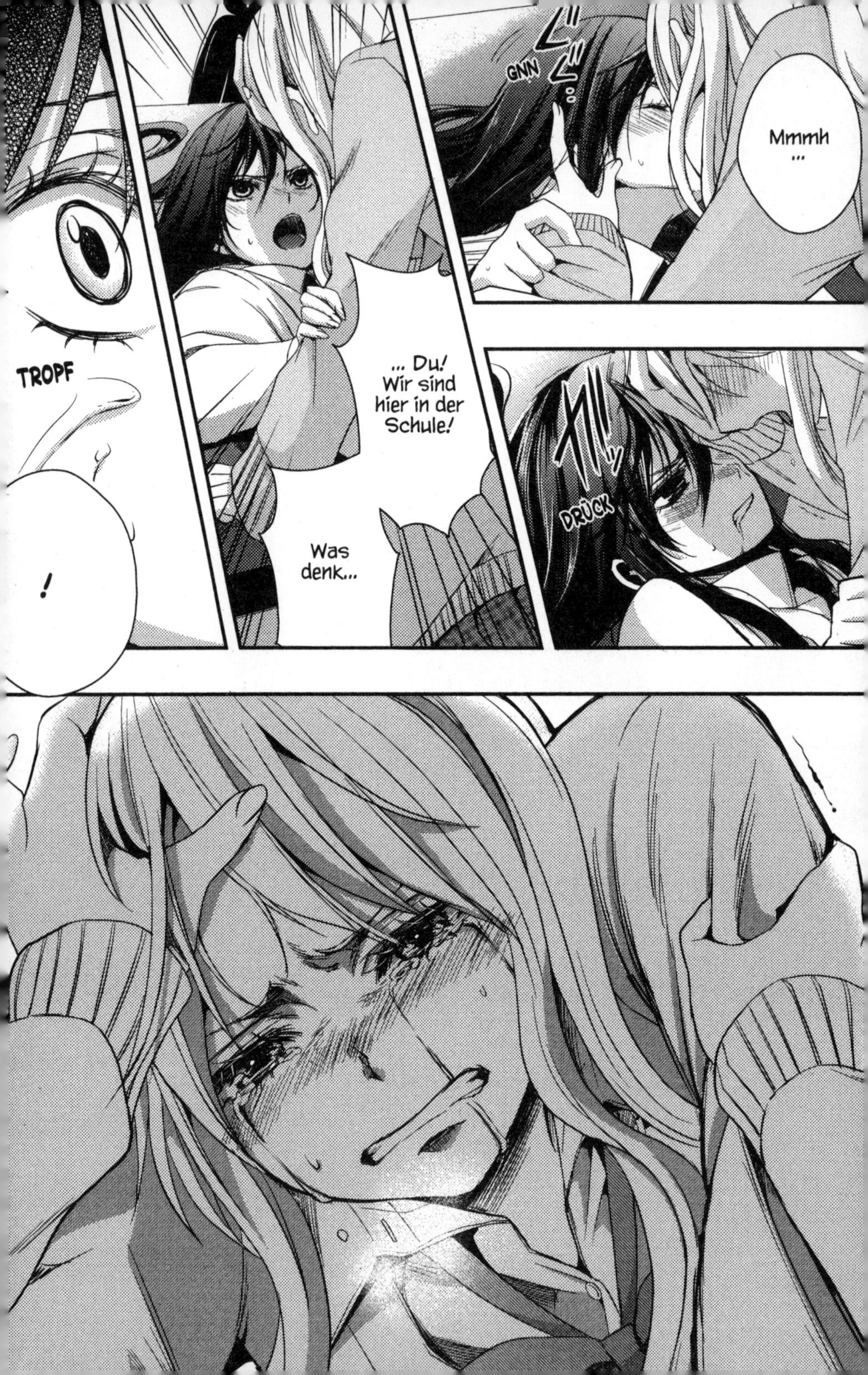

Mmmh ...
GNN
DRÜCK
Was denk...
... Du! Wir sind hier in der Schule!
TROPF
!

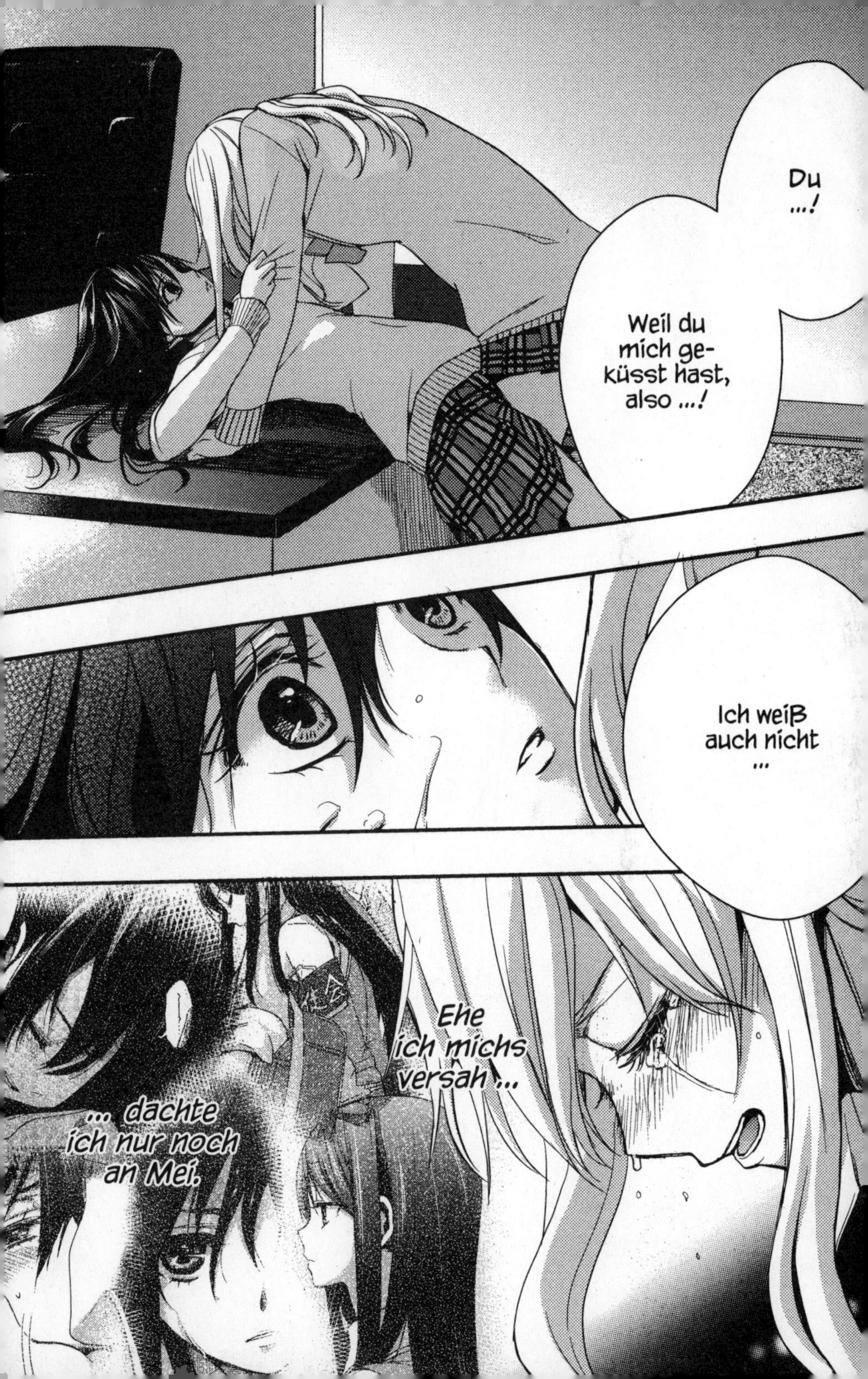
Du ...!
Weil du mich ge-küsst hast, also ...!
Ich weiß auch nicht ...
Ehe ich michs versah ...
... dachte ich nur noch an Mei.

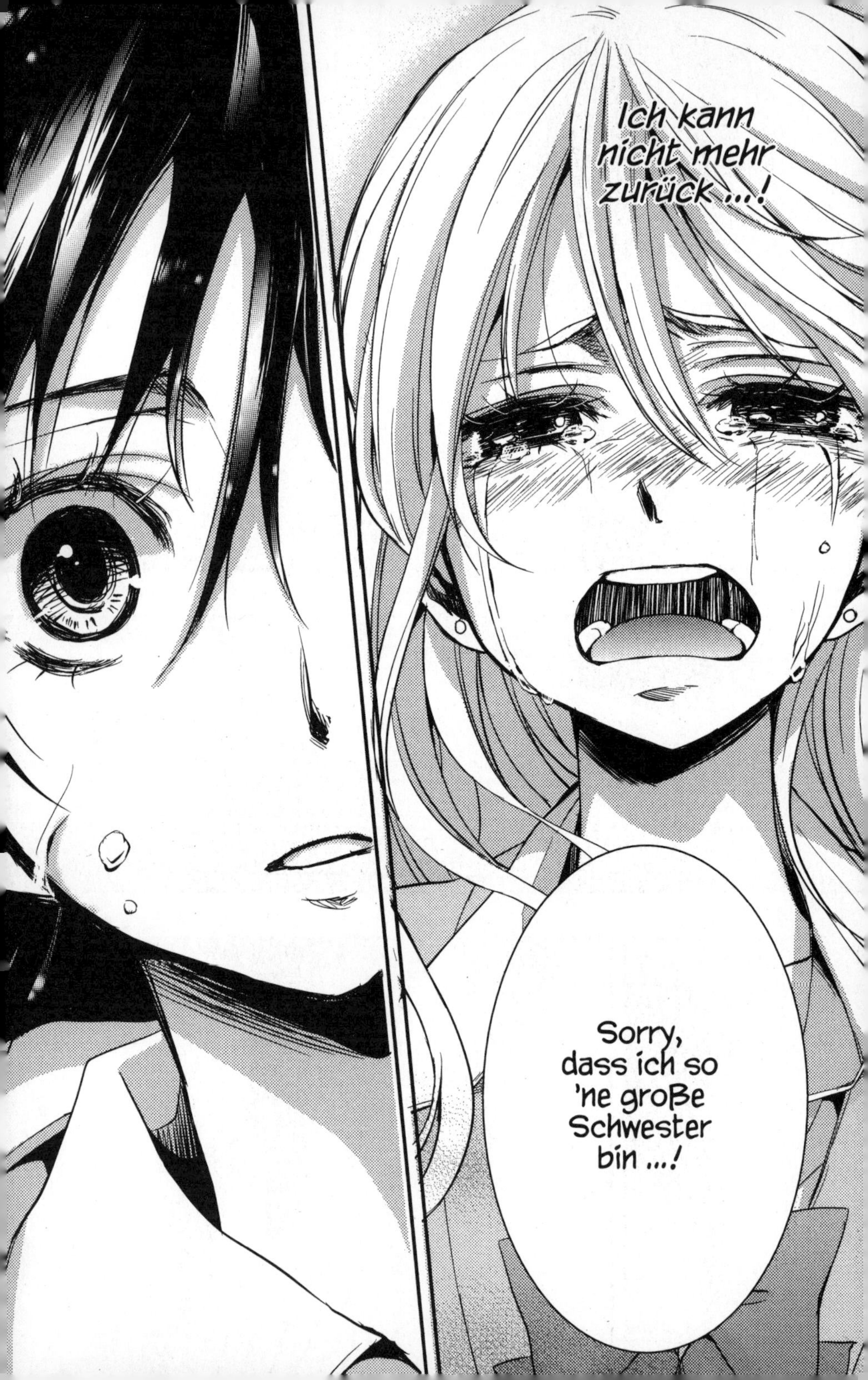
Ich kann nicht mehr zurück ...!
Sorry, dass ich so 'ne große Schwester bin ...!

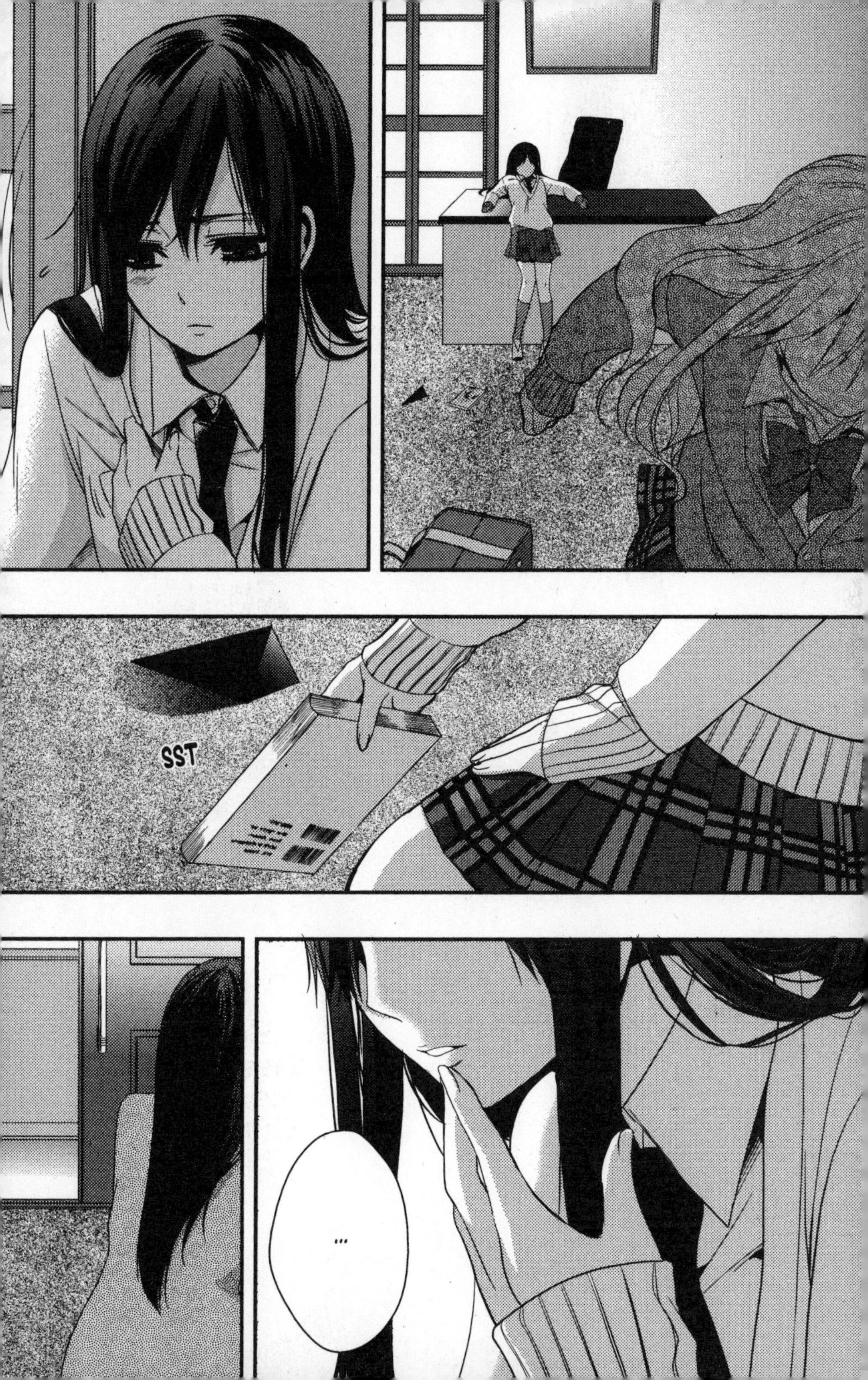
SST
...

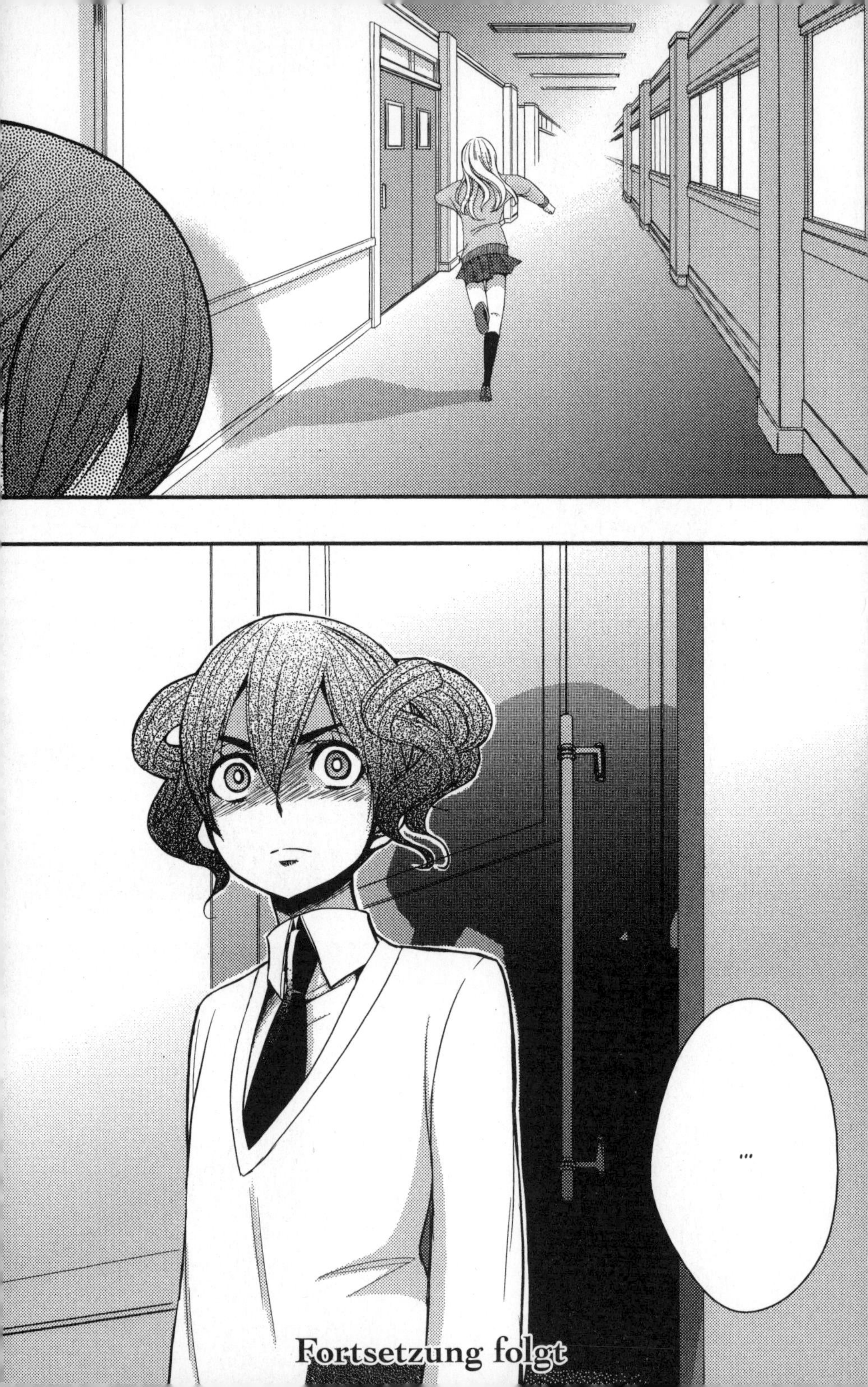
...
Fortsetzung folgt

citrus

citrus

1

Ich konnte es nicht verstecken

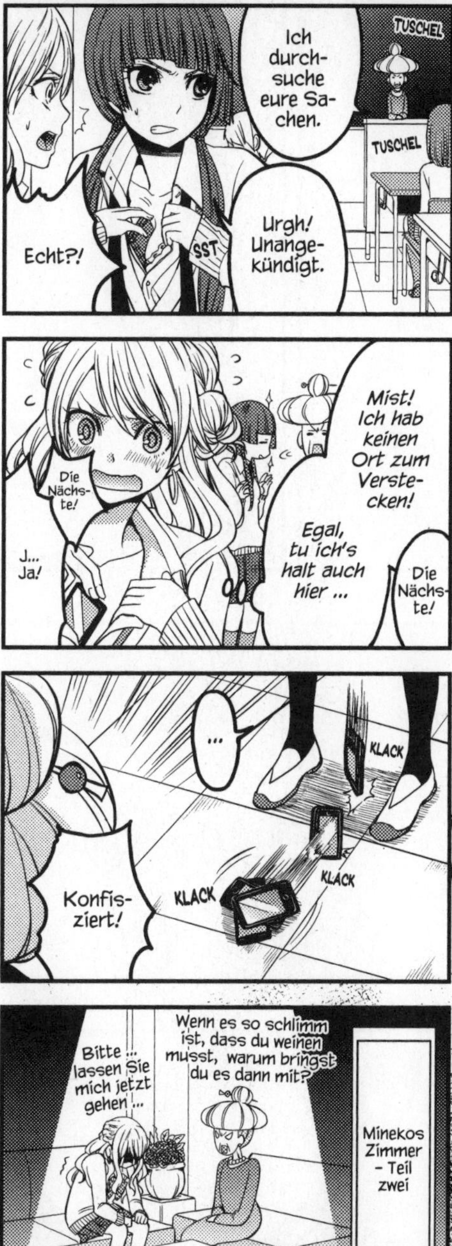

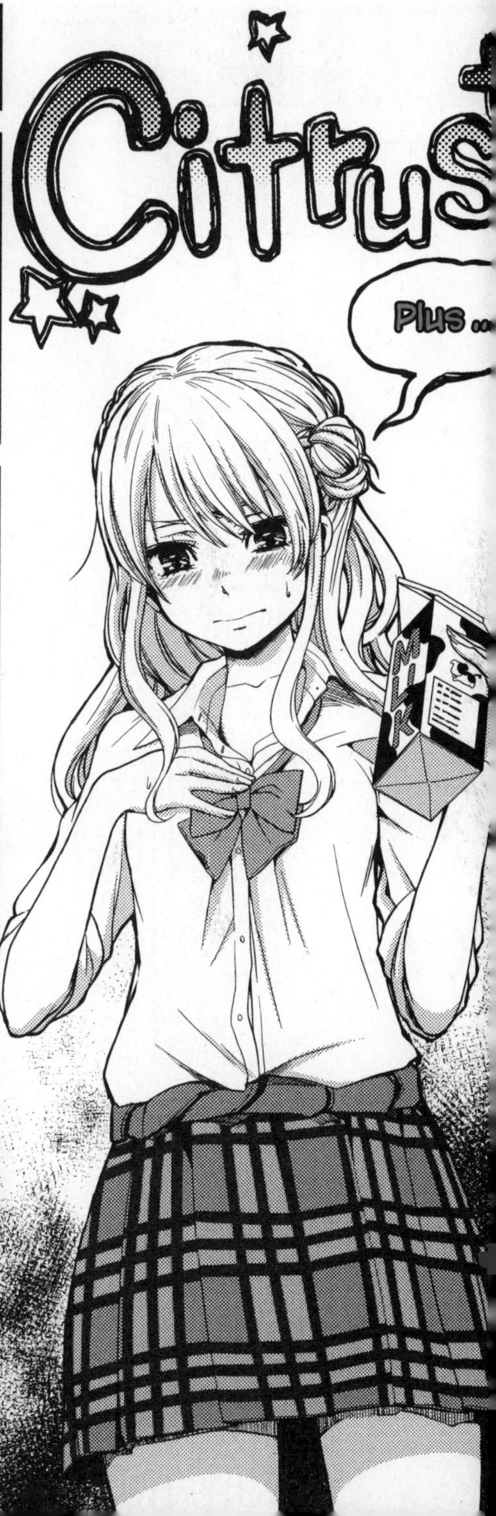

Harumin und Brillen-senpai*

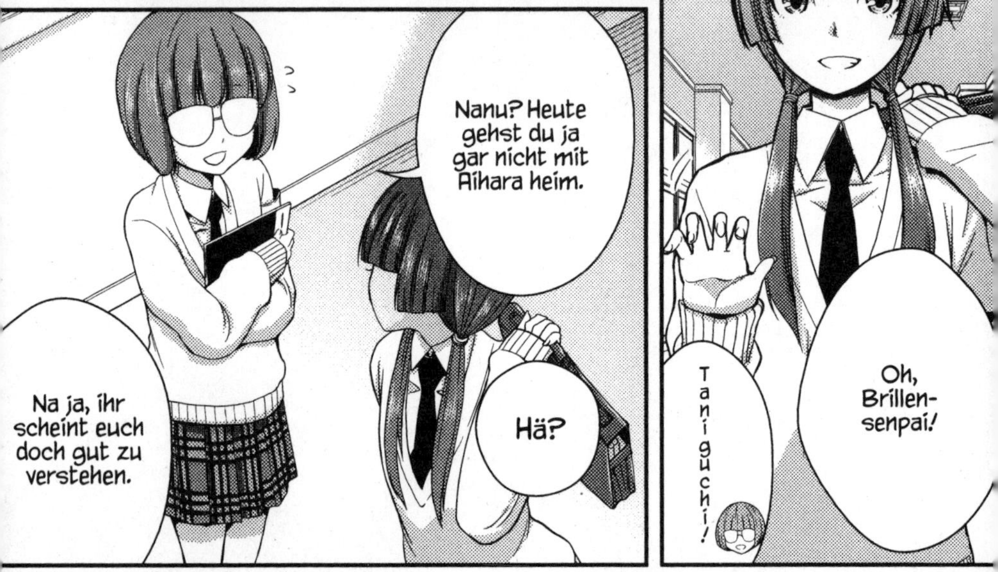

*Anrede für ältere Schüler, Studien- und Arbeitskollegen

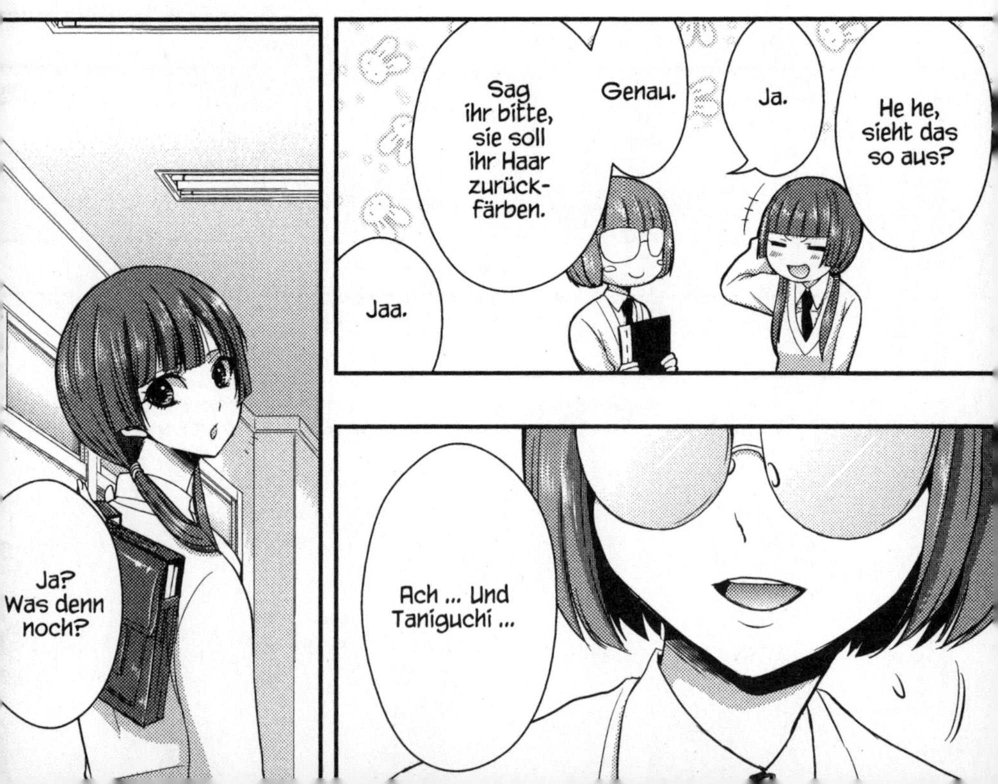

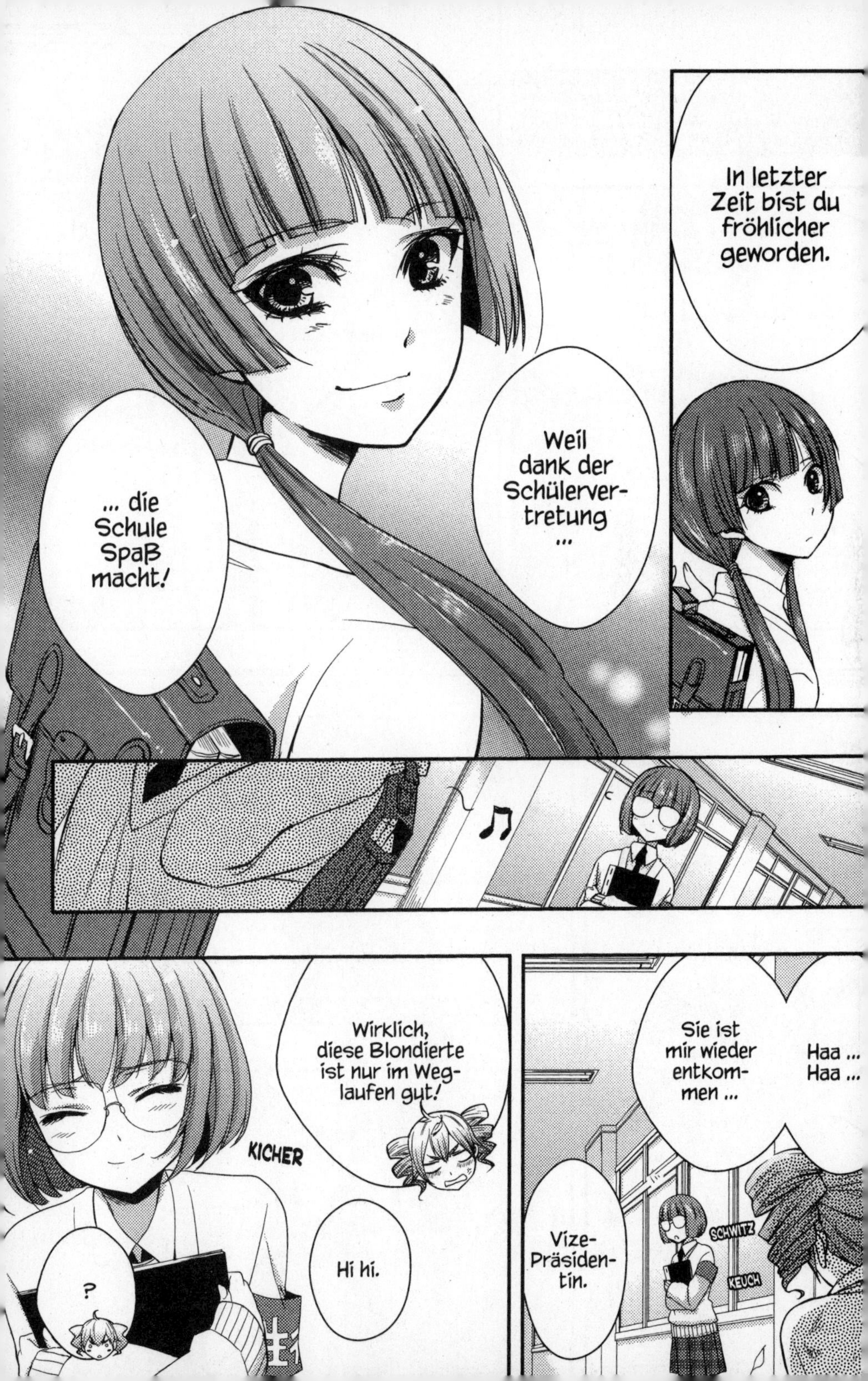
In letzter Zeit bist du fröhlicher geworden.
Weil dank der Schülervertretung ...
... die Schule Spaß macht!
Haa ... Haa ...
Sie ist mir wieder entkommen ...
SCHWITZ
KEUCH
Vize-Präsidentin.
Wirklich, diese Blondierte ist nur im Weglaufen gut!
KICHER
Hi hi.
?

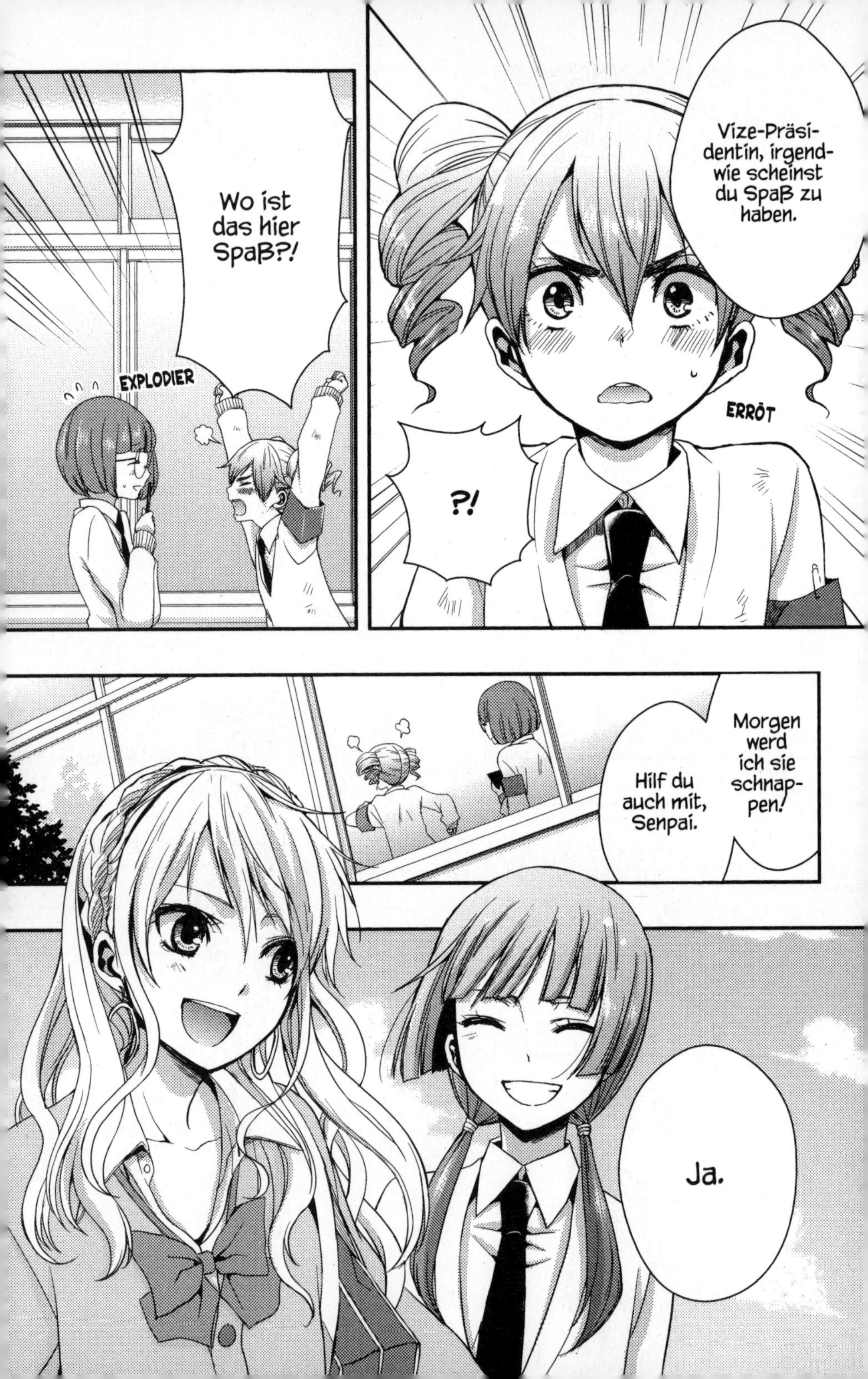

Vize-Präsidentin, irgendwie scheinst du Spaß zu haben.
ERRÖT
?!
Wo ist das hier Spaß?!
EXPLODIER
Morgen werd ich sie schnappen!
Hilf du auch mit, Senpai.
Ja.

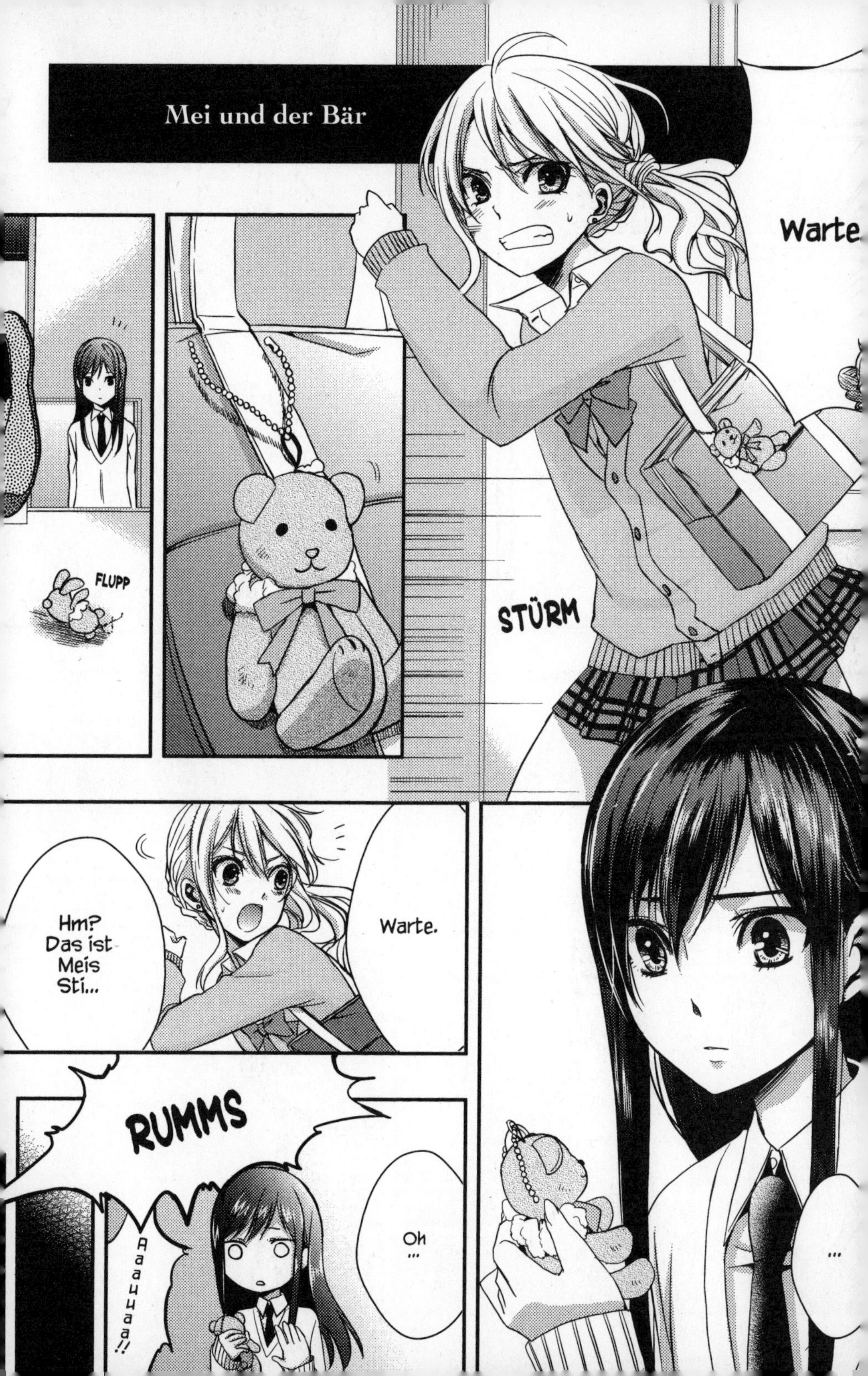
Mei und der Bär
Warte.
STÜRM
FLUPP
Warte.
Hm? Das ist Meis Sti...
...
RUMMS
Oh ...
Aaauuaa!!

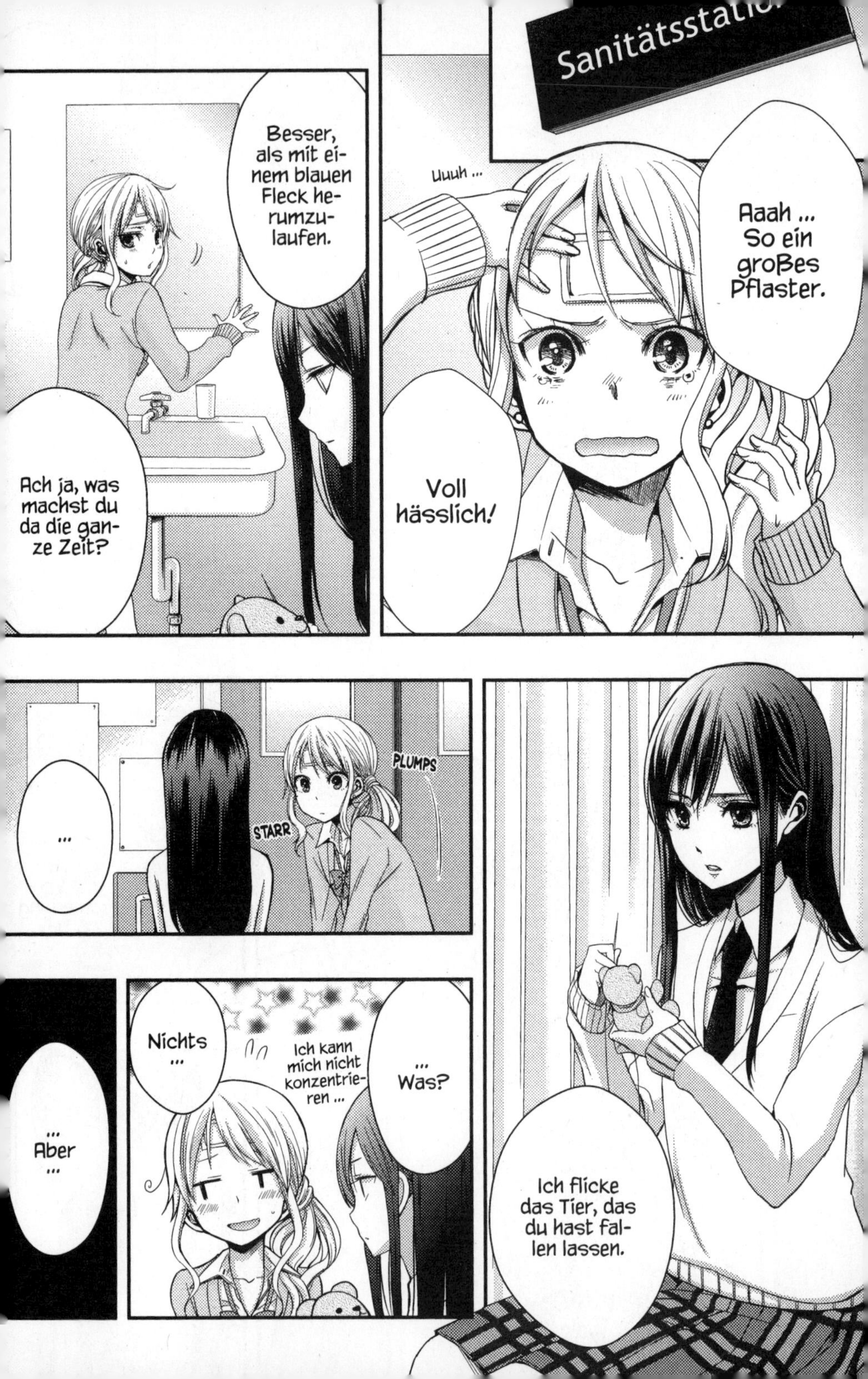

Sanitätsstatio
Uuuh ...
Aaah ... So ein großes Pflaster.
Voll hässlich!
Besser, als mit einem blauen Fleck herumzulaufen.
Ach ja, was machst du da die ganze Zeit?
Ich flicke das Tier, das du hast fallen lassen.
PLUMPS
STARR
...
... Was?
Ich kann mich nicht konzentrieren ...
Nichts ...
... Aber ...

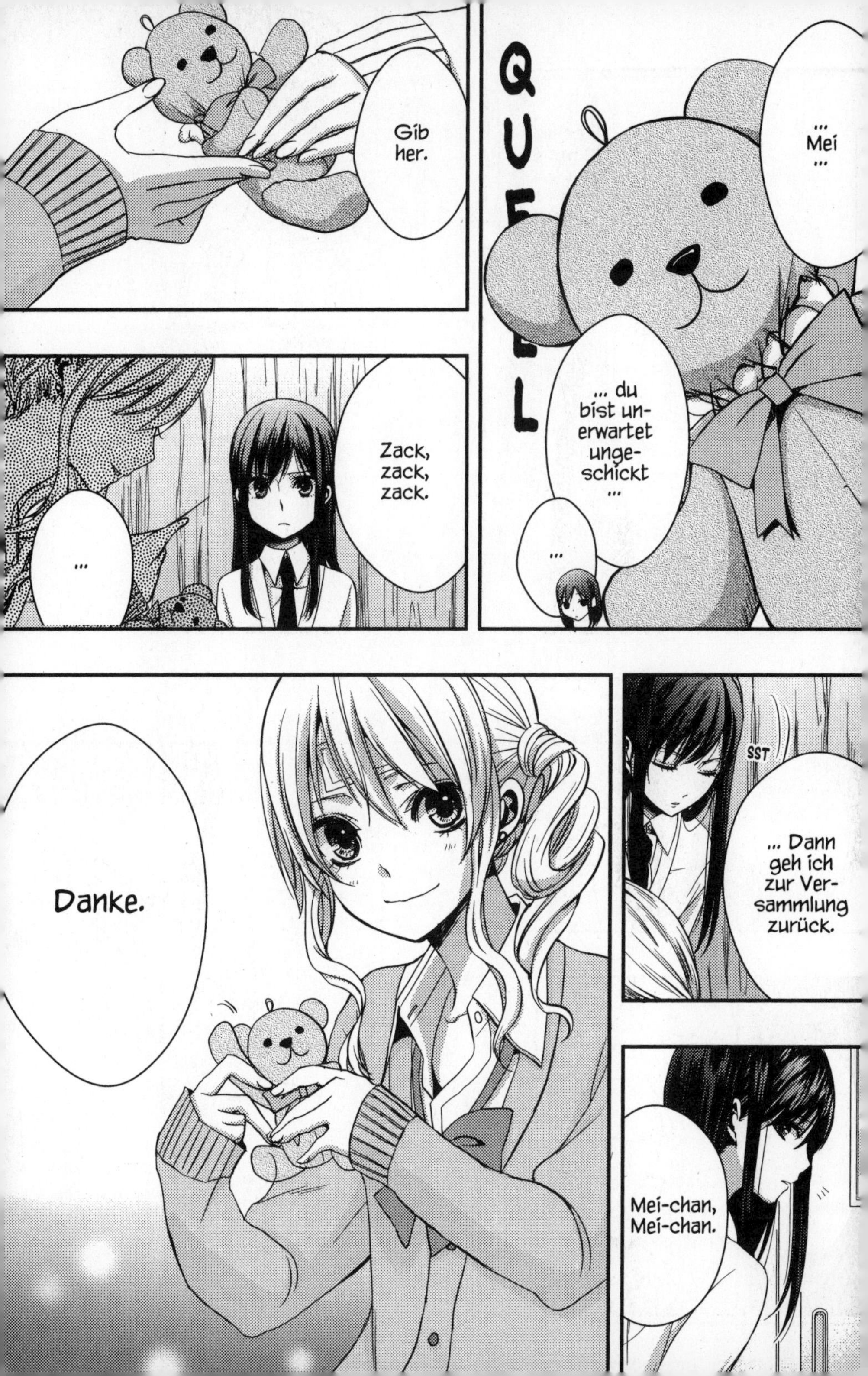
QUELL
... Mei ...
... du bist unerwartet ungeschickt ...
...
Gib her.
Zack, zack, zack.
...
SST
... Dann geh ich zur Versammlung zurück.
Mei-chan, Mei-chan.
Danke.

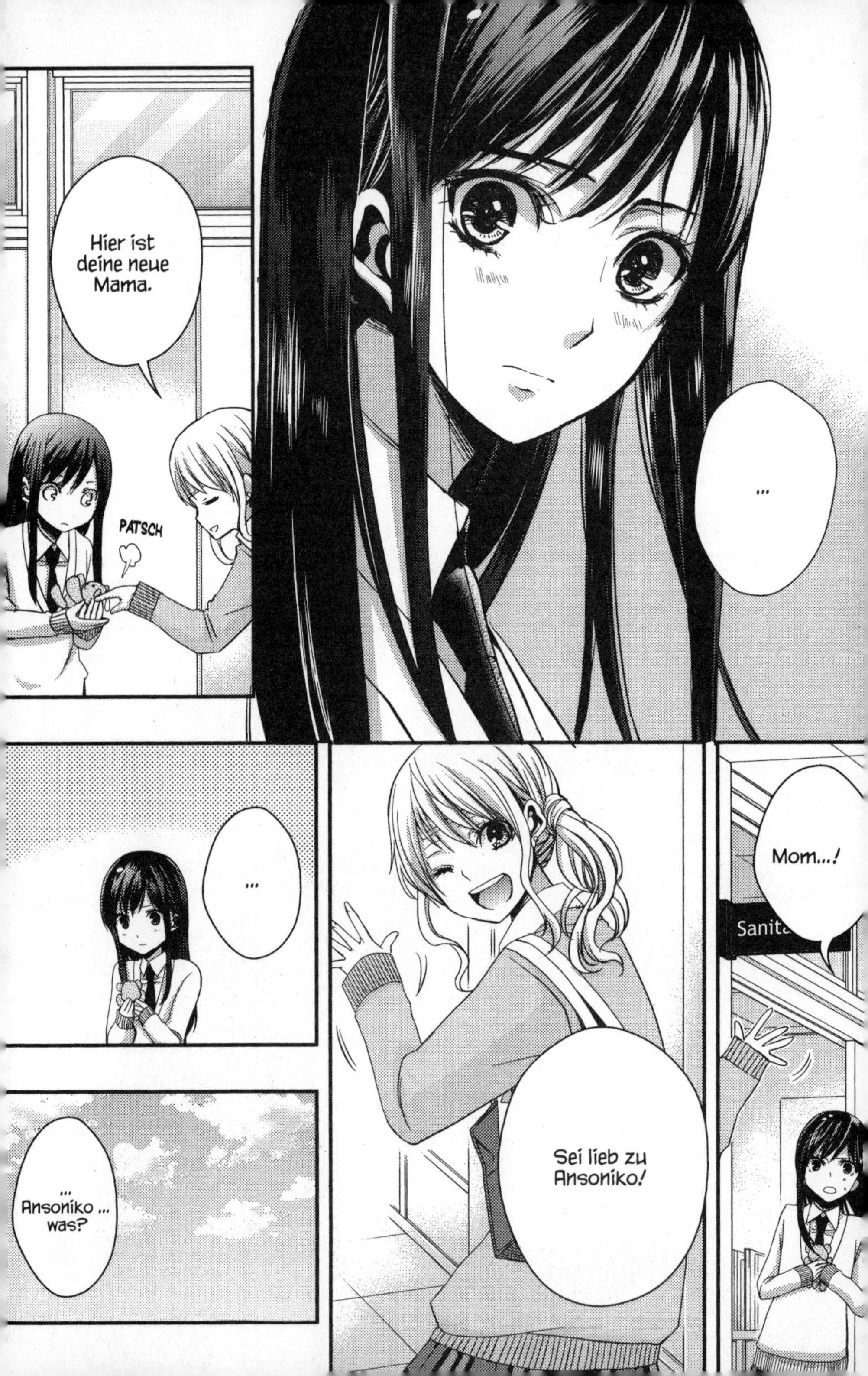
...
Hier ist deine neue Mama.
PATSCH
Mom...!
Sei lieb zu Ansoniko!
...
... Ansoniko ... was?

Danke, dass ihr Citrus Band 1 gelesen habt!!
Endlich wird Citrus Band 1 verkauft!!

Dass ich bis hierhin gekommen bin, liegt an euer aller Unterstützung! Danke schön!! Danke schön!!!

Ich bin jeden Tag glücklich, weil ich nur an Mädchen denke!

Yuzus und Meis Liebe hat ... gerade erst begonnen, aber da ich sowohl die beiden als auch Harumin und die anderen sehr mag, will ich auch in Zukunft freudig auf sie aufpassen.

... Sie dürfen auch ... noch mehr rummachen. (Stimme des Herzens)

Also dann, ich würde mich freuen, wenn wir uns in der Zukunft der beiden treffen würden ...

Special thanks

Umezawa-sama, Kawatani Design, Fujiwara-sama, Hilfe-in-der-Not-sama, Endo-sama, meine Liebe, Sushi

Und ... alle, die Citrus unterstützen!!

Vielen Dank!

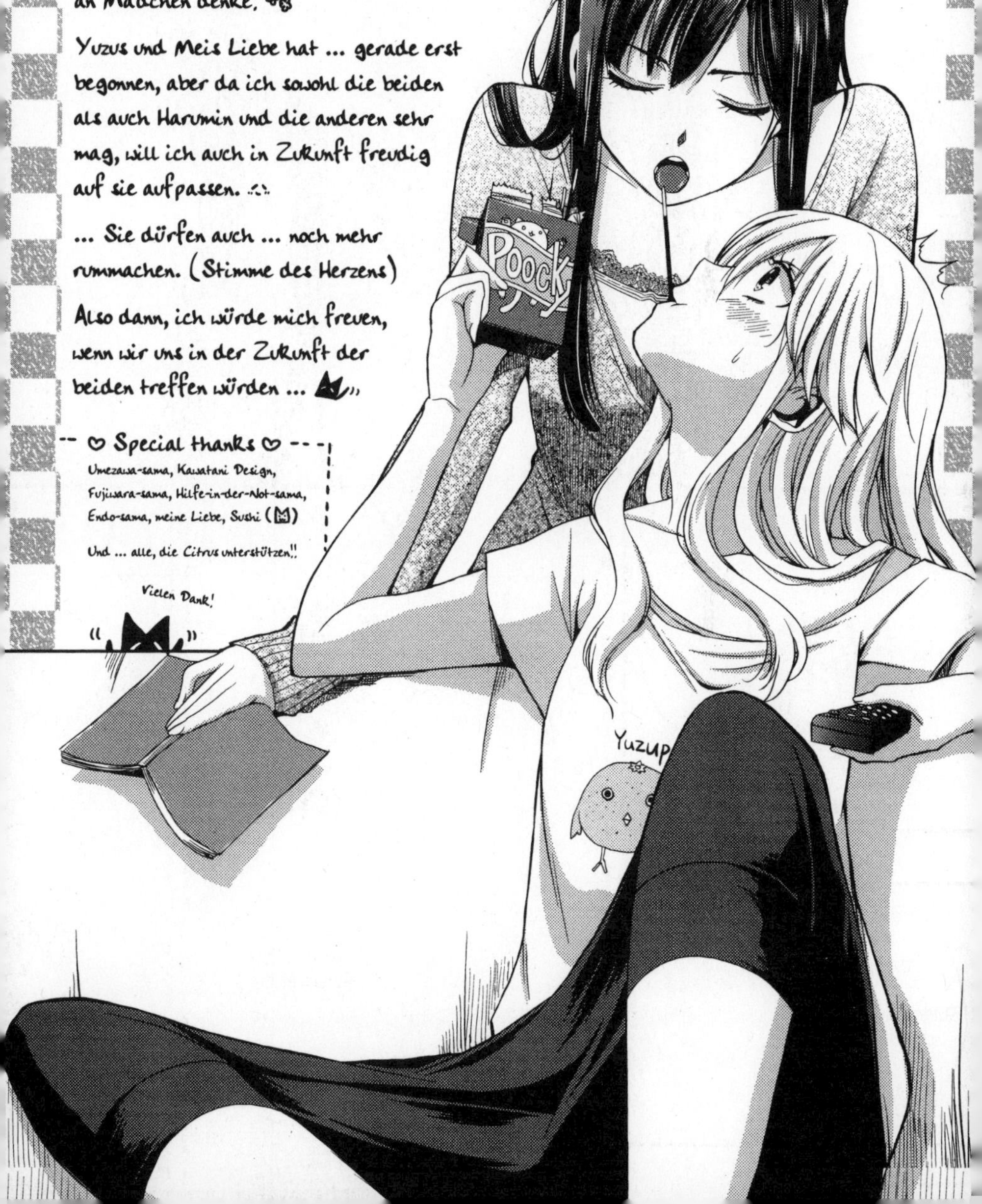

citrus

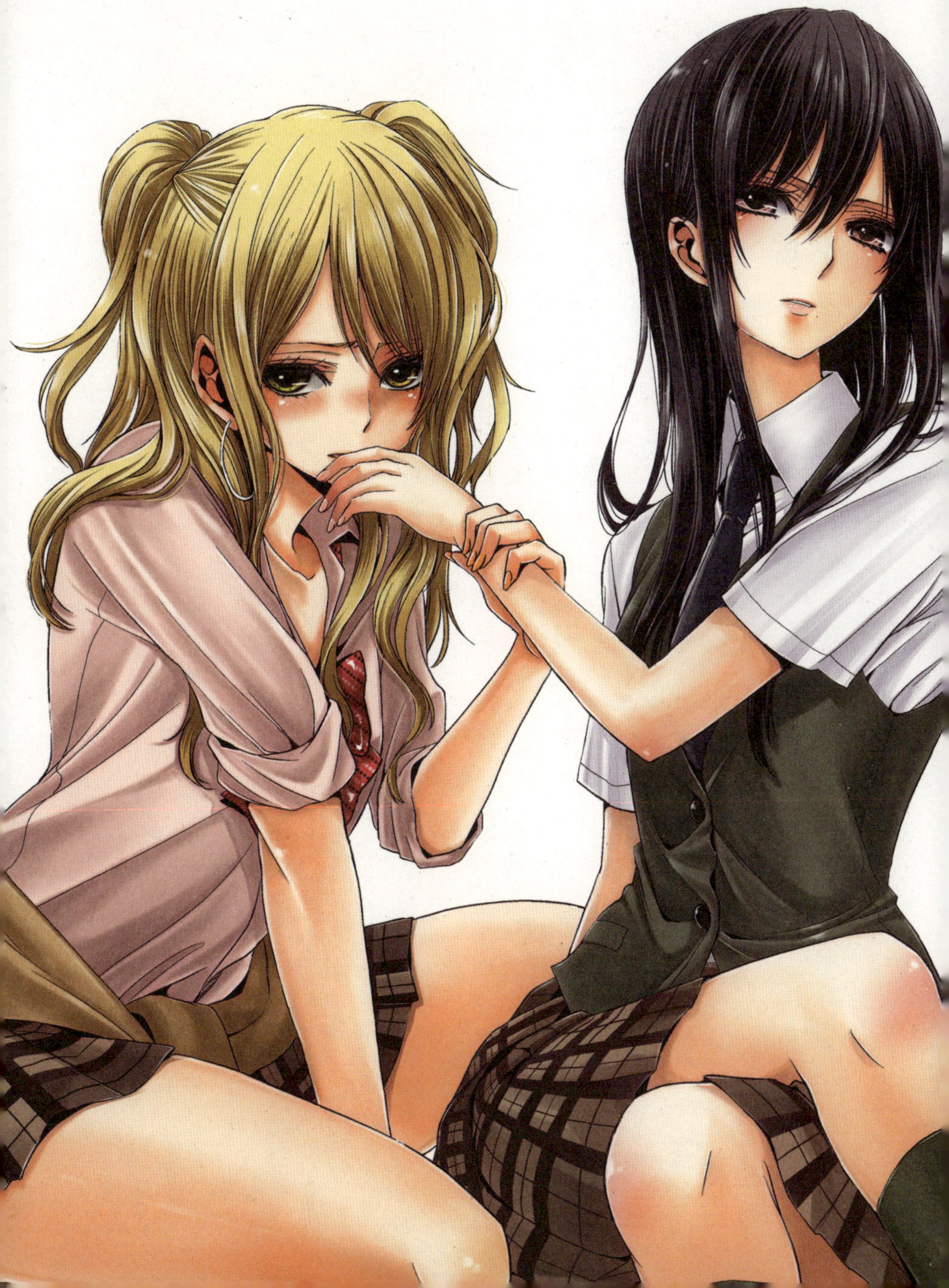

20. JUBILÄUM

TOKYOPOP GmbH
Hamburg

TOKYOPOP
Einmalige Auflage, 2024
Deutsche Ausgabe/German Edition

Aus dem Japanischen von Verena Maser

First published in Japan in 2013 by Ichijinsha Inc., Tokyo.
Publication rights for this German edition arranged through Kodansha Ltd., Tokyo.

Konzept der Jubiläumsedition: Benjamin Spinrath
Coverdesign der Jubiläumsedition: Annika Meyer-Wülfing

Redaktion: Benjamin Spinrath, Natalie Wormsbecher
Lettering: Brilliant IT Enabling Services
Herstellung: Annika Meyer-Wülfing, Rita Geers
Druck und buchbinderische Verarbeitung:
CPI – Clausen & Bosse GmbH, Leck
Printed in Germany

MIX Papier FSC® C083411

Wir achten auf die Umwelt.
Dieses Produkt besteht aus FSC®-zertifizierten und anderen kontrollierten Materialien.

ISBN 978-3-8420-9709-4

www.tokyopop.de

citrus